图文中华史学

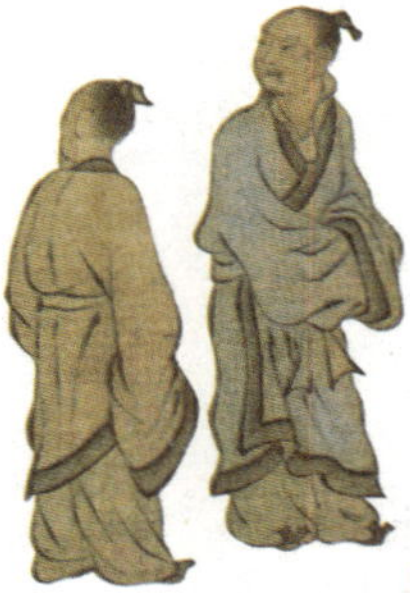

史记

[汉] 司马迁 ◎ 著
臧长风 ◎ 译注

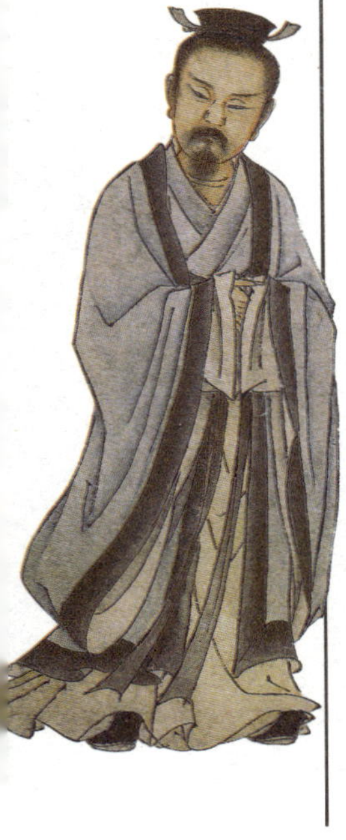

人民东方出版传媒
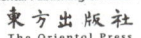
东方出版社
The Oriental Press

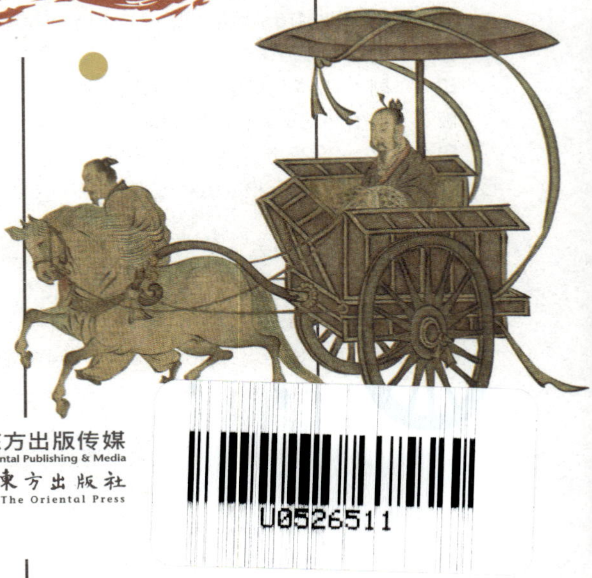

图书在版编目（CIP）数据

史记 /（西汉）司马迁著；臧长风译注. -- 北京：东方出版社，2025.6. -- ISBN 978-7-5207-3266-6

Ⅰ.K204.2

中国国家版本馆 CIP 数据核字第 20255K396P 号

史记
SHI JI

作　　者：	[汉] 司马迁
译　　注：	臧长风
责任编辑：	高琛倩
出　　版：	东方出版社
发　　行：	人民东方出版传媒有限公司
地　　址：	北京市东城区朝阳门内大街 166 号
邮　　编：	100010
印　　刷：	鸿鹄（唐山）印务有限公司
版　　次：	2025 年 6 月第 1 版
印　　次：	2025 年 9 月第 2 次印刷
开　　本：	650 毫米 × 920 毫米　1/16
印　　张：	18
字　　数：	303 千字
书　　号：	ISBN 978-7-5207-3266-6
定　　价：	59.80 元
发行电话：	（010）85924663　85924644　85924641

版权所有，违者必究

如有印装质量问题，我社负责调换，请拨打电话：（010）85924602　85924603

"图文中国文化"系列丛书

总序

　　中国文化是一个大故事,是中国历史上的大故事,是人类文化史上的大故事。

　　谁要是从宏观上讲这个大故事,他会讲解中国文化的源远流长,讲解它的古老性和长度;他会讲解中国文化的不断再生性和高度创造性,讲解它的高度和深度;他更会讲解中国文化的多元性和包容性,讲解它的宽度和丰富性。

　　讲解中国文化大故事的方式多种多样,有中国文化通史,也有分门别类的中国文化史。这一类书很多,想必大家都看到过。

　　现在呈现给读者的这一大套书,叫作"图文中国文化"系列丛书。这套书的最大特点,是有文有图,图文并茂;既用优美的文字精心讲中国文化,又用精美图像、图画直观阐释中国文化。两者相得益彰,相映生辉。静心阅览这套书,既是读书,又是欣赏绘画,欣赏来自海内外二百余家图书馆、博物馆和艺术馆的图像和图画。

"图文中国文化"系列丛书广泛涵盖了历史上中国文化的各个方面，共有十六个系列：图文古人生活、图文中华美学、图文古人游记、图文中华史学、图文古代名人、图文诸子百家、图文中国哲学、图文传统智慧、图文国学启蒙、图文古代兵书、图文中华医道、图文中华养生、图文古典小说、图文古典诗赋、图文笔记小品、图文评书传奇，全景式地展示中国文化之意境，中国文化之真境，中国文化之善境，中国文化之美境。

这是一套中国文化的大书，又是一套人人可以轻松阅读的经典。

期待爱好中国文化的读者，能从这套"图文中国文化"系列丛书中获得丰富的知识、深层的智慧和愉悦的审美。

王中江

2023 年 7 月 10 日

前言

　　《史记》原名《太史公书》,列"二十四史"之首,由西汉著名史学家司马迁撰写,是中国历史上第一部纪传体通史,包括十二本纪、十表、八书、三十世家、七十列传五部分,共一百三十篇,总计五十二万六千五百余字。书中记述了上自黄帝下至汉武帝太初年间(前104年—前101年)两千多年的历史。《史记》内容丰富、体例严谨、规模宏大、文学性强,对后世史学和文学的发展都产生了深远影响。

　　《史记》的作者司马迁,字子长,西汉左冯翊夏阳(今陕西韩城南)人。司马迁早年游历四方,广泛学习儒、道、墨、法等各家学说。汉武帝元封三年(前108年)继承父职,任太史令,并于太初元年(前104年)开始编写《史记》。后因替投降匈奴的李陵辩解,触怒汉武帝,被处腐刑。出狱后,发愤著书。同为史学大家的班固曾赞其曰:"刘向、扬雄博极群书,皆称迁有良史之材,服其善序事理,辨而不华,质而不俚,其文直,其事核,不虚美,不隐恶,故谓之实录。"在《史记》中少有对统治者、当权者的赞美和奉承，司马迁对于人物的功过是非能做出客观评价，既不美化粉饰，也不替他们遮掩过错。如《孝武本纪》中，批评汉武帝迷信求仙，花费甚多；又如吕后虽未称帝，但因其是当时的实际掌权者，因此也将其列入"本纪"当中，并对吕后一生功过做出客观评价，充分体现了他作为一名史学家的勇气与魄力。

《史记》浓墨重彩地书写了底层民众的爱恨情仇、喜怒哀乐，其中激荡着的理想主义情怀动人心魄。陈涉、吴广起义于大泽乡时高呼："王侯将相宁有种乎！"荆轲在易水之畔吟唱："风萧萧兮易水寒，壮士一去兮不复还！"名震一时的大将军卫青系私生子出身，"少时归其父，其父使牧羊。先母之子皆奴畜之，不以为兄弟数"。这些出身于底层的人物及其事迹在其他史书中很少被提及，但在司马迁这里，其人其事，大放异彩。此外，"重农抑商"一直是中国封建社会历朝历代的基本国策，但司马迁却尖锐地指出追求富贵是人的本性所在，商业和其他行业一样，都是利国利民之重器，人民生活富足了，思想境界自然会提高，即"仓廪实而知礼节"。

《史记》被鲁迅誉为"史家之绝唱，无韵之《离骚》"，其"雄深雅健"的风格对后世散文创作的影响尤为深远，韩愈、欧阳修等人都极为推崇。《史记》中简练生动的语言，丰富深邃的历史细节，波谲云诡的传奇色彩，以及贯穿全书强烈鲜明的抒情氛围，力透纸背，为后世之典范。

在《报任安书》中，司马迁写道："欲以究天人之际，通古今之变，成一家之言。"足见他以极大的勇气直面人生悲剧，继而发愤著书，实现了对人生和时代的超越，正如他所言："人固有一死，或重于泰山，或轻于鸿毛。"《史记》与作者司马迁的人生相互印证，以千钧之力彪炳史册。

本书是《史记》选本，选取本纪三篇、世家三篇、列传九篇，外加《太史公自序》，共十六篇。时间跨度上，囊括上自五帝下至汉武帝两千多年的历史；地域范围上，从汉朝天下到四方各少数民族，乃至张骞所出使的西域广大地区，均有涉及……

本书以二十四史修订本《史记》为底本，力求其学术性、准确性，并纠正讹误，略加删改，选取其中精华部分进行注译以展叙铺陈。书中配图均为历朝历代名家精品，图注部分更是从史实出发，以人为本，与原文相互映照，略加拓展，以达到图文结合、相得益彰的效果，让读者对华夏历史文化有较为明晰直观的认识和整体的把握。此外，唐太宗李世民曾言："以铜为镜，可以正衣冠；以古为镜，可以知兴替；以人为镜，可以明得失。"《史记》作为一部优秀的古典历史文学巨著，亦有太多内容值得我们后人学习借鉴！

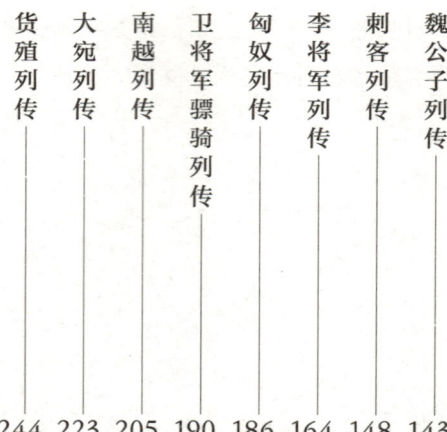

太史公自序

太史公自序	272
货殖列传	244
大宛列传	223
南越列传	205
卫将军骠骑列传	190
匈奴列传	186
李将军列传	164
刺客列传	148
魏公子列传	143

目录

本纪

五帝本纪 002
周本纪 024
项羽本纪 040

世家

孔子世家 076
陈涉世家 106
留侯世家 116

列传

孟尝君列传 136

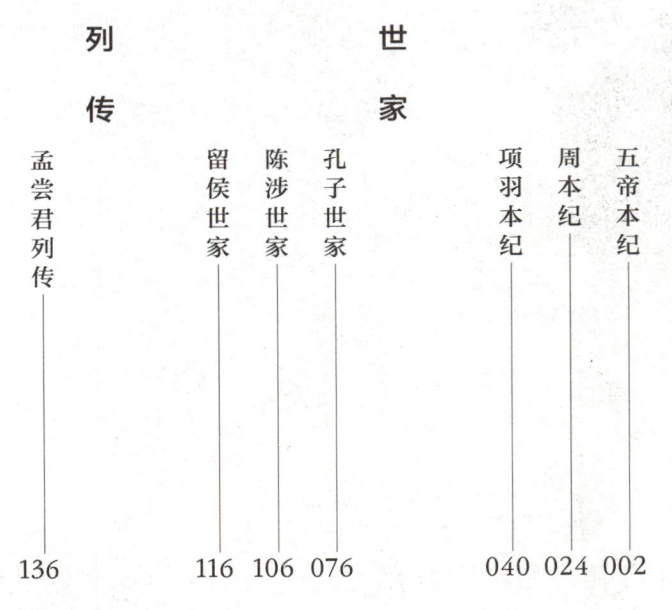

本纪

五帝本纪[1]

黄帝者,少典之子,姓公孙,名曰轩辕。生而神灵,弱而能言,幼而徇齐①,长而敦敏,成而聪明。

【注释】

① 徇齐:聪慧明敏。徇,通"迅"。南朝宋裴骃《史记集解》云:"徇,疾。齐,速也。言圣德幼而疾速也。"

【译文】

黄帝是少典氏的子孙,姓公孙,名轩辕。他一生下来就很有灵气,出生不久就能说话,幼年时聪慧过人,少年时敦厚勤勉,成年后机敏通达。

黄帝像
选自《历代帝王圣贤名臣大儒遗像》册
(清)佚名　收藏于法国国家图书馆

---

〔1〕 此篇有删减。

轩辕之时，神农氏世衰。诸侯相侵伐，暴虐百姓，而神农氏弗能征。于是轩辕乃习用干戈，以征不享①，诸侯咸来宾从。而蚩尤最为暴，莫能伐。炎帝欲侵陵②诸侯，诸侯咸归轩辕。轩辕乃修德振兵，治五气，蓺③五种，抚万民，度四方，教熊罴貔貅貙④虎，以与炎帝战于阪泉之野。三战，然后得其志。蚩尤作乱，不用帝命。于是黄帝乃征师诸侯，与蚩尤战于涿鹿之野，遂禽杀蚩尤。而诸侯咸尊轩辕为天子，代神农氏，是为黄帝。天下有不顺者，黄帝从而征之，平者去之，披山通道，未尝宁居。

【注释】

① 不享：诸侯不来朝会或不行享献之礼。《汉书·五行志上》："《传》曰：田猎不宿，饮食不享，出入不节，夺民农时，及有奸谋，则木不曲直。"颜师古注："不行享献之礼也。"

② 侵陵：侵犯欺凌。《墨子·天志下》："今天下之诸侯，将犹皆侵凌攻伐兼并，此为杀一不辜人者，数千万矣！"

③ 蓺（yì）：种植。《诗经·齐风·南山》："蓺麻如之何？衡从其亩。"

④ 貙（chū）：一种猛兽，大小和狗差不多，身上的毛发花纹像狸。《尔雅·释兽》："貙，似狸。"

【译文】

轩辕时代，神农氏的势力已经衰落。各诸侯相互侵伐，残害百姓，而神农氏却无力前去征讨。于是轩辕就训练士兵使用武器，去讨伐不按时缴纳贡赋的诸侯，最后诸侯都来归顺。而蚩尤在各诸侯中最为残暴，没人能去征讨他。炎帝想要攻打诸侯，诸侯纷纷归顺轩辕。于是轩辕修治德行，整顿军队，调和五行，种植五谷，安抚万民，测量四方土地，训练熊、罴、貔、貅、貙、虎等猛兽，和炎帝于阪泉的郊野交战。经过几度激战才征服炎帝，如愿得胜。蚩尤作乱，不听从黄帝的命令。于是黄帝召集诸侯，组建军队，和蚩尤在涿鹿的郊野展开大战，最后擒获蚩尤并诛杀了他。因此，诸侯都尊轩辕为天子，代替神农氏执掌帝位，这就是黄帝。天下有不顺从的，黄帝就派兵前去征讨，平定一个地方之后就离开，一路上开山修道，没有在一个地方长久、安闲地居住过。

东至于海，登丸山，及岱宗。西至于空桐，登鸡头。南至于江，登熊、湘。北逐荤粥[①]，合符釜山，而邑于涿鹿之阿。迁徙往来无常处，以师兵为营卫。官名皆以云命，为云师。置左右大监，监于万国。万国和，而鬼神山川封禅与为多焉。获宝鼎，迎日推策[②]。举风后、力牧、常先、大鸿以治民。顺天地之纪、幽明之占、死生之说、存亡之难。时播百谷草木，淳化鸟兽虫蛾，旁罗日月星辰水波土石金玉，劳勤心力耳目，节用水火材物。有土德之瑞，故号黄帝。

【注释】

① 荤粥（xūn yù）：少数民族部落名称，有学者认为指的是匈奴。《资治通鉴·汉纪》："北无熏荤、冒顿之患，南无赵佗、吕嘉之难，三垂晏然，靡有兵革之警。"

② 迎日推策：指经过推算而预知未来的节气历数。南朝宋裴骃《史记集解》云："晋灼曰：'策，数也，迎数之也。'瓒曰：'日月朔望未来而推之，故曰迎日。'"

【译文】

（黄帝）向东到达大海边，登上丸山和泰山；自西到达崆峒，登上鸡头山；向南到达长江一带，登上熊山、湘山；到了北边一直驱赶荤粥，在釜山与诸侯一起会盟，并在涿鹿山的山脚下建立城市。（黄帝）多年间带领部落的人民迁徙往来，没有固定的居所，以军营士兵为卫士。黄帝治下的官职都用"云"字来命名，所以军队也称为"云"师。他还设置了左右大监两个官职，负责监督各诸侯国。各诸侯国相处和睦，而此时祭祀鬼神山川的事情也很多。黄帝还获得了一个宝鼎，经过推算可以预知未来的节气历数，他任用风后、力牧、常先、大鸿四人管理民众。黄帝遵循天地运行的规律，遵循阴阳之道，顺应万事万物生死存亡相互转化的过程。他按照时令播种百谷草木，驯养鸟兽昆虫，广泛地观察日月星辰的运行和水流、土石、金玉的性能，使它们为人所利用。他教导人们做事要用心尽力，节约用水、火、木材等物。他在位时，出现"土德"的祥瑞，所以号称黄帝。

黄帝二十五子，其得姓者十四人。

黄帝居轩辕之丘，而娶于西陵之女，是为嫘祖。嫘祖为黄帝正妃，生二子，其后皆有天下：其一曰玄嚣，是为青阳，青阳降居江水；其二曰昌意，降居若水。昌意娶蜀山氏女，曰昌仆，生高阳，高阳有圣德焉。黄帝崩，葬桥山。其孙昌意之子高阳立，是为帝颛顼也。

【译文】

黄帝有二十五个儿子，其中建立自己姓氏的有十四人。

黄帝居住在轩辕山上，娶了西陵氏的女儿为妻，她就是嫘祖。嫘祖是黄帝的正妃，生了两个儿子，他们的后代都曾拥有天下：其中一个儿子叫玄嚣，也就是青阳，青阳迁居于江水；另一个儿子叫昌意，居于若水。昌意娶了蜀山氏的女儿，名叫昌仆，生下了儿子高阳，高阳有圣人的品德。黄帝死后，安葬在桥山。他的孙子，也就是昌意的儿子高阳即位，这就是颛顼帝。

帝颛顼高阳者，黄帝之孙而昌意之子也。静渊以有谋，疏通而知事；养材以任地，载时以象天，依鬼神以制义，治气以教化，洁诚以祭祀。北至于幽陵，南至于交阯，西至于流沙，东至于蟠木。动静之物，大小之神，日月所照，莫不砥属[①]。

【注释】

① 砥属：平定归服。宋王安石《英德殿上梁文》："华夏归仁而砥属，蛮夷驰义以骏奔。"

【译文】

颛顼帝高阳是黄帝的孙子，昌意的儿子。他性格沉静有谋略，心胸通达且明事理，懂得因地制宜发挥地力来种植庄稼、饲养牲畜，可以根据天象确定四季，依照神灵的旨意制定礼仪规范，调理阴阳五行以教化百姓，清洁祭品用来祭祀。他向北到过幽陵，向南到过交阯，向西行至流沙，向东直到蟠木。无论是动物植物，还是大大小小的神灵，凡是日月能照耀到的地方，没有不归顺于他的。

颛顼像 选自《历代帝王圣贤名臣大儒遗像》册 （清）佚名 收藏于法国国家图书馆

帝颛顼生子曰穷蝉。颛顼崩，而玄嚣之孙高辛立，是为帝喾。

帝喾高辛者，黄帝之曾孙也。高辛父曰蟜极，蟜极父曰玄嚣，玄嚣父曰黄帝。自玄嚣与蟜极皆不得在位，至高辛即帝位。高辛于颛顼为族子。

高辛生而神灵，自言其名。普施利物，不于其身。聪以知远，明以察微。顺天之义，知民之急。仁而威，惠而信，修身而天下服。取地之财而节用之，抚教万民而利诲之，历日月而迎送之，明鬼神而敬事之。其色郁郁，其德嶷嶷①。其动也时，其服也士。帝喾溉执中而遍天下，日月所照，风雨所至，莫不从服。

【注释】

① 嶷（nì）：高尚、杰出。

【译文】

颛顼帝的儿子名叫穷蝉。颛顼死后，玄嚣的孙子高辛即位，这就是帝喾。

帝喾高辛是黄帝的曾孙。高辛的父亲叫蟜极，蟜极的父亲叫玄嚣，玄嚣的父亲就是黄帝。玄嚣和蟜极都没有登上帝位，直到高辛时才登上帝位。高辛是颛顼的同族侄子。

高辛生来就很有灵气，一出生便能叫出自己的名字。他广施恩德造福万物而不想着自己。他聪慧且有远见，能够明察秋毫。他顺应天意，知道百姓的疾苦。他仁义而有威严，贤明而又诚信，修养自身又能让天下顺服。他收取土地出产的物资而能勤俭地使用，安抚教导百姓如何便利地生产生活，遵守日月运行的规律而制定历法，并按时举行对日月节气的祭祀之礼，通晓鬼神之事而敬重地加以侍奉。他仪表堂堂，品德高尚。他的举动合乎时宜，衣着朴素。帝喾像雨水一样滋润天下百姓，凡是日月照耀的地方、风雨到达的地方，没有人不顺从归服。

帝喾像
选自《历代帝王圣贤名臣大儒遗像》册 （清）佚名 收藏于法国国家图书馆

　　帝喾娶陈锋氏女，生放勋。娶娵訾氏女，生挚。帝喾崩，而挚代立。帝挚立，不善，崩，而弟放勋立，是为帝尧。

　　帝尧者，放勋。其仁如天，其知如神。就之如日，望之如云。富而不骄，贵而不舒。黄收纯衣①，彤车乘白马。能明驯德，以亲九族②。九族既睦，便章百姓。百姓昭明，合和万国。

【注释】

① 黄收纯衣：戴着黄色的帽子，穿着黑色的衣服。收，帽子。纯，一说黑色。南朝宋裴骃《史记集解》云："《太古冠冕图》云：'夏名冕曰收。'"

② 九族：泛指亲属。但"九族"所指，诸说不同。一说是上自高祖、下至玄孙，即玄孙、曾孙、孙、子、身、父、祖父、曾祖父、高祖父；一说是父

族四、母族三、妻族二，父族四是指姑之子（姑姑的子女）、姊妹之子（外甥）、女儿之子（外孙）、己之同族（父母、兄弟、姐妹、儿女），母族三是指母之父（外祖父）、母之母（外祖母）、从母子（娘舅），妻族二是指岳父、岳母。

【译文】

帝喾娶了陈锋氏的女儿，生下放勋。他还娶了娵訾氏的女儿，生下挚。帝喾死后，挚即位。挚帝即位后，没有做出什么辉煌的政绩。挚帝死后，他的弟弟放勋即位，这就是帝尧。

帝尧就是放勋，他的仁义如青天，他的智慧如天神。接近他就像接近太阳，望着他就像望着云彩。他虽然是尊贵之人，但是不骄纵。他戴着黄色的帽子，穿着黑色的衣服，乘着红色的车，骑着白色的马。他能够弘扬美德，使各族亲密。九族和睦后，他又去治理百官。于是百官政绩昭著，万国和睦。

帝尧像
选自《历代帝王圣贤名臣大儒遗像》册　（清）佚名　收藏于法国国家图书馆

尧

大哉帝尧　盛德巍巍
垂衣而治　光被华夷
圣神文武　四岳是咨
揖逊之典　万世仰之

帝尧立像轴
选自《历代帝后像》轴　佚名　收藏于台北故宫博物院

尧立七十年得舜，二十年而老，令舜摄行天子之政，荐之于天。尧辟位凡二十八年而崩。百姓悲哀，如丧父母。三年，四方莫举乐，以思尧。尧知子丹朱之不肖，不足授天下，于是乃权授舜。授舜，则天下得其利而丹朱病；授丹朱，则天下病而丹朱得其利。尧曰"终不以天下之病而利一人"，而卒授舜以天下。尧崩，三年之丧毕，舜让辟丹朱于南河之南。诸侯朝觐者不之丹朱而之舜，狱讼者不之丹朱而之舜，讴歌者不讴歌丹朱而讴歌舜。舜曰："天也夫！"而后之中国①践天子位焉，是为帝舜。

【注释】

① 中国：古代华夏族建国于黄河流域一带，以为居天下之中，故称中国。特指中原地区，与今天指代国家的"中国"含义不同。

【译文】

尧帝执掌帝位七十年后得到了舜的辅佐，又过了二十年，尧帝衰老，于是命舜来代行天子的仁政，并把他推荐给上天。尧退位二十八年后去世。百姓悲伤得就像他们的父母去世一样。在三年的时间里，天下没有人演奏乐曲，用以悼念尧帝。尧知道自己的儿子丹朱不成器，不能将天下交给他，于是将天下传给了舜。把天下交给舜，那么天下都能得到好处而只有丹朱没好处；把帝位传给丹朱，那么天下百姓就都得不到好处而只有丹朱得到好处。尧说"不能用全天下人的痛苦来造福一个人"，最终把天下交给了舜。尧死后，三年守丧期满，舜为避让丹朱想将天下交给他，躲到了黄河南岸。但是，诸侯不去朝见丹朱而去朝见舜，断案执法的官员不去问丹朱而去问舜，讴歌赞美的人不去赞美丹朱而去讴歌舜。舜说："这是天意啊！"于是舜回去登上天子的位置，这就是帝舜。

虞舜者，名曰重华。重华父曰瞽叟，瞽叟父曰桥牛，桥牛父曰句

舜
选自《帝王道统万年图》册 （明）仇英 收藏于台北故宫博物院

望,句望父曰敬康,敬康父曰穷蝉,穷蝉父曰帝颛顼,颛顼父曰昌意:以至舜七世矣。自从穷蝉以至帝舜,皆微为庶人。

舜父瞽叟盲,而舜母死,瞽叟更娶妻而生象,象傲。瞽叟爱后妻子,常欲杀舜,舜避逃;及有小过,则受罪。顺事父及后母与弟,日以笃谨,匪有解①。

舜,冀州之人也。舜耕历山,渔雷泽,陶河滨,作什器于寿丘,就时于负夏。舜父瞽叟顽,母嚚②,弟象傲,皆欲杀舜。舜顺适不失子道,兄弟孝慈。欲杀,不可得;即求,尝在侧。

【注释】

① 匪有解:不懈怠。《诗·大雅·烝民》:"夙夜匪解,以事一人。"郑玄笺:"匪,非也。"孔颖达疏:"早起夜卧,非有懈倦之时。"
② 嚚(yín):愚蠢而顽固,常用来形容人奸诈、狡猾。

【译文】

虞舜,名叫重华。他的父亲叫瞽叟,瞽叟的父亲叫桥牛,桥牛的父亲叫句望,句望的父亲叫敬康,敬康的父亲叫穷蝉,穷蝉的父亲就是颛顼帝,颛顼的父亲叫昌意:到舜这里已经是第七代了。自穷蝉一直到帝舜,都是出身低微的普通百姓。

舜的父亲瞽叟是个盲人,他的生母又去世了。瞽叟续弦生下了儿子象,象傲慢无礼。瞽叟偏爱后妻和孩子象,时常想要杀死舜,舜都躲过去了;舜做错一点儿小事就要受处罚。舜顺从地对待父亲、后母和弟弟,忠厚恭敬,从不懈怠。

舜,是冀州人。他曾在历山耕种,在雷泽捕鱼,在黄河边制陶,在寿丘制作各种器物,时常去负夏做买卖。舜的父亲性情固执愚昧,母亲愚蠢顽固,弟弟桀骜骄纵,都想杀死舜。舜却顺从侍奉父母,不失孝道,对待兄弟慈爱。他们虽然想要杀舜,但一直没有机会;而他们如果有事找舜,舜一定会陪伴在他们身边。

《虞舜孝行感天》
选自《二十四孝图》册　（清）王素

此画是《二十四孝图》中的第一个故事，讲述的是虞舜用自己的孝心感动了上天的故事。原文："虞舜，瞽瞍之子。性至孝。父顽，母嚚，弟象傲。舜耕于历山，有象为之耕，鸟为之耘。其孝感如此。帝尧闻之，事以九男，妻以二女，遂以天下让焉。"

舜年二十以孝闻，三十而帝尧问可用者，四岳咸荐虞舜，曰可。于是尧乃以二女妻舜以观其内，使九男与处以观其外。舜居妫汭①，内行弥谨，尧二女不敢以贵骄事舜亲戚，甚有妇道，尧九男皆益笃。舜耕历山，历山之人皆让畔；渔雷泽，雷泽上人皆让居；陶河滨，河滨器皆不苦窳②。一年而所居成聚，二年成邑，三年成都。尧乃赐舜絺衣③与琴，为筑仓廪④，予牛羊。瞽叟尚复欲杀之，使舜上涂廪，瞽叟从下纵火焚廪。舜乃以两笠自扞⑤而下，去，得不死。后瞽叟又使舜穿井，舜穿井为匿空旁出。舜既入深，瞽叟与象共下土实井，舜从匿空出，去。瞽叟、象喜，以舜为已死。象曰："本谋者象。"象与其父母分，于是曰："舜妻尧二女与琴，象取之；牛羊仓廪，予父母。"象乃止舜宫居，鼓其琴。舜往见之。象鄂不怿，曰："我思舜正郁陶⑥！"舜曰："然，尔其庶矣！"舜复事瞽叟，爱弟弥谨。于是尧乃试舜五典百官，皆治。

【注释】

① 汭（ruì）：河流交汇或弯曲的地方，也可指岸边。
② 苦窳（yǔ）：粗糙质劣。《韩非子·难一》："东夷之陶者器苦窳，舜往陶焉，期年而器牢。"
③ 絺（chī）衣：细葛布衣。
④ 仓廪：米仓、谷仓。
⑤ 扞（hàn）：保卫，护卫，引申为遮蔽。也作"捍"。
⑥ 郁陶：忧思积聚的样子。

【译文】

舜二十岁时因孝顺而闻名四方，三十岁时，尧帝询问有没有堪当大任的人，四岳全都推荐虞舜，说这个人可以。于是尧便把两个女儿嫁给了舜，以便观察他如何治家，又派了九个儿子和他共处来观察他如何处世。舜居住在妫水岸边，在家时愈加谨慎。尧的两个女儿不敢因为出身高贵而傲慢，对待舜的亲属能遵守妇人的规范。尧的九个儿子也更加忠诚友爱。舜在历山耕作,历山人都能互让地界;在雷泽捕鱼,雷泽的人都能推让便于捕鱼的位置;在黄河岸边制作陶器,出产自那里的陶器就完全没有次品了。一年时间,他住的地方就聚集成了一个村落,两年成为一个小城邑,三年就变成大都市了。尧于是赐给舜细葛布衣服和一把琴,为他建造仓库,还赐给他牛羊。瞽叟还想杀他,让舜登上屋顶,修补谷仓,瞽叟在下面放火焚烧仓库。舜用两个斗笠遮住自己跳了下来,然后逃走。后来瞽叟又让舜挖井,舜开挖井道的时候,在旁边挖了一个暗道,可以通往外面。舜挖到深处,瞽叟和象一起往下倒土,把井填住,舜从旁边的暗道逃跑。瞽叟和象大喜,以为舜已经死了。象说:"这是我出的好主意。"象跟他的父母一起瓜分舜的财产,说:"舜娶的尧的两个女儿,还有尧赏赐的那把琴,归我;牛羊和谷仓都归父母。"于是象住在舜的屋里,弹着舜的琴。这时,舜回来后看到了他。象非常惊愕,假惺惺地说:"我正在想念你呢,想得我十分郁闷啊!"舜说:"是啊,你真是我的好兄弟啊!"舜还像以前一样侍奉父母,友爱兄弟,愈加恭谨。如此,尧才试用舜去参与制定各种典章制度和处理百官事务,舜都治理得井井有条。

舜入于大麓①,烈风雷雨不迷,尧乃知舜之足授天下。尧老,使舜摄行天子政,巡狩。舜得举,用事二十年,而尧使摄政。摄政八年而尧崩。三年丧毕,让丹朱,天下归舜。而禹、皋陶、契、后稷、伯夷、夔、龙、倕、益、彭祖自尧时而皆举用,未有分职。于是舜乃至于文祖,谋于四岳,辟四门,明通四方耳目,命十二牧论帝德,行厚德,远佞人,则蛮夷率服。

【注释】

① 大麓:生长在山脚处的林木。《说文解字》:"麓,林属于山为麓。"《水经注·漳水》:"麓者,林之大者也。"

017

【译文】

舜进入山林的时候，即使遇到狂风暴雨也不会迷路，尧便知道舜是能够担当大任执掌天下的人。尧帝年老，让舜代行天子之政，前去巡视四方。舜被举用，掌管政事二十年，尧让他正式摄政。摄政八年，尧去世了。服丧三年后，舜让位给丹朱，可是天下人都归心于舜。禹、皋陶、契、后稷、伯夷、夔、龙、倕、益、彭祖等人，从尧在位的时候就得到任用，却没有明确的职守。于是舜就到文祖庙，与四方诸侯长谋划，开放都邑的四门，广纳贤才，广泛了解各方的情况。舜让十二州的长官讨论帝王的德行，广施仁政，远离小人，这样四方的蛮夷相继归服。

舜谓四岳曰："有能奋庸美尧之事者，使居官相事？"皆曰："伯禹为司空，可美帝功。"舜曰："嗟，然！禹，汝平水土，维是勉哉。"禹拜稽首①，让于稷、契与皋陶。舜曰："然，往矣。"舜曰："弃，黎民始饥，汝后稷播时百谷。"舜曰："契，百姓不亲，五品不驯，汝为司徒，而敬敷五教，在宽。"舜曰："皋陶，蛮夷猾夏，寇贼奸轨，汝作士，五刑有服，五服三就②；五流有度，五度三居：维明能信。"舜曰："谁能驯予工？"皆曰垂可。于是以垂为共工。舜曰："谁能驯予上下草木鸟兽？"皆曰益可。于是以益为朕虞。益拜稽首，让于诸臣朱虎、熊罴。舜曰："往矣，汝谐。"遂以朱虎、熊罴为佐。舜曰："嗟！四岳，有能典朕三礼？"皆曰伯夷可。舜曰："嗟！伯夷，以汝为秩宗，夙夜维敬，直哉维静洁。"伯夷让夔、龙。舜曰："然。以夔为典乐，教稚子，直而温，宽而栗，刚而毋虐，简而毋傲；诗言意，歌长言，声依永，律和声，八音能谐，毋相夺伦，神人以和。"夔曰："於！予击石拊石，百兽率舞。"舜曰："龙，朕畏忌谗说殄伪，振惊朕众，命汝为纳言，夙夜出入朕命，惟信。"舜曰："嗟！女二十有二人，敬哉，惟时相天事。"三岁一考功，三考绌陟③，远近众功咸兴。分北三苗。

【注释】

① 稽首：跪下并拱手至地，头也至地。古代跪拜礼，九拜中最为隆重，通常用于臣子拜见君主。

② 五刑有服，五服三就："五刑"，即中国古代惩治犯罪者的五种主要刑罚。此处指墨、劓、剕、宫、大辟五种刑罚。"三就"，古时服死刑者，依照身份不同，分三处就刑。《尚书·舜典》："五刑有服，五服三就。"《尚书孔氏传》："行刑当就三处：大罪于原野，大夫于朝，士于市。"

③ 绌陟：人事降升。绌，通"黜"，降职。

契像
选自《历代帝王圣贤名臣大儒遗像》册 （清）佚名 收藏于法国国家图书馆

【译文】

舜对四方诸侯长说："有谁能奋发努力，光大尧帝的事业，来担任官职辅佐我办事呢？"大家都说："伯禹为司空，可以光大尧帝的事业。"舜说："嗯，好！禹，你去平治水土，一定要努力办好！"大禹稽首拜谢舜帝，把这件事推让于稷、契与皋陶。舜说："就这样吧，你去。"舜说："后稷，百姓到现在还时时处于饥饿之中，你主管农事，负责按时播种五谷。"舜说："契，百姓不和睦，人伦五常不顺，你担任司徒，去恭敬地施行人伦五常教育，关键要宽厚。"舜又说："皋陶，蛮夷侵扰中原，为非作歹，你担任司法官，五刑量刑要使用得当。根据罪行轻重，大罪在原野上执行，次罪在市、朝内执行，同族人犯罪送交甸师氏处理；五刑宽减为流放的，其流放的远近要有个规定，按罪行轻重分别流放到四境之外、九州之外和国都之外。只有公正严明，才能使人信服。"舜说："谁能为我管理工匠？"众人都说垂可以。于是让垂做共工。舜又问："谁能管理好我的山泽草木鸟兽？"众人都说益能做到。于是舜任命益为管理山林水泽的虞官。益稽首而拜，推让给朱虎、熊罴。舜说："去吧，你能办成。"于是让朱虎、熊罴辅佐他。舜说："四方诸侯长，谁能替我主持天事、地事、人事三种祭祀？"大家都说伯夷可以。舜说："好，伯夷，我任命你为秩宗，早晚都要保持敬畏之心，要正直而清明。"伯夷推让给夔、龙。舜说："那好，就任命夔为典乐，教育贵族子弟，要正直而温和，宽容而严厉，刚正而不暴虐，干练而不傲慢；诗用来表达情感，歌是延长了音节的诗，乐声的高低要与诗歌的内容相配合，还要用音律来和谐音乐。八种音乐相协调，互相之间不冲突，这样才能达到人神和谐的境界。"夔说："好！我敲起石磬，各种禽兽都会跟着起舞。"舜说："龙，我非常憎恶谗言和灭绝道义的行为，惊扰我的百姓，我任命你为纳言官，早晚传达我的命令，一定要诚实。"舜说："你们二十二个人，要恭敬认真，时时辅佐我行天道。"每三年考核一次政绩，经过三次考核，才能决定是升迁还是贬黜，所以，不论远近，各种事业都很兴旺。（后又根据是否归顺）把三苗部族分隔开。

舜年二十以孝闻，年三十尧举之，年五十摄行天子事，年五十八尧崩，年六十一代尧践帝位。践帝位三十九年，南巡狩，崩于苍梧之野。葬于江南九疑，是为零陵。舜之践帝位，载天子旗，往朝父瞽叟，夔夔唯谨，如子道。封弟象为诸侯。舜子商均亦不肖，舜乃豫荐禹于天。十七年而崩。三年丧毕，禹亦乃让舜子，如舜让尧子。诸侯归之，然后禹践天子位。尧子丹朱，舜子商均，皆有疆土，以奉先祀。服其服，礼乐如之。以客见天子，天子弗臣，示不敢专也。

【译文】
　　舜二十岁的时候因为孝行闻名天下，三十岁的时候被尧推举，五十岁的时候开始代理行使天子之权，五十八岁的时候尧帝去世，六十一岁的时候登上帝位。在位三十九年后，向南巡视狩猎，在苍梧的野地里去世。葬在江南的九疑山，也就是零陵郡。舜做了皇帝，乘坐有天子旗帜的车子，去见自己的父亲，恭敬有礼，十分遵守人子之道。封弟象为诸侯。舜的儿子商均也不才，于是舜把禹推荐给上天。十七年后舜去世。三年守丧完毕，禹也将自己的帝位让给舜的儿子，就好像当初舜让位给尧的儿子那样。诸侯前来归顺禹，于是禹就登上天子之位。尧的儿子丹朱、舜的儿子商均，都有自己的封地，来供奉祭祀祖先。他们仍然穿着他们的父亲在位时的衣服，礼乐也同他们的父亲在位时一样。他们以宾客的身份朝见天子，天子也不把他们当作臣子，表示不敢独自占有天下。

　　自黄帝至舜、禹，皆同姓而异其国号，以章明德。故黄帝为有熊，帝颛顼为高阳，帝喾为高辛，帝尧为陶唐，帝舜为有虞。帝禹为夏后而别氏，姓姒氏。契为商，姓子氏。弃为周，姓姬氏。

【译文】
　　从黄帝开始一直到舜、禹，都是姓氏相同但国号不同，以彰显明德。所以黄帝国号为有熊，颛顼国号为高阳，帝喾国号为高辛，帝尧国号为陶唐，帝舜国号为有虞。禹建立夏后改为别的姓氏，姓姒氏。契建立商朝，姓子氏。弃建立周朝，姓姬氏。

太史公曰：学者多称五帝，尚矣。然《尚书》独载尧以来；而百家言黄帝，其文不雅驯，荐绅①先生难言之。孔子所传《宰予问五帝德》及《帝系姓》，儒者或不传。余尝西至空桐，北过涿鹿，东渐于海，南浮江淮矣，至长老皆各往往称黄帝、尧、舜之处，风教②固殊焉，总之不离古文者近是。予观《春秋》《国语》，其发明《五帝德》《帝系姓》章矣，顾弟弗深考，其所表见皆不虚。《书》缺有间③矣，其轶乃时时见于他说。非好学深思，心知其意，固难为浅见寡闻道也。余并论次，择其言尤雅者，故著为本纪书首。

【注释】

① 荐绅：通"缙绅"，古代高级官吏的装束，也指有官职的人。《韩非子·五蠹》："坚甲厉兵以备难，而美荐绅之饰。"
② 风教：风俗教化。《诗大序》："风，风也，教也。风以动之，教以化之。"
③ 有间：片刻，有一会儿。

【译文】

太史公说：学者们常常谈到五帝，五帝距现在太久远了。《尚书》只记载了尧以来的历史；诸子百家虽述及黄帝，但说辞不太典雅，所以现在的学者先生也说不清楚。孔子所传授的《宰予问五帝德》和《帝系姓》，有的儒家学者也没有传习。我曾经西至崆峒山，北到涿鹿，东到大海，南到江淮，当地的父老乡亲往往称颂黄帝、尧、舜的功德，其风俗教化原本就与别处不同。总之，其大概情况和古代典籍中的记载比较接近。我读《春秋》《国语》，它们对《五帝德》《帝系姓》阐述发扬得很好，只是没有深入考察，但同我所见到的实际情况基本相符，记述一点也不虚假。况且《尚书》缺失已经很长时间了，缺失的内容时时见于其他著作中。不是好学深思、心领神会的人，不能择取，所以很难对浅见寡闻的人述说。我按照黄帝、颛顼、帝喾、尧、舜的次序，选择其中语言比较典雅的，作为本纪的首篇。

《禹王治水图》（局部）
（南宋）赵伯驹（传） 收藏于台北故宫博物院

《史记·夏本纪》记载：『帝舜荐禹于天，为嗣。十七年而帝舜崩。三年丧毕，禹辞辟舜之子商均于阳城。天下诸侯皆去商均而朝禹。禹于是遂即天子位，南面朝天下，国号曰夏后，姓姒氏。』大禹因治水有功而受舜禅让，即位以后，改国号为夏，这也是有史书记载以来，中国历史上第一个世袭制朝代。

周本纪[1]

　　周后稷，名弃。其母有邰氏女，曰姜原。姜原为帝喾元妃。姜原出野，见巨人迹，心忻然说①，欲践之，践之而身动如孕者。居期而生子，以为不祥，弃之隘巷，马牛过者皆辟不践；徙置之林中，适会山林多人，迁之；而弃渠中冰上，飞鸟以其翼覆荐之。姜原以为神，遂收养长之。初欲弃之，因名曰弃。

　　弃为儿时，屹如巨人之志。其游戏，好种树麻、菽，麻、菽美。及为成人，遂好耕农，相地之宜，宜谷者稼穑②焉，民皆法则③之。帝尧闻之，举弃为农师，天下得其利，有功。帝舜曰："弃，黎民始饥，尔后稷播时百谷。"封弃于邰，号曰后稷，别姓姬氏。后稷之兴，在陶唐、虞、夏之际，皆有令德。

【注释】

① 说：通"悦"，喜悦、快乐。
② 稼穑：即播种与收获，春耕为"稼"，秋收为"穑"，泛指一切农业劳动。《尚书·无逸》："厥父母勤劳稼穑，厥子乃不知稼穑之艰难。"《孟子·滕文公上》："后稷教民稼穑。"
③ 则：效仿。

【译文】

　　后稷，名弃。他的母亲是有邰氏的女儿，名字叫姜原。姜原是帝喾的正妃。有一天她到野外去，看见了巨人的足迹，心里喜悦，想要踩踏那个脚印，踏上

---

〔1〕 此篇有删减。

去之后感到身体发生变化,像怀了孕一样。足月之后她生下了一个儿子,认为不祥,便把他丢在小巷子里,马和牛从他旁边经过都不踩踏他;于是她又把他丢在山林里,恰好当时山林里有很多人,又转移了地方;将他丢在结冰的水渠上,飞鸟会用翅膀覆盖他。姜原觉得很神奇,就留下男孩,抚养他长大成人。因为一开始想要丢弃他,所以给他起名为弃。

弃还是小孩子的时候,就有大人的志向。做游戏的时候,他喜欢种麻种豆的游戏,麻、豆都长得很好。长大之后,他喜欢耕种,观察土地适合种什么,适宜种谷的就种了谷,百姓都照他的方法种植。帝尧知道后,就选拔弃做了农师,天下百姓也因此受益,弃有功劳。帝舜说:"弃,从前百姓都饿着肚子,幸好你依时播种百谷。"于是将邰封给弃,名号为后稷,另外取姓姬氏。后稷的兴起,是在陶唐、虞、夏时期,在尧、舜、禹三朝都有美好的德行和声望。

后稷像 选自《历代帝王圣贤名臣大儒遗像》册 (清)佚名 收藏于法国国家图书馆

后稷教民稼穑
选自《帝王道统万年图》册 （明）仇英 收藏于台北故宫博物院

后稷卒，子不窋立。不窋末年，夏后氏政衰，去稷不务，不窋以失其官而奔戎狄之间。不窋卒，子鞠立。鞠卒，子公刘立。公刘虽在戎狄之间，复修后稷之业，务耕种，行地宜，自漆、沮度渭，取材用，行者有资，居者有畜积，民赖其庆。百姓怀之，多徙而保归焉。周道之兴自此始，故诗人歌乐思其德。公刘卒，子庆节立，国于豳。

【译文】

后稷死后，他的儿子不窋（zhú）即位。不窋晚年，夏朝的统治衰落，当时封后稷的职务也被免去。不窋丢了官职，投奔戎狄去了。不窋死后，儿子鞠继位。鞠死后，儿子公刘继位。公刘虽然住在戎狄之地，但他继承后稷的事业，因地制宜，专心耕种，又从漆、沮二河渡过渭河，到南山砍伐木材使用。从此，外出的人有了盘缠，居守在家的人有了积蓄，民众的生活大为改善。百姓都很感激他，纷纷搬家投靠他。从此，周朝开始振兴，因此诗人唱歌奏乐以歌颂赞美他的德行。公刘去世后，他的儿子庆节继位，在豳建立国都。

公季卒，子昌立，是为西伯。西伯曰文王，遵后稷、公刘之业，则古公、公季之法，笃仁，敬老，慈少。礼下贤者，日中不暇食以待士，士以此多归之。伯夷、叔齐在孤竹，闻西伯善养老，盍往归之。太颠、闳夭、散宜生、鬻子、辛甲大夫之徒皆往归之。

【译文】

公季死后，他的儿子昌继位，这就是西伯。西伯又叫文王，他尊奉后稷、公刘的事业，效仿古公、公季的执政方法，踏实仁义，尊老爱幼。文王礼贤下士，有时为了招待士人，忙到中午都顾不上吃饭，所以士人多来归顺。伯夷、叔齐在孤竹国，听说西伯善待老人后，一起来归顺了。太颠、闳夭、散宜生、鬻子、辛甲大夫这些人也来归顺。

周文王像
选自《历代帝王圣贤名臣大儒遗像》册 （清）佚名
收藏于法国国家图书馆

  崇侯虎潛①西伯于殷纣曰："西伯积善累德，诸侯皆向之，将不利于帝。"帝纣乃囚西伯于羑里。闳夭之徒患之，乃求有莘氏美女，骊戎之文马，有熊九驷，他奇怪物，因殷嬖臣费仲而献之纣。纣大说，曰："此一物足以释西伯，况其多乎！"乃赦西伯，赐之弓矢斧钺②，使西伯得征伐。曰："潛西伯者，崇侯虎也。"西伯乃献洛西之地，以请纣去炮格之刑。纣许之。

【注释】

① 潛（zèn）：无中生有地说人坏话，逸毁，诬陷。
② 弓矢斧钺：古代皇帝特赐用物（九锡）之一。《白虎通义》中注释："皆随其德可行而赐车马，能安民者赐衣服，能使民和乐者赐以乐，民众多者赐以朱户，能进善者赐以纳陛，能退恶者赐虎贲，能诛有罪者赐以铁钺，能征不义者赐以弓矢，孝道备者赐以秬鬯。"

【译文】

　　崇侯虎对殷纣王说西伯的坏话:"西伯行善积德,诸侯都归顺他,这样恐怕对大王你没有好处。"纣王于是将西伯抓起来囚禁在羑里。闳夭等人很担心西伯,于是想方设法找来有莘氏的美女、骊戎的有斑纹的马、有熊氏的三十六匹马和其他的奇珍异宝,通过纣王的宠臣费仲献给纣王。纣王很高兴,说:"这里面哪一样东西都够放了西伯了,何况这么多呢!"于是就赦免了西伯,还赐给他弓矢斧钺,让西伯有征伐之权。纣王还告诉西伯说:"说你坏话的人,是崇侯虎。"西伯回国后献出了洛水以西的土地,请求纣王废除炮格之刑。纣王答应了他。

　　西伯阴行善,诸侯皆来决平。于是虞、芮之人有狱不能决,乃如周。入界,耕者皆让畔①,民俗皆让长。虞、芮之人未见西伯,皆惭,相谓曰:"吾所争,周人所耻,何往为,祇②取辱耳。"遂还,俱让而去。诸侯闻之,曰"西伯盖受命之君"。

【注释】

① 畔:田地的界限。《说文解字》:"畔,田界也。"段玉裁注:"田界者,田之竟处也。"
② 祇:只。三国魏曹丕《煌煌京洛行》:"多言寡诚,抵令事败。"

【译文】

　　西伯暗自行善,诸侯都来请他评判是非。于是虞国、芮国的百姓有案件不能判决,就会前往周国。他们进入周的国界,看见耕地的人都互让地界,普通百姓尊老爱幼。这些人还没有见西伯,就感到惭愧,对彼此说:"我们所争执的,是人家耻于做的,还去那里干什么呢?去了只是自取其辱罢了。"于是选择折返,并且都让出了自己的土地。诸侯听了这件事,都说"西伯大概是天命选中的君主"。

明年，伐犬戎。明年，伐密须。明年，败耆国。殷之祖伊闻之，惧，以告帝纣。纣曰："不有天命乎？是何能为！"明年，伐邘。明年，伐崇侯虎。而作丰邑，自岐下而徙都丰。明年，西伯崩，太子发立，是为武王。

【译文】

次年，西伯征伐犬戎。又过了一年，征伐密须。再过一年，打败了耆国。殷朝的祖伊听闻这件事后感到害怕，告诉了纣王。纣王说："不是有天命保佑我们吗？西伯又能拿我们怎么样呢！"次年，西伯征伐邘。又过了一年，西伯伐崇侯虎。后在丰这个地方设邑，并把都城从岐山脚下迁到这里。次年，西伯去世，太子发继位，这就是武王。

武王即位，太公望为师，周公旦为辅，召公、毕公之徒左右王师，修文王绪业。

【译文】

武王即位后，太公望任军师，周公旦为辅助大臣，召公、毕公等人侍奉在武王的左右，修治文王的遗业。

九年，武王上祭于毕。东观兵，至于盟津。为文王木主①，载以车，中军。武王自称太子发，言奉文王以伐，不敢自专。乃告司马、司徒、司空、诸节："齐栗，信哉！予无知，以先祖有德，臣小子受先功，毕立赏罚，以定其功。"遂兴师。师尚父号曰："总尔众庶，与尔舟楫，后至者斩。"武王渡河，中流，白鱼跃入王舟中，武王俯取以祭。既渡，有火自上复于下，至于王屋，流为乌，其色赤，其声魄云。是时，诸侯不期而会盟②津者八百诸侯。诸侯皆曰："纣可伐矣。"武王曰："女③未知天命，未可也。"乃还师归。

【注释】

① 木主：木制的牌位。清刘翰《李克用置酒三垂冈赋》："怅麻衣之如雪，木主来无；皎玉树以临风，山灵识否？"
② 会盟：古代诸侯间会面和结盟的仪式。《左传·昭公三年》："令诸侯三岁而聘，五岁而朝，有事而会，不协而盟。"《史纪·齐太公世家赞》："桓公之盛，修善政，以为诸侯会盟，称伯，不亦宜乎？"
③ 女：通"汝"，你、你们。

【译文】

武王九年，武王在文王的墓地毕祭祀上天，然后去东方检阅军队，到达盟津。设立文王的牌位，用车子载着，供在军中。武王自称太子发，说此次是跟随文王出征，不敢自作主张。他还告诉司马、司徒、司空、诸节等官员："要小心谨慎，说到做到！我本是无知之人，只因为先祖有德行，留下了很多有德之臣，我承受了先祖的功业，定当赏罚分明，以巩固他们的功绩。"于是起兵。师尚父下令说："集合起你们的部下和船只，迟到者斩首。"武王渡黄河，船到河中心，有条白鱼跳进武王的船中，武王俯身捡起白鱼，用来祭祀。渡过黄河后，有火从天而降，落在武王的

周武王立像轴
选自《历代帝后像》轴　佚名　收藏于台北故宫博物院

屋顶上，变成乌鸦的形状，颜色赤红，还发出轰隆隆的声音。当时，有八百个诸侯不约而同前来盟津会盟。诸侯看到这个情景都说："可以伐纣了。"武王说："你们还不知天命，不行。"于是又率军队回去了。

居二年，闻纣昏乱暴虐滋甚，杀王子比干，囚箕子。太师疵、少师彊抱其乐器而奔周。于是武王遍告诸侯曰："殷有重罪，不可以不毕伐。"乃遵文王，遂率戎车三百乘，虎贲①三千人，甲士四万五千人，以东伐纣。十一年十二月戊午，师毕渡盟津，诸侯咸②会。曰："孳③孳无怠！"武王乃作《太誓》，告于众庶："今殷王纣乃用其妇人之言，自绝于天，毁坏其三正，离逷④其王父母弟，乃断弃其先祖之乐，乃为淫声，用变乱正声，怡说妇人。故今予发维共行天罚。勉哉夫子，不可再，不可三！"

【注释】

① 虎贲（bēn）：勇士。《尚书·牧誓序》："武王戎车三百辆，虎贲三百人。"
② 咸：都。王羲之《兰亭集序》云："群贤毕至，少长咸集。"
③ 孳（zī）：通"孜"，勤勉不息。《孟子》："孳孳为善者。"《史记·夏本纪》："予思日孳孳。"
④ 离逷（lí tì）：疏远、离开。

【译文】

又过了两年，武王听说纣王更加昏乱暴虐，还杀掉了王子比干，囚禁了箕子。太师疵、少师彊抱着乐器逃亡到周国。这时武王遍告诸侯："纣王有重罪，不可不合力讨伐了。"于是打出文王的旗帜，率领戎车三百乘，虎贲三千人，士兵四万五千人，向东出发，讨伐纣王。十一年十二月戊午，军队全部渡过盟津，诸侯都会集起来。说："勤勉不怠！"武王因此作了《太誓》，并向将士们宣告："今天殷王纣听信妇人之言，自取灭亡，受罪于天，毁坏天、地、人的正道，疏

妲己害政
选自《帝鉴图说》法文外销画绘本　（明）张居正/编撰　（清）佚名/绘　收藏于法国国家图书馆

妲己，纣王帝辛的妃子。《史记·殷本纪》记载纣王："好酒淫乐，嬖于妇人。爱妲己，妲己之言是从。"历代多有儒者附会，认为是妲己迷惑纣王，导致商朝灭亡。鲁迅就曾驳斥过这种观点："我以为在男权社会里，女人是决不会有这种大力量的，兴亡的责任，都应该男的负。但向来的男性作者，大抵将败亡的大罪，推在女性身上。"

远他的兄弟，抛弃先祖的礼乐之道，敢用淫乱的歌曲扰乱典雅的音乐，以取悦妇人。所以今天我姬发要恭敬地执行上天的惩罚，与诸位共勉，错误不可一而再、再而三地上演。"

二月甲子昧爽，武王朝至于商郊牧野，乃誓。武王左杖黄钺，右秉白旄以麾①，曰："远矣西土之人！"武王曰："嗟！我有国冢君，司徒、司马、司空，亚旅、师氏，千夫长、百夫长，及庸、蜀、羌、髳、微、卢、彭、濮人，称尔戈，比尔干②，立尔矛，予其誓。"王曰："古人有言：'牝鸡无晨。牝鸡之晨，惟家之索。'今殷王纣维妇人言是用，自弃其先祖肆祀不答，昏弃其家国，遗其王父母弟不用，乃维四方之多罪逋逃③是崇是长，是信是使，俾暴虐于百姓，以奸轨于商国。今予发维共行天之罚。今日之事，不过六步七步，乃止齐④焉，夫子勉哉！不过于四伐五伐六伐七伐，乃止齐焉，勉哉夫子！尚桓桓⑤，如虎如罴，如豺如离，于商郊，不御克奔，以役西土，勉哉夫子！尔所不勉，其于尔身有戮。"誓已，诸侯兵会者车四千乘，陈师牧野。

【注释】

① 麾：同"挥"。《史记·魏其武安侯列传》："魏其侯去，麾灌夫出。"
② 干：盾牌。《礼记·祭统》："朱干玉戚以舞《大武》。"注曰："朱干，赤盾。"
③ 逋（bū）逃：逃亡，逃亡的罪人。汉赵晔《吴越春秋·夫差内传》："军败身辱，逋逃出走。"董解元《西厢记诸宫调》卷二："欲逋逃，又恐怕诸军笑。"
④ 止齐：《礼记》郑玄注："始前就敌，六步七步当止，齐正行列，及兵相接，少者四伐，多者五伐，又当止，齐正行列也。"
⑤ 桓桓：勇武的样子。《诗经·泮水》："济济多士，克广德心。桓桓于征，狄彼东南。"

【译文】

二月甲子日，天刚蒙蒙亮，武王率军队来到商国都城郊外的牧野，举行誓师。武王左手执黄铜做的斧头，右手握着白色的牦牛尾，用来指挥。他说："从西边来的人，真是走了太远的路了！"武王说："啊！我的友邦君主们，司徒、司马、司空、亚旅、师氏、千夫长、百夫长，以及庸、蜀、羌、髳、微、纑、彭、濮各国的人民，拿起你们的长戈，举起你们的盾牌，竖起你们的长矛，听我宣誓。"武王说："古人有言：'母鸡不报晓。如果母鸡报晓，这个人家就会衰落。'现在殷王只听妇人之言，自己抛弃祖先的祭祀之礼，抛弃国家大业，抛开自己的兄弟不任用，反而任用那些从四方诸侯国逃亡到商国的罪人，还推崇他们、尊敬他们、信任他们，让他们残害百姓，在商国胡作非为。我们今天聚在一起替天行道。今天我们作战，前进六七步就可以停下来整顿队伍，大家共勉！用武器击刺敌人少则四五下，多则六七下，就可以结束了，共勉！希望大家勇猛前进，像猛虎、熊罴、豺狼、螭龙一样，让我们在商郊大战一场，不要迎击那些前来投降的兵士，让他们来给我们当奴隶，大家要努力啊！你们如果不努力，就会被处死。"宣誓完毕，他带领诸侯兵会者的车辆四千乘，列阵于牧野。

帝纣闻武王来，亦发兵七十万人距①武王。武王使师尚父与百夫致师，以大卒②驰帝纣师。纣师虽众，皆无战之心，心欲武王亟入。纣师皆倒兵以战，以开武王。武王驰之，纣兵皆崩畔③纣。纣走，反，入登于鹿台之上，蒙衣其殊玉，自燔④于火而死。武王持大白旗以麾诸侯，诸侯毕拜武王，武王乃揖诸侯，诸侯毕从。武王至商国，商国百姓咸待于郊。于是武王使群臣告语商百姓曰："上天降休！"商人皆再拜稽首，武王亦答拜。遂入，至纣死所。武王自射之，三发而后下车，以轻剑击之，以黄钺斩纣头，县大白之旗。已而至纣之嬖妾⑤二女，二女皆经自杀。武王又射三发，击以剑，斩以玄钺，县其头小白之旗。武王已乃出复军。

【注释】

① 距：通"拒"，抗拒，抵御。《史记·高祖本纪》："楚闻之，发兵距之阳夏，不得前。"
② 大卒：士兵。《史记·周本纪》："武王使师尚父与百夫致师，以大卒驰帝纣师。"唐·张守节《史记正义》注释曰："大卒，谓戎车三百五十乘，士卒二万六千二百五十人，有虎贲三千人。"
③ 畔：背叛。
④ 燔（fán）：焚烧。《说文解字》："燔，爇（ruò）也。从火，番声。"
⑤ 嬖妾：爱妾。《左传·宣公十五年》："初，魏武子有嬖妾，无子。"

【译文】

纣王听闻武王到来，也发兵七十万人进行抵抗。武王让师尚父率百夫带军队迎战，他率军车攻击纣王的军队。纣王的军队虽然人数众多，但都没有战斗的意愿，心里只盼着武王的军队赶紧打进来。于是纣王的军队纷纷倒戈，反助武王。武王飞驰而过，纣王的军队四散而逃，溃不成军。纣王逃跑，返回都城，登上鹿台，披着镶满宝玉的衣服，自焚而死。武王持大白旗指挥诸侯，诸侯都参拜武王，武王向诸侯回礼，诸侯纷纷跟从。武王到商国，商国百姓都在郊外热情地接待他们。于是武王派大臣告诉商朝百姓说："上天赐给你们福瑞！"商朝百姓纷纷稽首，拜了两次，武王也答谢回拜。武王到达纣王自焚的地方。武王亲自朝纣王的尸体射了三支箭，然后下车，用轻吕剑刺他，用黄铜制作的斧头砍下纣王的头颅，悬挂在大白旗之上。过了一会儿又到纣王宠姬那里，只见那两个女人都已经自杀。武王又射了三支箭，用剑刺击她们，并用铁制的黑斧砍掉她们的头颅，将她们的头颅悬挂在小白旗上。武王做完这些之后才回到军营。

武王征九牧之君，登豳之阜，以望商邑。武王至于周，自夜不寐。周公旦即王所，曰："曷为不寐？"王曰："告女：维天不飨殷，自发未生于今六十年，麋鹿在牧，蜚鸿满野。天不享殷，乃今有成。维天建殷，其登名民三百六十夫，不显亦不宾灭，以至今。我未定天保，何暇寐！"王曰："定天保，依天室，悉求夫恶，贬从殷王受。日夜劳来定我西土，我维显服①，及德方②明。自洛汭延于伊汭，居易毋固，其有夏之居。我南望三涂③，北望岳鄙，顾詹有河④，粤詹雒、伊，毋远天室⑤。"营周居于雒邑而后去⑥。纵马于华山之阳，放牛于桃林之虚⑦；偃干戈⑧，振兵释旅⑨：示天下不复用也。

【注释】

① 显服：办好各种事情。显，明。服，事。
② 方：遍。
③ 涂：水流弯曲处。
④ 顾詹有河：回望黄河。詹，通"瞻"，远望。河，黄河。
⑤ 毋远天室：大意是可以在此建都。唐张守节《史记正义》："言审慎瞻雒、伊二水之阳，无远离此为天室也。"
⑥ 去：离开。
⑦ 虚：区域，所在地。
⑧ 偃：倒下，这里是放倒、放下的意思。干戈：兵器。
⑨ 振兵释旅：整顿部队，然后解散。振，整顿。释，解散。旅，古代以士卒五百人为一旅，这里泛指军队。

【译文】

武王召集九州的长官，登上豳邑的高地，以眺望商邑。武王回到周以后，每天夜不能寐。周公旦来到武王的住所，问："您为什么不睡觉呢？"武王说："告诉你：上天不佑殷朝，自我还未降生至今已经六十年了，商王朝王室只顾在牧野圈养麋鹿，而不顾天下百姓，以至于灾荒遍野。正是因为上天不再庇护殷朝，所以我今天才能成就一番事业。当初上天建立殷朝，任用三百六十名贤人，他们虽然没有显赫的功绩，但也没有使殷朝灭亡，所以才维持到了现在。现在我的功业还没有确立，天意尚不可知，哪里有时间睡觉呢？"武王又说："如果想得到上天的保护，就要让百姓顺从周王室，我要把作恶的人全都找出来，就像对待纣王那样惩罚他们。我要日夜慰劳百姓，办好各种事情，使四方领土安定，使我们的德行传遍四方。从洛水河湾一直到伊水河湾，地势平坦没有险阻，过去夏朝人住在那里。我向南望见三涂山，向北望到太行山一带，回首又看到黄河，还观察了洛水、伊水，想在这里建立都城。"于是武王命人在洛邑营建都城，然后才离开。武王还让人把战马都放养在华山以南，把牛放养在桃林一带，把兵器收起来，整顿军队，解除武装，向天下人表示不再打仗。

周公告卜
选自《帝王道统万年图》册 （明）仇英
收藏于台北故宫博物院

洛邑建成之后，周公奉旨营建洛邑。关于周公营建都城洛邑，《尚书·洛诰》中说："予惟乙卯，朝至于洛师。我卜河朔黎水，我乃卜涧水东，瀍水西，惟洛食；我又卜瀍水东，亦惟洛食。伻来以图及献卜。"

▲ 怀保小民
选自《帝王道统万年图》册 （明）仇英
收藏于台北故宫博物院

《尚书·无逸》："怀保小民，惠鲜鳏寡。"相传，周公用周文王的事迹劝谏成王要像天作为万物的父母那样，作民的父母，要像怀抱襁褓中的婴孩那样保护你的人民。这与文中周武王的"敬天保民"思想一致。

项羽本纪[1]

项籍者，下相人也，字羽。初起时，年二十四。其季父项梁，梁父即楚将项燕，为秦将王翦所戮者也。项氏世世为楚将，封于项，故姓项氏。

【译文】

项籍是下相县人，字羽。最初起兵的时候，他才二十四岁。他的小叔父是项梁，项梁的父亲就是楚将项燕，为秦将王翦所杀。项氏世代为楚国的将领，因为封地在项国，所以姓项。

项籍少时，学书不成，去；学剑，又不成。项梁怒之。籍曰："书足以记名姓而已。剑一人敌，不足学，学万人敌。"于是项梁乃教籍兵法，籍大喜，略知其意，又不肯竟学。项梁尝有栎阳逮，乃请蕲狱掾曹咎书抵栎阳狱掾①司马欣，以故事得已。项梁杀人，与籍避仇于吴中。吴中贤士大夫皆出项梁下。每吴中有大繇役②及丧，项梁常为主办，阴以兵法部勒③宾客及子弟，以是知其能。秦始皇帝游会稽，渡浙江，梁与籍俱观。籍曰："彼可取而代也。"梁掩其口，曰："毋妄言，族④矣！"梁以此奇籍。籍长八尺余，力能扛鼎，才气过人，虽吴中子弟皆已惮籍矣。

---

[1] 此篇有删减。

【注释】

① 狱掾：主管监狱的官员。
② 繇役：繇，通"徭"，徭役。古代封建统治阶级强制农民无偿劳动。《史记·平津侯主父列传》："薄赋敛，省繇役，贵仁义，贱权利。"
③ 部勒：部署。《旧唐书·魏元忠传》："孝逸然其言，乃部勒士卒以图进讨。"
④ 族：封建时代的一种残酷刑罚，一人有罪，诛杀其全族成员。唐杜牧的《阿房宫赋》中有："族秦者，秦也，非天下也。"

【译文】

项羽年少的时候不爱读书，没有学成。他又改习剑术，又没有学成。项梁很生气。项羽说："读书能够写自己的姓名就足够了。剑只能抵抗一个人，不值得去学，我要学能够抵御万人的学问。"于是项梁就教他兵法，项羽很高兴，等到略微知晓其中的要义时，又不肯认真深入学习。项梁曾经因犯罪被栎阳县逮捕，于是请求蕲县主管监狱的官员曹咎给栎阳县主管监狱的官员司马欣写信，借此了结了这桩案子。项梁杀了人，和项羽一起到吴中躲避仇人。吴中贤明的

项羽像
选自《历代帝王圣贤名臣大儒遗像》册 （清）佚名
收藏于法国国家图书馆

遣使求仙 选自《帝鉴图说》法文外销画绘本 （明）张居正｜编撰 （清）佚名｜绘
收藏于法国国家图书馆

士大夫都归附在项梁手下。每次吴中有大徭役和丧事，常常是项梁主办，暗中以兵法分配调度宾客及子弟，以此了解每个人的能力。秦始皇游会稽，渡过钱塘江，项梁与项羽一起去观看。项羽说："我可以取而代之。"项梁掩住他的嘴巴说："不要瞎说，这可是灭族的话！"项梁因此感到项羽不同于一般人。项羽身长八尺有余，力大无穷，可以扛起巨鼎，才气过人，吴中子弟都很忌惮他。

秦二世元年七月，陈涉等起大泽中。其九月，会稽守通谓梁曰："江西皆反，此亦天亡秦之时也。吾闻先即制人，后则为人所制。吾欲发兵，使公及桓楚将。"是时桓楚亡在泽中。梁曰："桓楚亡，人莫知其处,独籍知之耳。"梁乃出,诫籍持剑居外待。梁复入,与守坐,曰:"请召籍,使受命召桓楚。"守曰:"诺。"梁召籍入。须臾,梁眴①籍曰:"可行矣!"于是籍遂拔剑斩守头。项梁持守头,佩其印绶。门下大惊,扰乱,籍所击杀数十百人。一府中皆慑伏②,莫敢起。梁乃召故所知豪吏,谕以所为起大事,遂举吴中兵。使人收下县,得精兵八千人。梁部署吴中豪杰为校尉、候、司马。有一人不得用,自言为梁。梁曰:"前时某丧使公主某事,不能办,以此不任用公。"众乃皆伏。于是梁为会稽守,籍为裨将③,徇下县。

【注释】

① 眴(shùn):以目示意,使眼色。
② 慑(shè)伏:因畏惧而屈服。《史记·项羽本纪》:"当是时,诸将皆慑服,莫敢枝梧。"
③ 裨(pí)将:副将,专任一方的将领。

【译文】

秦二世元年七月,陈胜等人在大泽乡起义。同年九月,会稽郡守殷通对项梁说:"长江以西全都造反了,这是天让秦灭亡的时候。我听说先发者制人,否则就会为人所制。我想发动军队,让你和桓楚率领。"当时桓楚逃亡到大泽中。项梁说:"桓楚还在逃亡,人们都不知他的处所,只有项羽知道。"项梁于是出来,让项羽带着剑在外面等着。项梁又进去和郡守坐了一会儿,说:"请召见项羽,让他奉命去找桓楚。"郡守说:"好!"项梁就把项羽叫了进来。过了一会儿,项梁给项羽使眼色,说:"可以行动了!"于是项羽拔剑斩下了郡守的头。项梁拎着郡守的头,带着他的官印。郡守原先的部下都惊慌失措,一片混乱,项羽击杀了一百来人。于是府中上下都吓得趴倒在地,没有人敢起来。项梁于是召集原先熟悉的豪吏,告知他们自己想要起兵反秦,于是在吴中起兵举事。项梁派人去收复吴中下属各县,得到八千精兵。项梁又部署郡中豪杰做校尉、候、司马。有一个人没有被任用,自己去找项梁说这件事。项梁说:"前些日子某家办丧事,让你主办,你没有办成,所以不能任用你。"众人听了都很认同。于是项梁做了会稽郡守,项羽为副将,派人到下属各县宣布命令。

广陵人召平于是为陈王徇广陵，未能下。闻陈王败走，秦兵又且至，乃渡江矫①陈王命，拜梁为楚王上柱国②。曰："江东已定，急引兵西击秦。"项梁乃以八千人渡江而西。闻陈婴已下东阳，使使欲与连和俱西。陈婴者，故东阳令史，居县中，素信谨，称为长者。东阳少年杀其令，相聚数千人，欲置长，无适用，乃请陈婴。婴谢不能，遂强立婴为长，县中从者得二万人。少年欲立婴便为王，异军苍头③特起。陈婴母谓婴曰："自我为汝家妇，未尝闻汝先古之有贵者。今暴得大名，不祥。不如有所属，事成犹得封侯，事败易以亡，非世所指名也。"婴乃不敢为王。谓其军吏曰："项氏世世将家，有名于楚。今欲举大事，将非其人不可。我倚名族，亡秦必矣。"于是众从其言，以兵属项梁。项梁渡淮，黥布、蒲将军亦以兵属④焉。凡六七万人，军下邳。

【注释】

① 矫：假托。《穀梁传·宣公十五年》："矫王命以杀之。"
② 上柱国：官名。战国楚制，凡立覆军斩将之功者，官封上柱国，位极尊宠。北魏置柱国大将军，北周增置上柱国大将军，唐宋也以上柱国为武官勋爵中的最高级，柱国次之。历代沿用，清废。
③ 苍头：以青巾裹头的军队。《战国策·魏一》："今窃闻大王之卒，武士二十万，苍头二十万。"
④ 属：归属、归顺。

【译文】

广陵人召平这时候为陈王去攻打广陵，没有攻下。召平听说陈王兵败退走，秦兵又快要到了，就渡过长江，假托陈王的命令，拜项梁为楚王的上柱国。召平说："江东的局面已经稳定，快带领军队向西攻秦。"项梁就带领八千人渡过长江向西进军。他听说陈婴已经攻下东阳，就派使者前去，想要与陈婴联合西进。陈婴原是东阳县的令史，在县里一向诚实谨慎，被人们尊为长者。东阳县的年轻人杀了县令，数千人聚在一起，想推举出一位首领，但没有合适的，就来请陈婴担任。陈婴婉拒说自己无法胜任，他们就强行推选他当了首领，县中追随他的有两万人。那些年轻人想立陈婴为王，为了与别的军队区分，就用青巾裹头，表示异军突起。陈婴的母亲对陈婴说："自从我做陈家的媳妇以来，还从没听说你们陈家祖上有显贵之人。如今突然得到这样的声望，不是好事。不如去归附谁，事成之后还可以封侯，即使失败也容易逃跑，这样也不会被世人指名道姓。"所以，陈婴不敢称王。他对军吏们说："项氏世世代代做大将，在楚国很有声望。现在我们要起义成事，不由他们做将领不行。我们依靠了名门大族，灭亡秦朝就是注定的事了。"于是军众听从了他的话，带领军队投奔项梁。项梁渡过淮河，黥布、蒲将军也率军归属。这样，项梁总共有了六七万人，驻扎在下邳一带。

当是时，秦嘉已立景驹为楚王，军彭城东，欲距项梁。项梁谓军吏曰："陈王先首事，战不利，未闻所在。今秦嘉倍①陈王而立景驹，逆无道。"乃进兵击秦嘉。秦嘉军败走②，追之至胡陵。嘉还战一日，嘉死，军降。景驹走死梁地。项梁已并秦嘉军，军胡陵，将引军而西。章邯军至栗，项梁使别将朱鸡石、馀樊君与战。馀樊君死。朱鸡石军败，亡走胡陵。项梁乃引兵入薛，诛鸡石。项梁前使项羽别攻襄城，襄城坚守不下。已拔，皆坑③之。还报项梁。项梁闻陈王定死，召诸别将会薛计事。此时沛公④亦起沛，往焉。

【注释】

① 倍：通"背"，违反，违背。《墨子·非儒》："倍本弃事而安怠傲。"
② 走：古义为"跑"。
③ 坑：活埋。
④ 沛公：即汉高祖刘邦，秦朝时曾担任泗水亭长，起兵于沛，故称"沛公"。

【译文】

这时候,秦嘉已经立景驹为楚王,军队驻扎在彭城东边,想要抵抗项梁。项梁对将士们说:"陈王最先起义,战事很不顺利,不知道下落。如今秦嘉背叛陈王立景驹为楚王,这是大逆不道。"于是进军攻打秦嘉。秦嘉的军队战败逃走,项梁一直追到胡陵。秦嘉又回头与项梁军队战斗了一天,秦嘉战死,士卒也投降了。景驹逃到梁地,死在了那里。项梁兼并了秦嘉的部队,驻扎在胡陵,准备率军西进攻秦。秦将章邯率军到达栗县,项梁派别将朱鸡石、馀樊君和他交战。结果馀樊君战死。朱鸡石战败,逃回胡陵。于是项梁率领部队进入薛县,诛杀朱鸡石。在此之前,项梁曾派项羽另率一众人去攻打襄城,襄城坚守不降。攻下襄城之后,项羽把那里的军民全部活埋了,然后回来向项梁报告。项梁听说陈王确实死了,就召集诸位将领来薛县商议大事。这时,沛公在沛县起兵,也去了薛县。

汉高祖像 选自《历代帝王圣贤名臣大儒遗像》册 (清)佚名 收藏于法国国家图书馆

刘邦,汉朝开国皇帝,出身于农家,起于微寒但有大志。《史记·高祖本纪》记载:"高祖常繇咸阳,纵观,观秦皇帝,喟然太息曰:嗟乎,大丈夫当如此也!"班固《汉书》赞其曰:"汉兴,高祖躬神武之材,行宽仁之厚,总揽英雄,以诛秦、项。任萧、曹之文,用良、平之谋,骋陆、郦之辩,明叔孙通之仪,文武相配,大略举焉。"

居鄛人范增①，年七十，素居家，好奇计，往说项梁曰："陈胜败固当。夫秦灭六国，楚最无罪。自怀王②入秦不反，楚人怜之至今，故楚南公曰'楚虽三户，亡秦必楚'也。今陈胜首事，不立楚后而自立，其势不长。今君起江东，楚蜂午之将皆争附君者，以君世世楚将，为能复立楚之后也。"于是项梁然其言，乃求楚怀王孙心民间，为人牧羊，立以为楚怀王，从民所望也。陈婴为楚上柱国，封五县，与怀王都盱台。项梁自号为武信君。

【注释】

① 范增：居鄛人，秦朝末年著名的政治家，是西楚霸王项羽的主要谋士。刘邦评其曰："项羽有一范增而不能用，此其所以为我擒也。"
② 怀王：即楚怀王，又称熊槐，芈姓，熊氏，名槐，楚威王之子。继位早期，楚怀王任用屈原等人才，积极变法，开疆拓土；之后怠于国政，无力改革，以致亡国，被囚后死于秦国。

【译文】

居鄛人范增，七十岁了，一向隐居在家，不任官职，喜好奇计。他前去游说项梁说："陈胜失败是必然的。秦灭六国，楚国最无辜。自从楚怀王被骗入秦国一去不返，楚人至今还在同情他，所以楚南公说'楚国即使只剩下三户人，灭亡秦国的也一定是楚国'。如今陈胜起义，不立楚国的后代却自立为王，他迅猛的势头不会长久。如今您在江东起事，楚国的将士如群蜂飞舞一样争着来依附，就是因为你们家世世代代都是楚国大将，能重新拥立楚国后代为王。"项梁认为范增说得对，就到民间寻找楚怀王的嫡孙心，这时心正在给人牧羊，项梁立他为楚怀王，以顺应民众的期望。陈婴做楚国的上柱国，封给他五个县的土地，辅佐怀王建都盱台。项梁自称为武信君。

居数月，引兵攻亢父，与齐田荣①、司马龙且②军救东阿，大破秦军于东阿。田荣即引兵归，逐其王假。假亡走楚。假相田角亡走赵。角弟田间故齐将,居赵不敢归。田荣立田儋子市为齐王。项梁已破东阿下军,遂追秦军。数使使趣齐兵,欲与俱西。田荣曰:"楚杀田假,赵杀田角、田间,乃发兵。"项梁曰:"田假为与国之王,穷来从我,不忍杀之。"赵亦不杀田角、田间以市于齐。齐遂不肯发兵助楚。项梁使沛公及项羽别攻城阳,屠之。西破秦军濮阳东,秦兵收入濮阳。沛公、项羽乃攻定陶。定陶未下,去,西略地至雍丘,大破秦军,斩李由③。还攻外黄,外黄未下。

【注释】

① 田荣:秦末齐国狄县人,陈涉吴广起义后,与其堂兄田儋在齐地响应,恢复齐国,任相国。后田荣自立为齐王,起兵反项羽,项羽率军征讨齐国,后兵败逃至平原县,为县民所杀。
② 龙且(jū):楚国将领,楚汉战争中,刘邦派韩信攻齐,其奉项羽之命前往救援,兵败身死。
③ 李由:上蔡人,秦朝时期的将领,秦相李斯的长子。

【译文】

过了几个月,项梁率领军队去攻打亢父,又和齐将田荣、司马龙且的军队去救援东阿,在东阿大败秦军。田荣立即带领军队返回齐国,赶走了齐王田假,田假逃到了楚国。田假的丞相田角逃亡到赵国。田角的弟弟田间原是齐国大将,留在赵国不敢回齐国。田荣立田儋的儿子田市为齐王。项梁已经击溃了东阿的秦军,就乘胜追击。他多次派使者催促齐国发兵,想要和他们一起向西攻秦。田荣说:"楚国杀掉田假,赵国杀掉田角、田间,我才出兵。"项梁说:"田假是我们盟国的王,走投无路来投奔我,我不忍心杀他。"赵国也不肯杀田角、田间来跟齐国做交易。于是齐国不肯发兵帮助楚军。项梁派沛公和项羽另率军队去攻打城阳,攻破之后屠了城。之后又向西在濮阳以东打败了秦军,秦军退入濮阳城。沛公、项羽就去攻打定陶。定陶没有攻下,他们率众向西掠夺土地,一路直到雍丘,大破秦军,杀了李由。之后又回头攻打外黄,没有攻下。

项梁起东阿西,比至定陶,再破秦军,项羽等又斩李由,益轻秦,有骄色。宋义乃谏项梁曰:"战胜而将骄卒惰者败。今卒少惰矣,秦兵日益,臣为君畏之。"项梁弗听。乃使宋义使于齐。道遇齐使者高陵君显,曰:"公将见武信君乎?"曰:"然。"曰:"臣论武信君军必败。公徐行即免死,疾行则及祸。"秦果悉起兵益章邯,击楚军,大破之定陶,项梁死。沛公、项羽去外黄攻陈留,陈留坚守,不能下。沛公、项羽相与谋曰:"今项梁军破,士卒恐。"乃与吕臣军俱引兵而东。吕臣军彭城东,项羽军彭城西,沛公军砀。

【译文】

项梁自东阿出发向西,来到定陶,又一次打败秦军,项羽等也杀了李由,因此更加轻视秦军,流露出骄傲的神色。于是宋义劝告项梁说:"打了胜仗,将领就骄傲,士卒就懈怠,这样的军队一定会吃败仗。如今士卒有点怠惰了,而秦兵却日益增多,我替您担心啊!"项梁听不进去。于是派宋义出使齐国。宋义在路上遇见了齐国使者高陵君显,问道:"你是要去见武信君吧?"高陵君显回答说:"是的。"宋义说:"依我看,武信君的军队必定失败。您走慢点就可以免于一死,如果走快了就会赶上灾祸。"秦果然发动全部兵力来增援章邯,攻击楚军,在定陶大败楚军,项梁战死。沛公、项羽离开外黄去攻打陈留,陈留坚守,不能攻克。沛公和项羽一起商量说:"现在项梁的军队被打败了,将领和士兵都很恐惧。"于是他们就率领士兵和吕臣的军队一起向东撤退。吕臣的军队驻扎在彭城东边,项羽的军队驻扎在彭城西边,沛公的军队驻扎在砀县。

初,宋义所遇齐使者高陵君显在楚军,见楚王曰:"宋义论武信君之军必败,居数日,军果败。兵未战而先见败征,此可谓知兵矣。"王召宋义与计事而大说之,因置以为上将军;项羽为鲁公,为次将,范增为末将,救赵。诸别将皆属宋义,号为卿子冠军。行至安阳,留四十六日不进。项羽曰："吾闻秦军围赵王钜鹿，疾引兵渡河，楚击其外，赵应其内，破秦军必矣。"宋义曰："不然。夫搏牛之虻不可以破虮虱。今秦攻赵，战胜则兵罢，我承其敝；不胜，则我引兵鼓行而西，必举秦矣。故不如先斗秦赵。夫被坚执锐，义不如公；坐而运策，公不如义。"因下令军中曰："猛如虎，很如羊，贪如狼，强不可使者，皆斩之。"乃遣其子宋襄相齐，身送之至无盐，饮酒高会。天寒大雨，士卒冻饥。项羽曰："将戮力①而攻秦，久留不行。今岁饥民贫，士卒食芋菽，军无见粮，乃饮酒高会，不引兵渡河因赵食，与赵并力攻秦，乃曰'承其敝'。夫以秦之强，攻新造之赵，其势必举赵。赵举而秦强，何敝之承！且国兵新破，王坐不安席，扫境内而专属于将军，国家安危，在此一举。今不恤士卒而徇其私，非社稷之臣。"项羽晨朝上将军宋义，即其帐中斩宋义头，出令军中曰："宋义与齐谋反楚，楚王阴②令羽诛之。"当是时，诸将皆慴服，莫敢枝梧③。皆曰："首立楚者，将军家也。今将军诛乱。"乃相与共立羽为假上将军。使人追宋义子，及之齐，杀之。使桓楚报命于怀王。怀王因使项羽为上将军，当阳君、蒲将军皆属项羽。

【注释】

① 戮力：合力，并力。
② 阴：暗中，暗地里。《史记·李将军列传》："大将军阴受上指。"
③ 枝梧：抗拒。

【译文】

　　起初，宋义遇见的那位齐国使者高陵君显正在楚军中，他求见楚怀王说："宋义曾说武信君的军队必定失败，没过几天，果然战败了。军队还没有打起来，就能事先看出失败的征兆，可以称得上是通晓军事了。"楚怀王于是召见宋义和他商讨军中大事，很欣赏他，任命他为上将军；封项羽为鲁公，任次将，封范增为末将,去援救赵国,其余的将领归宋义管理,号称卿子冠军。部队一路前行抵达安阳,停留四十六天不前进。项羽说:"我听说秦军在钜鹿城包围了赵王,我们应该赶快带兵渡过漳河,楚军从外面攻打,赵军在里面接应,必定能够打败秦军。"宋义说:"我不这样认为。我们的目标应是像击杀牛背上的虻虫一样灭掉秦国,而不是像消除虱虮那样去打败别人,如今秦国攻打赵国,即便取胜,士卒也会疲惫,我们就可以利用他们的疲惫攻击他们;如果没有取得胜利,我们就率领部队敲着战鼓向西前进,一定能歼灭秦军。所以,不如先让秦、赵相斗。若论亲自披上铠甲,拿着兵器,带领士兵冲锋陷阵,我比不上您;但如果说坐于军帐之中运筹帷幄,您比不上我。"于是宋义通令全军:"凶猛如虎,倔强如羊,贪狠如狼,倔强不听指挥的,一律斩杀。"宋义又派儿子宋襄辅佐齐国,还亲自把他送到无盐,宴请宾客饮酒设宴。当时天气寒冷,下着大雨,士卒挨饿受冻。项羽对将士说:"我们大家想合力攻秦,宋义却久留不前。如今正赶上荒年,百姓贫困,将士们吃的是野菜豆子,军中没有存粮,他竟然饮酒宴客,不率领部队渡河去从赵国取得粮食,跟赵合力攻秦,却说'利用秦军的疲惫'。凭着秦国的实力,去攻打刚刚建立的赵国,必定会攻下赵国。赵国被攻占,秦国就更加强大,还有什么疲惫的机会等着我们!再说,我们的军队刚刚吃了败仗,怀王坐不安席,举全国之力而全归上将军一人,国家的安危,在此一举。可是上将军不体恤士卒,为自己谋取私利,不是国家的良臣。"项羽早晨去参见上将军宋义,就在军帐中斩下了他的头,出来命令士兵说:"宋义和齐国合谋反楚,怀王暗中命令我处死他。"这时候,将领们都害怕项羽,没有谁敢反对,都说:"首先复立楚国的,是项将军家。如今又是将军诛灭了叛乱之臣。"于是一起立项羽为代理上将军。项羽派人去追宋义的儿子,追到齐国境内,把他杀了。项羽又派桓楚去向怀王报告。楚怀王没有办法,只好让项羽当了上将军,当阳君、蒲将军等将领都归属项羽统辖。

项羽已杀卿子冠军,威震楚国,名闻诸侯。乃遣当阳君、蒲将军将卒二万渡河,救钜鹿。战少利,陈馀复请兵。项羽乃悉引兵渡河,皆沉船,破釜甑①,烧庐舍,持三日粮,以示士卒必死,无一还心。于是至则围王离,与秦军遇,九战,绝其甬道,大破之,杀苏角,房王离。涉间不降楚,自烧杀。当是时,楚兵冠诸侯。诸侯军救钜鹿下者十余壁,莫敢纵兵。及楚击秦,诸侯皆从壁上观。楚战士无不一以当十,楚兵呼声动天,诸侯军无不人人惴恐。于是已破秦军,项羽召见诸侯将,入辕门②,无不膝行③而前,莫敢仰视。项羽由是始为诸侯上将军,诸侯皆属焉。

【注释】

① 釜甑:煮炊食物的器具。
② 辕门:将帅军营的大门。
③ 膝行:亦称膝步,即跪着向前行走,古代交际礼仪,上古时期已有此风俗。《庄子·在宥》:"广成子南首而卧,黄帝顺下风,膝行而进。"

【译文】

项羽诛杀卿子冠军宋义后,威震楚国,诸侯们都知道他。于是项羽派遣当阳君、蒲将军率领士兵两万人渡过漳河,援救钜鹿。战斗取得了初步胜利,陈馀又来请求再多派些士兵。项羽就率领全部军队渡过漳河,把船只全部凿沉,把锅碗砸破,又放火烧了军营,只带上三天的干粮,以此表示要决一死战,绝无后退之心。于是军队到了钜鹿就包围了王离,随即与秦军开战,交战多次,断绝了秦军的甬道,大败秦军,杀了苏角,俘虏了王离。涉间坚决不投降,自焚而死。这时,楚军的军事实力已经居诸侯之首,前来援救钜鹿的诸侯军队建造了十多处营垒,但没有一个敢应战。到楚军攻击秦军时,诸位将领都只在营垒中观望。楚军战士无不以一当十,杀声震天,诸侯军的人都很害怕。打败秦军以后,项羽召见诸侯将领,当他们进入军门时,一个个都跪着用膝盖向前行走,没有一个人敢抬头仰视。自此以后,项羽真正成了诸侯军的上将军,各路诸侯都归顺于他。

到新安。诸侯吏卒异时①故繇使屯戍过秦中,秦中吏卒遇之多无状②,及秦军降诸侯,诸侯吏卒乘胜多奴虏使之,轻折辱秦吏卒。秦吏卒多窃③言曰："章将军等诈吾属降诸侯，今能入关破秦，大善；即不能，诸侯虏吾属而东，秦必尽诛吾父母妻子。"诸侯微闻其计，以告项羽。项羽乃召黥布④、蒲将军计曰："秦吏卒尚众，其心不服，至关中不听，事必危，不如击杀之，而独与章邯、长史欣、都尉翳入秦。"于是楚军夜击坑秦卒二十余万人新安城南。

【注释】

① 异时：从前。《史记·平准书》："异时算轺车贾人缗钱皆有差。"唐司马贞《史记索隐》："异时，犹昔时也。"
② 无状：行为失检，没有礼貌。宋周密《齐东野语·汪端明》："陛下方以天下养，有司无状，亵慢如此。"
③ 窃：私下。
④ 黥布：原名英布，秦末汉初名将。早年犯法，被处黥刑，故称黥布。项梁渡淮后，带兵前去投奔，被封当阳君。此后数次跟随项羽征战，以少胜多，功冠诸侯，被立为九江王。楚汉战争中，称病不佐楚击汉，为项羽所怨。后投奔刘邦，封淮南王。汉高祖十一年（前196年），因韩信被诛杀，黥布内心惊恐，军队戒严，为人告发，遂起兵反汉。兵败后逃亡江南，被长沙王（吴芮子成王臣）诱杀。

【译文】

项羽的军队到了新安。诸侯军的官兵从前被征过兵役，前往边塞，路过关中时，秦军官兵对待他们很无礼，等到秦军投降之后，诸侯军的官兵趁着胜利威势，像对待奴隶一样使唤他们，随意侮辱秦军官兵。秦军官兵很多人私下议论："章将军骗我们投降了诸侯军，如果能入关灭秦，倒是很好；如果不能，诸侯军俘虏我们退回关东，秦朝廷必定会杀光我们的父母妻儿。"诸侯军将领们暗中听说了这些议论，将其报告给了项羽。项羽召集黥布、蒲将军商议道："秦军官兵人数仍很多，他们内心里还不服，如果到了关中不听指挥，事情就危险了，不如把他们杀了，只带章邯、长史司马欣、都尉董翳入秦。"于是楚军在新安城南趁夜击杀活埋秦军二十余万人。

行略定秦地。函谷关有兵守关，不得入。又闻沛公已破咸阳，项羽大怒，使当阳君等击关。项羽遂入，至于戏西。沛公军霸上，未得与项羽相见。沛公左司马曹无伤使人言于项羽曰："沛公欲王关中，使子婴为相，珍宝尽有之。"项羽大怒，曰："旦日飨[1]士卒，为击破沛公军！"当是时，项羽兵四十万，在新丰鸿门，沛公兵十万，在霸上。范增说[2]项羽曰："沛公居山东时，贪于财货，好美姬。今入关，财物无所取，妇女无所幸，此其志不在小。吾令人望其气[3]，皆为龙虎，成五采，此天子气也。急击勿失。"

【注释】

① 飨：用酒食招待客人，泛指请人受用、犒劳、犒赏等。《穀梁传·庄公四年》："夫人姜氏飨齐侯于祝丘。"注："飨，食也，两君相见之礼。"《周礼·大行人》："飨礼九献。"
② 说（shuì）：劝说。
③ 气：预示吉凶之气。汉代方士认为望云气即可知吉凶。

【译文】

项羽的军队西行要攻取关中地带。到了函谷关，有士兵把守，没能进去。又听说沛公已经攻破咸阳，项羽十分生气，就派当阳君等攻打函谷关。项羽这才进关，一直到戏水之西。沛公的军队驻扎在霸上，没能跟项羽相见。沛公的左司马曹无伤派人告诉项羽说："沛公想在关中称王，让秦王子婴做丞相，珍奇宝物都已据为己有。"项羽大怒，说："明天犒劳士卒，替我击破沛公的部队！"这时候，项羽军队有四十万人，驻扎在新丰鸿门；沛公有十万人，驻扎在霸上。范增劝项羽说："沛公住在山东的时候，贪图财货，喜欢美女。现在进了关，财物都不要，美女也不宠幸，他的志气可不小啊。我让人望他的云气，都呈现龙虎之状，五彩斑斓，这是天子之气。应该赶快攻打，不要错失良机！"

《老子过函谷关》
选自《群仙图》册 （清）佚名 收藏于台北故宫博物院

函谷关，位于河南省三门峡市，东临绝涧，西倚高原，南接秦岭，北塞黄河，地势险要，易守难攻，关在谷中，深险如函，故称函谷关。汉贾谊《过秦论》："秦孝公据崤函之固。"汉张衡《西京赋》："左有崤函重险，桃林之塞。"

楚左尹项伯①者，项羽季父也，素善留侯张良。张良是时从沛公，项伯乃夜驰之沛公军，私见张良，具告以事，欲呼张良与俱去。曰："毋从俱死也。"张良曰："臣为韩王送沛公，沛公今事有急，亡去不义，不可不语。"良乃入，具告沛公。沛公大惊，曰："为之奈何？"张良曰："谁为大王为此计者？"曰："鲰生说我曰'距关，毋内诸侯，秦地可尽王也'。故听之。"良曰："料大王士卒足以当项王乎？"沛公默然，曰："固不如也，且为之奈何？"张良曰："请往谓项伯，言沛公不敢背项王也。"沛公曰："君安与项伯有故？"张良曰："秦时与臣游，项伯杀人，臣活之。今事有急，故幸来告良。"沛公曰："孰与君少长？"良曰："长于臣。"沛公曰："君为我呼入，吾得兄事之。"张良出，要项伯。项伯即入见沛公。沛公奉卮酒为寿，约为婚姻，曰："吾入关，秋豪不敢有所近，籍吏民，封府库，而待将军。所以遣将守关者，备他盗之出入与非常也。日夜望将军至，岂敢反乎！愿伯具言臣之不敢倍德也。"项伯许诺。谓沛公曰："旦日不可不蚤②自来谢项王。"沛公曰："诺。"于是项伯复夜去，至军中，具以沛公言报项王。因言曰："沛公不先破关中，公岂敢入乎？今人有大功而击之，不义也。不如因善遇③之。"项王许诺。

【注释】

① 项伯：名缠，字伯，战国末期的楚国贵族。项伯是项羽年纪最小的叔父。项梁起事，后立怀王，项伯为左尹。汉朝安定天下后，刘邦感念项伯鸿门宴时的帮助，赐刘姓，封射阳侯。
② 蚤：同"早"。《淮南子·天文训》："至于曾泉，是谓蚤食。"
③ 遇：对待。

【译文】

楚国的左尹项伯，是项羽的叔父，跟留侯张良一向要好。张良这时正跟随沛公，项伯连夜骑马到沛公的军队里，私下会见张良，详细地讲述了事情经过，想叫张良跟他一起逃走。项伯说："不要跟沛公一起送死。"张良说："我为韩王护送沛公。沛公如今有急难，我如果自己逃走就不仁不义了，不能不告诉他。"于是张良进入军帐，把一切都告诉了沛公。沛公很吃惊，说："该怎么办呢？"张良说："是谁给您出的这个主意？"沛公说："是一个浅陋小人对我说'守住函谷关，不要让诸侯军进来，您就可以称王了'。所以我听了他的话。"张良说："如今您的军队能够抵挡项王吗？"沛公不说话，过了一会儿说："当然不能，现在该怎么办呢？"张良说："请让我前去告诉项伯，就说沛公不敢背叛项王。"沛公说："你怎么跟项伯有交情呢？"张良说："秦朝的时候，我们就有交往，项伯杀了人，我救了他。如今事情危急，幸好他来告诉我。"沛公说："你们两人谁的年龄大？"张良说："他年纪比我大。"沛公说："请你替我将他请进来，我要像对待兄长一样侍奉他。"张良出来请项伯。项伯随即进来见沛公。沛公捧着酒杯，向项伯献酒以示尊敬，又定下了儿女婚姻。沛公说："我入关以后，没敢动关中的一草一木，登记好了官民户口，查封了官府仓库，只等项将军来。我之所以派将守关，是为了防止其他盗贼进入和发生其他异常的事情。我们日夜盼着项将军到来，哪里敢谋反啊！希望您详细转告项将军，我是不敢忘恩负义的。"项伯答应了，对沛公说："明天您要早点来向项王赔罪。"沛公说："是。"于是项伯又趁夜离开，回到军营中，把沛公的话详细报告了项王。他接着又说："如果不是沛公先攻破关中，您怎么敢入关呢？如今人家有大功，我们却要派兵攻打，不合道义，不如就此好好对待他。"项王答应了。

  沛公旦日从百余骑来见项王，至鸿门，谢^①曰："臣与将军戮力而攻秦，将军战河北，臣战河南，然不自意能先入关破秦，得复见将军于此。今者有小人之言，令将军与臣有郤^②。"项王曰："此沛公左司马曹无伤言之；不然，籍何以至此。"项王即日因留沛公与饮。项王、项伯东向坐，亚父南向^③坐。亚父者，范增也。沛公北向坐，张良西向侍。范增数目项王，举所佩玉玦^④以示之者三，项王默然不应。范增起，出召项庄，谓曰："君王为人不忍，若入前为寿，寿毕，请以剑舞，因击沛公于坐，杀之。不者，若属皆且为所虏。"庄则入为寿。寿毕，曰："君王与沛公饮，军中无以为乐，请以剑舞。"项王曰："诺。"项庄拔剑起舞，项伯亦拔剑起舞，常以身翼蔽沛公，庄不得击。于是张良至军门，见樊哙。樊哙曰："今日之事何如？"良曰："甚急。今者项庄拔剑舞，其意常在沛公也。"哙曰："此迫矣，臣请入，与之同命。"哙即带剑拥盾入军门。交戟之卫士欲止不内，樊哙侧其盾以撞，卫士仆地，哙遂入，披帷西向立，瞋目视项王，头发上指，目眦尽裂。项王按剑而跽⑤曰："客何为者？"张良曰："沛公之参乘樊哙者也。"项王曰："壮士，赐之卮酒。"则与斗卮酒。哙拜谢，起，立而饮之。项王曰："赐之彘肩⑥。"则与一生彘肩。樊哙覆其盾于地，加彘肩上，拔剑切而啖⑦之。项王曰："壮士，能复饮乎？"樊哙曰："臣死且不避，卮酒安足辞！夫秦王有虎狼之心，杀人如不能举，刑人如恐不胜，天下皆叛之。怀王与诸将约曰'先破秦入咸阳者王之'。今沛公先破秦入咸阳，豪毛不敢有所近，封闭宫室，还军霸上，以待大王来。故遣将守关者，备他盗出入与非常也。劳苦而功高如此，未有封侯之赏，而听细说，欲诛有功之人。此亡秦之续耳，窃为大王不取也。"项王未有以应，曰："坐。"樊哙从良坐。坐须臾，沛公起如厕，因招樊哙出。

【注释】

① 谢：道歉。
② 郤（xì）：此处指矛盾、嫌隙。
③ 南向：古人对座位朝向十分讲究，"南向"就是坐北朝南，即面朝南坐，其位为尊为上；"北向"就是坐南朝北，即面朝北坐。古代常把称王称帝叫作"南面"，称臣叫作"北面"。就东西座位而言，室内最尊的座次是坐西面东，其次是坐北向南，再次是坐南面北，最卑是坐东面西。古人一般将宾客和老师都安排在坐西朝东的座位上，以示尊敬。
④ 玦：半环形有缺口的佩玉，古代常用以赠人表示决绝。

⑤ 跽（jì）：长时间双膝着地，上身挺直。《说文解字》："跽，长跪也。从足，忌声。"
⑥ 彘肩：猪肘。
⑦ 啖：吃。宋岳飞《良马对》："臣有二马，日啖刍豆数斗，饮泉一斛，然非精洁即不受。"

【译文】

　　第二天早晨，沛公带领一百多名侍从骑马来见项王，到达鸿门，向项羽赔罪说："我跟将军合力攻秦，将军在河北作战，我在河南作战。没想到我先入关攻破秦朝，能够在这里又遇见将军。现在因为小人之言，让将军和我之间产生了嫌隙。"项王说："这是您的左司马曹无伤说的，不然，我何至于如此！"项王当日就让沛公留下一起喝酒。项王、项伯面朝东坐，亚父面朝南坐。亚父也就是范增。沛公面朝北坐，张良面朝西陪侍着。范增多次给项王使眼色，又多次举起身上佩戴的玉玦向他示意，项王只是沉默着，没有反应。范增起来，出去叫来项庄，对他说："君王为人心肠太软，你进去祝寿，祝完寿请求舞剑，趁机在座位上刺杀沛公。不然的话，你们这群人都会被他俘虏。"项庄进来敬酒祝寿，祝酒完毕，说："君王和沛公饮酒，军营中没有什么可以助兴的，请让我舞剑为乐。"项王说："好。"项庄就拔剑起舞，项伯也拔剑起舞，总是有意用身体像鸟张开翅膀一样掩护沛公，项庄没有机会刺杀沛公。于是张良来到军门，找来樊哙。樊哙问道："今天的事情怎么样？"张良说："很危急！现在项庄拔剑起舞，其实是想袭击沛公！"樊哙说："太危险啦！请让我进去，我要跟沛公同生死！"樊哙带着宝剑拿着盾牌闯入军门。交叉持戟的卫士想阻止他进去，樊哙侧过盾牌往前一撞，卫士们倒地，樊哙便进去了，他挑开帷帐面朝西站定，睁圆眼睛怒视项王，头发根根竖起，眼角都要睁裂开一般。项王握住宝剑，挺直身子，问道："你是干什么的？"张良说："是沛公的护卫樊哙。"项王说："是个壮士！赐他一杯酒！"给他递上来一大杯酒。樊哙拜谢，起身站着饮了。项王说："赐他一只猪肘！"于是递给他一整只生猪肘。樊哙把盾牌扣在地上，把猪肘放在肩上，拔剑边切边吃。项王说："好一位壮士！还能再喝吗？"樊哙说："我死都不在乎，一杯酒又有什么好推辞？那秦王有虎狼一样的凶狠之心，杀人好像唯恐杀不完，刑罚好像唯恐用不尽，天下人都背叛他。怀王曾经和诸将约定说'先击败秦军进入咸阳的称王'。现在沛公先击败秦军进入咸阳，一草一木都没敢动，封闭宫室，撤军到霸上，等待大王到来。特地派遣将士把守函谷关，为的是防止盗贼窜入和不时之需。沛公如此劳苦功高，没有得到封侯的赏赐，您反而听信小人谗言，想要杀害有功之人。这是走秦朝灭亡的老路，我认为大王您不会这么做！"项王无话回答，说："坐！"樊哙挨着张良坐下。坐了一会儿，沛公起身上厕所，顺便叫樊哙出来。

　　沛公已出，项王使都尉陈平召沛公。沛公曰："今者出，未辞也，为之奈何？"樊哙曰："大行不顾细谨①，大礼不辞小让②。如今人方为刀俎③，我为鱼肉，何辞为④。"于是遂去。乃令张良留谢。良问曰："大王来何操⑤？"曰："我持白璧一双，欲献项王；玉斗一双，欲与亚父，会⑥其怒，不敢献。公为我献之。"张良曰："谨诺。"当是时，项王军在鸿门下，沛公军在霸上，相去四十里。沛公则置⑦车骑，脱身独骑，与樊哙、夏侯婴、靳彊、纪信等四人持剑盾步走⑧，从郦山下，道芷阳间行⑨。沛公谓张良曰："从此道至吾军，不过二十里耳。度⑩我至军中，公乃入。"沛公已去，间至军中，张良入谢，曰："沛公不胜杯杓⑪，不能辞。谨使臣良奉白璧一双，再拜⑫献大王足下；玉斗一双，再拜奉大将军足下。"项王曰："沛公安在？"良曰："闻大王有意督过之，脱身独去，已至军矣。"项王则受璧，置之坐上。亚父受玉斗，置之地，拔剑撞而破之，曰："唉！竖子不足与谋。夺项王天下者，必沛公也，吾属今为之虏矣。"沛公至军，立诛杀曹无伤。

【注释】

① 大行：指干大事。细谨：小的礼节。谨，仪节，礼节。
② 大礼：指把握大节。辞：推辞，这里有避开、回避的意思。小让：小的责备。
③ 俎（zǔ）：切肉的砧板。
④ 何辞为（wéi）：还告辞什么。为，语气助词。
⑤ 操：持，拿。
⑥ 会：正赶上，恰巧。
⑦ 置：放下，丢下。
⑧ 步走：徒步跑，指不骑马乘车。
⑨ 道：取道，经过。间行：抄小道走。
⑩ 度（duó）：估计。
⑪ 不胜杯杓（sháo）：意思是不能再喝。不胜，禁不起。杯杓，两种酒器，这里借指酒。
⑫ 再拜：跪拜两次，表示恭敬的礼节。

【译文】

沛公出去后，项王派都尉陈平来叫沛公。沛公说："现在我出来了，还没有辞行，怎么办？"樊哙说："做大事不拘小节，守大礼无须躲避小的责备。如今人家是刀子菜板，而我们好比案上鱼肉，还辞别干什么！"于是不辞而别，并让张良留下来致歉。张良问沛公说："大王来的时候带了什么礼物？"沛公说："我拿了白璧一双，想要献给项王；玉斗一对，准备献给亚父。正赶上他们发怒，没敢进献。你替我献上吧。"张良说："遵命。"这个时候，项王部队驻扎在鸿门一带，沛公的部队驻扎在霸上，相距四十里。沛公扔下车马、随从，独自一人骑马逃跑，樊哙、夏侯婴、靳彊、纪信等人手持刀剑盾牌，跟在后面跑，从骊山而下，抄着芷阳的小路走。沛公对张良说："从这条路到我们军营，不超过二十里。你估计我已经回到军营时，你再进去。"沛公等人走后，张良估计他们抄小路回到了军营，便进去致歉，说："沛公不胜酒力，已经醉了，不能跟大王辞别。谨让臣张良奉上白璧一双，恭敬地献给大王；玉斗一对，恭敬地献给大将军。"项王问道:"沛公在哪里?"张良答道:"听说大王有意责怪他,他就一个人走了,现在已经到军营了。"项王接过白璧,放在座位上;亚父接过玉斗,扔在地上,拔剑将它击碎,说:"唉!项羽这小子不足以谋大事,夺取项王天下的,一定是沛公了。我们这些人就要成为俘虏了!"沛公回到军中,立即杀了曹无伤。

居数日,项羽引兵西屠咸阳,杀秦降王子婴,烧秦宫室,火三月不灭;收其货宝妇女而东。人或说项王曰:"关中阻山河四塞,地肥饶,可都以霸。"项王见秦宫室皆以烧残破,又心怀思欲东归,曰:"富贵不归故乡,如衣绣夜行,谁知之者!"说者曰:"人言楚人沐猴而冠耳,果然。"项王闻之,烹说者。

【译文】

过了几天,项羽带领军队向西屠戮咸阳城,杀死了已经投降的秦王子婴,放火烧了秦朝的宫室,大火三个月都没熄灭,劫掠了财宝、妇女后率军东去。有人对项王说:"关中这块地方,地势险要,有山河为屏障,四方都有要塞,土地肥沃,可以建都,成就霸业。"项王看到秦朝宫室都被烧得残破不堪,心中思念家乡就想回去,便说:"富贵了如果不回故乡,就像穿了锦绣衣裳而在黑夜中行走,谁能知道呢?"那个劝项王的人说:"人家都说楚国人就像是猕猴戴了帽子,果真是这样。"项王听说了这话,把那个人扔进锅里煮了。

楚汉久相持未决,丁壮苦军旅,老弱罢转漕①。项王谓汉王曰:"天下匈匈②数岁者,徒以吾两人耳,愿与汉王挑战决雌雄,毋徒苦天下之民父子为也。"汉王笑谢曰:"吾宁斗智,不能斗力。"项王令壮士出挑战。汉有善骑射者楼烦,楚挑战三合,楼烦辄射杀之。项王大怒,乃自被甲持戟挑战。楼烦欲射之,项王瞋目叱之,楼烦目不敢视,手不敢发，遂走还入壁③，不敢复出。汉王使人间问之，乃项王也。汉王大惊。于是项王乃即汉王相与临广武间而语。汉王数之，项王怒，欲一战。汉王不听，项王伏弩射中汉王。汉王伤，走入成皋。

【注释】

① 转漕：转运粮饷。古时陆运称"转"，水运称"漕"。
② 匈匈：纷纷扰扰的样子。
③ 壁：军营的围墙。汉·班固《汉书·高帝纪上》："晨驰入张耳、韩信壁而夺之军。"

【译文】

　　楚、汉长久相持，胜负难分。年轻的士兵们苦于长期的军旅生活，军中老弱也因水陆行军而疲惫不堪。项王对汉王说："天下纷纷乱乱好多年，只是因为我们两个人。我希望跟汉王大战一场，一决雌雄。不要再让百姓们白白受苦了。"汉王笑着回绝说："我宁愿斗智，不能斗力。"项王让勇士出营挑战，汉军有善于骑射的楼烦，楚兵挑战好几次，楼烦都将他们射死。项王大怒，亲自披甲持戟出营挑战。楼烦正要射他，项王瞪他呵斥他，楼烦吓得不敢正视，也不敢放箭，于是转身逃回营垒，不敢再出来。汉王派人暗中打听，才知道原来是项王。汉王大为吃惊。于是项王约汉王对话，二人分别站在广武涧东西两边。汉王细数项王的罪状，项王很生气，想要决一死战。汉王不听，项王埋伏下的弓箭手射中汉王。汉王受了伤，逃入成皋。

　　项王闻淮阴侯已举①河北，破齐、赵，且欲击楚，乃使龙且往击之。淮阴侯与战，骑将灌婴击之，大破楚军，杀龙且。韩信因自立为齐王。项王闻龙且军破，则恐，使盱台人武涉往说淮阴侯。淮阴侯弗听。是时，彭越复反，下梁地，绝楚粮。项王乃谓海春侯大司马曹咎等曰："谨守成皋，则汉欲挑战，慎勿与战，毋令得东而已。我十五日必诛彭越，定梁地，复从将军。"乃东，行击陈留、外黄。

【注释】

① 举：攻克，占领。《史记·平原君虞卿列传》："一战而举鄢、郢。"

【译文】

项王听说淮阴侯韩信已经攻克了河北，打败了齐、赵两国，正准备攻击楚国，就派龙且前去迎击。淮阴侯与龙且交战，汉骑将灌婴也加入战斗，大败楚军，杀了龙且。韩信因此自立为齐王。项王听闻龙且兵败，心里害怕了，派盱台人武涉前去游说淮阴侯，淮阴侯不听。这时候，彭越又来反楚，攻下梁地，断了楚军的粮食。项王对海春侯大司马曹咎等说："你们要小心地守住成皋，如果汉军前来挑战，千万不要和他们交战，只要别让他们向东推进就行。十五天之内，我一定能诛杀彭越，平定梁地，回来和你们会合。"于是项王带兵向东，一路上攻打陈留、外黄。

外黄不下。数日，已降，项王怒，悉令男子年十五已上诣城东，欲坑之。外黄令舍人儿年十三，往说项王曰："彭越强劫外黄，外黄恐，故且降，待大王。大王至，又皆坑之，百姓岂有归心？从此以东，梁地十余城皆恐，莫肯下矣。"项王然其言，乃赦外黄当坑者。东至睢阳，闻之皆争下项王。

【译文】

外黄难以攻克。过了几天终于投降，项王很生气，命令十五岁以上的男子全部到城东去，想要活埋他们。外黄县令一个门客的儿子只有十三岁，他前去劝说项王，说道："彭越威胁外黄，外黄人害怕，所以才投降，为的是等待大王。如今大王来了，又要活埋百姓，百姓哪里还有归附之心呢？从这里往东，梁地十多个城邑的百姓都会害怕，就没有人肯归顺您了。"项王认为他说得对，就赦免了那些要被活埋的人。这样从此处向东直到睢阳县，（人们）听到这个消息后都争相归附项王。

汉果数挑楚军战，楚军不出。使人辱之，五六日，大司马怒，渡兵汜水。士卒半渡，汉击之，大破楚军，尽得楚国货赂。大司马咎、长史翳、塞王欣皆自刭①汜水上。大司马咎者，故蕲狱掾，长史欣亦故栎阳狱吏，两人尝有德于项梁，是以项王信任之。当是时，项王在睢阳，闻海春侯军败，则引兵还。汉军方围钟离昧于荥阳东，项王至，汉军畏楚，尽走险阻。

【注释】

① 刭（jǐng）：用刀割颈。《说文解字》："刭，刑也。"段玉裁注："刭，谓断头也。"

【译文】

汉军果然数次挑战楚军，楚军都没有应战。汉军派人去辱骂他们，五六天后，大司马曹咎生气了，他派兵渡汜水。士兵刚渡过一半，汉军出击，大败楚军，缴获了楚军的全部物资。大司马曹咎、长史董翳、塞王司马欣都在汜水边自刎了。大司马曹咎，过去是蕲县狱掾，长史司马欣就是以前的栎阳狱吏，两个人都曾对项梁有恩，所以项王信任他们。当时，项王在睢阳，听说海春侯的军队战败，就带兵赶回。汉军当时正在荥阳东边围攻楚将钟离昧的军队，项王赶到后，汉军畏惧楚军，全部逃入山地险要之处。

是时，汉兵盛食多，项王兵罢①食绝。汉遣陆贾②说项王，请太公③，项王弗听。汉王复使侯公往说项王，项王乃与汉约，中分天下，割鸿沟以西者为汉，鸿沟而东者为楚。项王许之，即归汉王父母妻子。军皆呼万岁。汉王乃封侯公为平国君。匿弗肯复见。曰："此天下辩士，所居倾国，故号为平国君。"项王已约，乃引兵解而东归。

【注释】

① 罢：通"疲"，劳累。
② 陆贾：汉代政治家、外交家，他能言善辩，早年一直追随刘邦，为其出谋划策，常出使诸侯。汉高祖和汉文帝时，两次出使南越，劝说赵佗臣服汉朝。
③ 太公：指刘邦的父亲刘煓（tuān）。前205年，在楚汉彭城之战中，汉军大败，项羽活捉了刘邦的父亲和夫人。

【译文】

这时候，汉军气势很盛，粮草很多，项王士卒疲惫，粮食将尽。汉王派陆贾劝说项王，要求放回太公，项王不答应。汉王又派侯公去劝说项王，项王才跟汉王定约，平分天下，鸿沟以西的地方归汉，鸿沟以东的地方归楚。项王答应了，于是放回了汉王的家属。官兵都高呼万岁。于是汉王封侯公为平国君。侯公隐匿起来，不肯与汉王相见。汉王说："这个人是天下的善辩之士，他待在哪个国家，哪个国家就会倾覆，所以给他个称号叫平国君。"项王订好合约后，就带上军队罢兵东归了。

汉欲西归，张良、陈平说曰："汉有天下太半，而诸侯皆附之。楚兵罢食尽，此天亡楚之时也，不如因其机而遂取之。今释弗击，此所谓'养虎自遗患'也。"汉王听之。

【译文】

汉王也想撤兵西归，张良、陈平劝他说："汉已据有大半的天下，诸侯也都来归附。如今楚军士兵疲惫，粮食将尽，这正是上天亡楚之时，不如趁机把他们消灭。若是现在放走项羽，不去追击，这就是所谓的养虎给自己留下祸患。"汉王听从了他们的建议。

汉五年，汉王乃追项王至阳夏南，止军，与淮阴侯韩信、建成侯彭越①期会而击楚军。至固陵，而信、越之兵不会。楚击汉军，大破之。

汉王复入壁，深堑而自守。谓张子房曰："诸侯不从约，为之奈何？"对曰："楚兵且破，信、越未有分地，其不至固宜。君王能与共分天下，今可立致也。即不能，事未可知也。君王能自陈以东傅海，尽与韩信；睢阳以北至穀城，以与彭越：使各自为战，则楚易败也。"汉王曰："善。"于是乃发使者告韩信、彭越曰："并力击楚。楚破，自陈以东傅海与齐王，睢阳以北至穀城与彭相国。"使者至，韩信、彭越皆报曰："请今进兵。"韩信乃从齐往，刘贾军从寿春并行，屠城父，至垓下[②]。大司马周殷叛楚，以舒屠六，举九江兵，随刘贾、彭越皆会垓下，诣项王。

【注释】

① 彭越：字仲，西汉王朝开国功臣，与韩信、英布并称汉初三大名将。高祖平定天下后，彭越被控拥兵自强，意图谋反，于是刘邦以"反形已具"罪名诛灭彭越三族，废除封国。班固评价其："昔高祖定天下，功臣异姓而王者八国……皆徼一时之权变，以诈力成功，咸得裂土，南面称孤。见疑强大，怀不自安，事穷势迫，卒谋叛逆，终于灭亡。"
② 垓下：古地名，在今安徽固镇东北、沱河南岸。

【译文】

汉王五年，汉王追赶项王到阳夏南边，驻扎军队，和淮阴侯韩信、建成侯彭越约定时间会合，共同攻打楚军。汉军到达固陵，而韩信、彭越的部队还没有到。楚军攻打汉军，大胜。汉王又逃回营垒，掘深壕沟坚守。汉王问张良说："诸侯不遵守约定，怎么办？"张良回答说："楚军快被击败，韩信和彭越还没有分到封地，所以他们不来是很自然的。君王若能和他们共分天下，他们马上就能到。如果不能，形势就难以预料了。君王您如果能把陈地以东到海滨一带都划给韩信，把睢阳以北到穀城的地方分给彭越，使他们各自为战，楚军就容易打败了。"汉王说："好。"于是派出使者告诉韩信、彭越说："我们一起攻打楚，楚军覆灭后，从陈地往东至海滨一带给齐王韩信，睢阳以北至穀城的地方给彭相国。"使者到达之后，韩信、彭越都说："今天就带兵出发。"于是韩信从齐国出发，刘贾的军队从寿春和韩信同时进发，屠戮了城父，到达垓下。大司马周殷背叛楚王，带领舒县的军队屠了六个县城，发动九江兵力，随同刘贾、彭越一起在垓下会师，逼向项王。

项王军壁垓下，兵少食尽，汉军及诸侯兵围之数重。夜闻汉军四面皆楚歌，项王乃大惊曰："汉皆已得楚乎？是何楚人之多也！"项王则夜起，饮帐中。有美人名虞，常幸从；骏马名骓，常骑之。于是项王乃悲歌忼慨，自为诗曰："力拔山兮气盖世，时不利兮骓不逝。骓不逝兮可奈何，虞兮虞兮奈若何！"歌数阕，美人和之。项王泣数行下，左右皆泣，莫能仰视。

【译文】

项王的军队在垓下修筑营垒，战士数量锐减，粮食也都吃完了，汉军及诸侯兵把他重重包围。深夜，听到汉军在四面唱着楚地的歌谣，项王大惊，说："汉军已经完全占领楚地了吗？为何楚国人这么多呢？"项王夜里起来，在帐中饮酒。有一位名虞的美人，一直跟在项王身边。有一匹名骓的骏马，项王常骑。于是项王不禁慷慨悲歌，自己作诗吟唱道："力能拔山啊，英雄气概冠绝当世，时运不济呀，骓马不再向前！为之奈何，虞兮虞兮啊，为之奈何？"项王唱了几遍，虞美人在一旁应和。项王流下数行眼泪，左右侍从也都跟着哭泣，谁都不忍心抬起头来仰视。

于是项王乃上马骑，麾下①壮士骑从者八百余人，直夜溃围南出，驰走。平明，汉军乃觉之，令骑将灌婴以五千骑追之。项王渡淮，骑能属者百余人耳。项王至阴陵，迷失道，问一田父，田父绐②曰"左"。左，乃陷大泽中。以故汉追及之。项王乃复引兵而东，至东城，乃有二十八骑。汉骑追者数千人。项王自度不得脱。谓其骑曰："吾起兵至今八岁矣，身七十余战，所当者破，所击者服，未尝败北，遂霸有天下。然今卒困于此，此天之亡我，非战之罪也。今日固决死，愿为诸君快战，必三胜之，为诸君溃围，斩将，刈旗，令诸君知天亡我，非战之罪也。"乃分其骑以为四队，四向。汉军围之数重。项王谓其骑曰："吾为公取彼一将。"令四面骑驰下，期山东为三处。于是项王大呼驰下，汉军皆披靡，遂斩汉一将。是时，赤泉侯为骑将，追项王，项王瞋目而叱之，赤泉侯人马俱惊，辟易③数里。与其骑会为三处。汉军不知项王所在，乃分军为三，复围之。项王乃驰，复斩汉一都尉，杀数十百人，复聚其骑，亡其两骑耳。乃谓其骑曰："何如？"骑皆伏曰："如大王言。"

【注释】

① 麾（huī）下：即部下。清全祖望《梅花岭记》："急呼麾下驱出斩之。"
② 绐（dài）：欺骗。
③ 辟易：退避；避开。

【译文】

于是项王骑上马，部下跟随他的骑兵有八百多人，趁夜突破重围，向南飞驰而逃。天快亮的时候，汉军才发觉，于是命令骑将灌婴带领五千骑兵追赶。项王渡过淮河，跟随他的骑兵只剩一百多人。项王到达阴陵时，迷了路，便询问一个农夫，农夫骗他说"向左走"。项王带人向左走，结果陷进大沼泽地里。因此，汉兵追了上来。项王又带着骑兵向东，到达东城，这时跟在项王身边的就只剩下二十八人了。追上来的汉军骑兵有几千人。项王自己估计无法脱身了，对他的骑兵说："我起兵至今已有八年，亲自打了七十多场仗，凡是抵抗我的没有不被我攻破的，被我攻击的没有不降服的，从来没有失败过，因而能够称王称霸，占有天下。可是如今被围困在这里，这是上天要灭亡我，不是我作战的过失。今天肯定得决心战死了，我愿意为诸位痛痛快快打一仗，一定胜他们三回，给诸位冲破重围，斩杀汉将，砍倒军旗，让大家知道是上天要灭亡我，不是我不会打仗。"于是他把骑兵分成四队，面朝四个方向。汉军把他们重重包围。项王对骑兵们说:"我为你们拿下他们一个将领!"命令四面骑兵飞驰而下,约定冲到山的东边,分作三处集合。于是项王高声呼喊着冲了下去,汉军像草木一样随风倒伏,项王杀掉了一名汉将。这时,赤泉侯杨喜任汉军骑将,追赶项王,项王瞪大眼睛呵斥他,赤泉侯人马都受到惊吓,向后退了好几里。项王与他的骑兵在三处会合了。汉军不知项王在何处,就把士兵分为三路,又包围上来。项王飞驰过去,又斩杀了一名汉军都尉,杀死了百十号人,又将骑兵聚拢在一起,清点人数时发现仅损失了两人。项王问骑兵们说:"怎么样?"骑兵们都敬服地说:"正如大王所说的那样。"

于是项王乃欲东渡乌江。乌江亭长枻①船待,谓项王曰:"江东虽小,地方千里,众数十万人,亦足王也。愿大王急渡。今独臣有船,汉军至,无以渡。"项王笑曰:"天之亡我,我何渡为!且籍与江东子弟八千人渡江而西,今无一人还,纵江东父兄怜而王我,我何面目见之?纵彼不言,籍独不愧于心乎?"乃谓亭长曰:"吾知公长者。吾骑此马五岁,所当无敌,尝一日行千里,不忍杀之,以赐公。"乃令骑皆下马步行,持短兵接战。独籍所杀汉军数百人。项王身亦被十余创。顾见汉骑司马吕马童,曰:"若非吾故人乎?"马童面之,指王翳曰:"此项王也。"项王乃曰:"吾闻汉购我头千金,邑万户,吾为若德。"乃自刎而死。王翳取其头,余骑相蹂践争项王,相杀者数十人。最其后,郎中骑杨喜,骑司马吕马童,郎中吕胜、杨武各得其一体。五人共会其体,皆是。故分其地为五:封吕马童为中水侯,封王翳为杜衍侯,封杨喜为赤泉侯,封杨武为吴防侯,封吕胜为涅阳侯。

【注释】

① 枻:使船靠岸。

【译文】

　　于是项王想要向东渡过乌江。乌江亭的亭长正停船等在那里，他对项王说："江东虽然小，但土地也纵横千里，民众有几十万，也足够称王。希望大王快快渡江。现在只有我有船，汉军一到，就没法过河了。"项王笑了笑说："这是上天要亡我，我渡江干什么呢！再说从前我和江东子弟八千人渡江西征，如今没有一个人回来，纵使江东父老兄弟怜爱我让我称王，我又有什么脸面去见他们？即便他们不说什么，我自己心中就没有愧意吗？"于是他对亭长说："我知道您是位忠厚长者，我骑着这匹马五年了，所向无敌，曾经日行千里，如今我不忍心杀掉它，就将它送给您吧。"于是命令骑兵下马步行，持短兵器与汉军交战。光项王一人就杀掉了汉军几百人。项王身上负伤十几处，回头看见汉军骑司马吕马童，说："你不是我的老相识吗？"吕马童看见项王，指给王翳说：

《沛台实景图》
（明）唐寅　收藏于故宫博物院

沛公在此地作《大风歌》。《史记·高祖本纪》记载："高祖还归，过沛，留，置酒沛宫，悉召故人父老子弟纵酒，发沛中儿得百二十人，教之歌。酒酣，高祖击筑，自为歌诗曰：'大风起兮云飞扬，威加海内兮归故乡，安得猛士兮守四方！'令儿皆和习之。高祖乃起舞，慷慨伤怀，泣数行下。"《大风歌》既直抒胸臆，豪情万丈，抒发了刘邦求贤若渴，以及对汉朝未来命运的忧虑。也反映了刘邦求

"这就是项王。"项王说:"我听说汉王用黄金千斤,封邑万户悬赏我的脑袋,我现在给你做件好事!"说完,自刎而死。王翳拿了项王的头,其他骑兵互相践踏争夺项王的尸体,互相残杀的有几十人。最后,郎中骑将杨喜,骑司马吕马童,郎中吕胜、杨武各争得尸体的一部分。五人把肢体拼合在一起,正好对上。项羽的土地也被分成五块:封吕马童为中水侯,封王翳为杜衍侯,封杨喜为赤泉侯,封杨武为吴防侯,封吕胜为涅阳侯。

项王已死,楚地皆降汉,独鲁不下。汉乃引天下兵欲屠之,为其守礼义,为主死节,乃持项王头视鲁,鲁父兄乃降。始,楚怀王初封项籍为鲁公,及其死,鲁最后下,故以鲁公礼葬项王穀城。汉王为发哀,泣之而去。

【译文】

项王死后,楚地都投降了汉军,只有鲁城不降。汉王于是率领天下之兵想要屠戮鲁城,但因为他们恪守礼义,为君主以死守节,他就拿着项王的头给鲁城人看,鲁城的父老乡亲这才投降。当初,楚怀王封项羽为鲁公,等他死后,鲁城又最后投降,所以,就按照鲁公的礼仪把项王安葬在穀城。汉王为他举哀,哭祭后才离去。

诸项氏枝属,汉王皆不诛。乃封项伯为射阳侯。桃侯、平皋侯、玄武侯皆项氏,赐姓刘氏。

【译文】

项氏宗族的各个旁系亲属,汉王都没有诛杀。项伯被封为射阳侯。桃侯、平皋侯、玄武侯都属于项氏,汉王赐他们姓刘。

太史公曰：吾闻之周生曰"舜目盖重瞳子"，又闻项羽亦重瞳子。羽岂其苗裔邪？何兴之暴也！夫秦失其政，陈涉首难，豪杰蜂起，相与并争，不可胜数。然羽非有尺寸，乘埶起陇亩之中，三年，遂将五诸侯灭秦，分裂天下，而封王侯，政由羽出，号为霸王，位虽不终，近古以来未尝有也。及羽背关怀楚，放逐义帝而自立，怨王侯叛己，难矣。自矜功伐，奋其私智而不师古，谓霸王之业，欲以力征经营天下，五年卒亡其国，身死东城，尚不觉寤而不自责，过矣。乃引"天亡我，非用兵之罪也"，岂不谬哉！

【译文】

太史公说：我听周生说"舜的眼睛可能有两个瞳仁"，又听说项羽也是两个瞳仁。项羽难道是舜的后代吗？不然发迹怎么那么快啊！秦朝失去政德，陈涉首先发难，各路豪杰蜂拥而起，一起争夺天下的不可胜数。然而项羽没有权势，只是趁乱兴起于民间，三年时间，就率领齐、赵、韩、魏、燕五国诸侯灭掉了秦朝，分裂天下，封王封侯，政令都由项羽来发出，自号为西楚霸王，虽然没能长久地占有霸王之位，但近古以来还没有过像他这样的。至于项羽舍弃关中，思念楚地故乡，放逐义帝，自立为王，又埋怨诸侯背叛自己，他想成大事可就难了。他自夸自己的战功，竭力施展自己的才智却不肯师法古人，认为霸王的事业，要靠武力治理经营天下，五年时间就使国家灭亡，身死东城，仍然没有觉悟也不自责，实在是错误。他又用"是上天要灭亡我，不是我用兵的过错"这样的话为自己开脱，难道不荒谬吗？

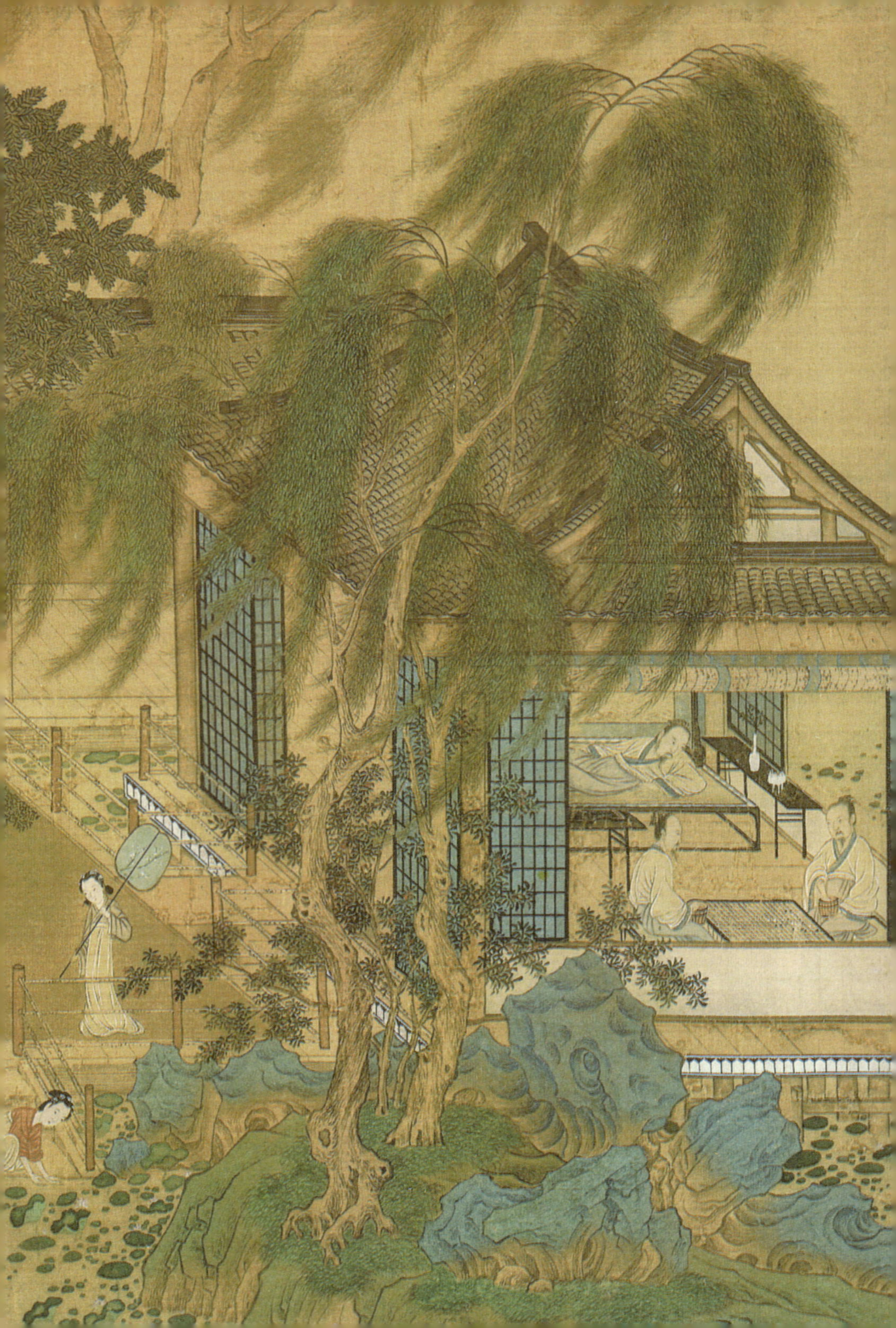

世家

孔子世家[1]

　　孔子生鲁昌平乡陬邑①。其先宋②人也,曰孔防叔。防叔生伯夏,伯夏生叔梁纥。纥与颜氏女野合③而生孔子,祷于尼丘得孔子。鲁襄公二十二年而孔子生。生而首上圩顶④,故因名曰丘云。字仲尼,姓孔氏。

《尼山致祷图》
选自《孔子圣迹图》明彩绘本　佚名　收藏于孔子博物馆

【注释】

① 陬邑:古地名,孔子的出生地,今山东曲阜。
② 宋:即宋国,周朝的一个诸侯国,国都商丘。
③ 野合:指不合礼法地结合。

―――――――
〔1〕　此篇有删减。

《孔子行教像》
（唐）吴道子／原作，此为佚名摹本

《史记·仲尼弟子列传》记载："孔子曰『受业身通者七十有七人』，皆异能之士也。德行：颜渊、闵子骞、冉伯牛、仲弓。政事：冉有、季路。言语：宰我、子贡。文学：子游、子夏。"即孔子按照弟子们的才能品德，因材施教，分为德行、政事、言语、文学四个培养方向，后世称其为"孔门四科"。

④ 圩顶：头顶凹陷。《史记·孔子世家》："（孔子）生而首上圩顶，故因名曰丘云。"唐司马贞《史记索隐》注释："圩顶言顶上窳也，故孔子顶如反宇。反宇者，若屋宇之反，中低而四傍高也。"

【译文】

　　孔子生于鲁国昌平乡陬邑，他的祖先是宋国人，他的曾祖父叫孔防叔。防叔生伯夏，伯夏生叔梁纥。叔梁纥与颜氏的女儿私通生下了孔子，据说他们是在尼丘山祈祷后生的孔子。鲁襄公二十二年（前551年）孔子出生。孔子生下来的时候头顶就有凹陷，所以起名为丘。字仲尼，姓孔。

　　丘生而叔梁纥死，葬于防山。防山在鲁东，由是孔子疑其父墓处，母讳之也。孔子为儿嬉戏，常陈俎豆①，设礼容。孔子母死，乃殡五父之衢②，盖其慎也。陬人輓父之母诲孔子父墓，然后往合葬于防焉。

《俎豆礼容图》
选自《孔子圣迹图》 明彩绘本 佚名 收藏于孔子博物馆

【注释】

① 俎豆：俎和豆，古代祭祀时盛食物用的两种礼器，也泛指各种礼器。汉班固《东都赋》："献酬交错，俎豆莘莘。下舞上歌，蹈德咏仁。"
② 五父之衢：鲁国城内的街道名。

【译文】

孔子出生后不久，他的父亲就去世了，安葬在防山。防山位于鲁国东部，因此孔子始终不知道父亲具体被安葬何处，他的母亲也不愿告诉他。孔子小时候做游戏，时常会陈设各种祭品，模仿各种礼制仪容。孔子的母亲去世后，孔子把她的灵柩停放在五父之衢，大概是出于慎重的考虑，不愿随意安葬。陬邑人輓父的母亲告诉了孔子他父亲墓地的地点，然后孔子将母亲的灵柩送到防山与父亲合葬。

孔子要绖①，季氏飨士，孔子与往。阳虎绌曰："季氏飨士，非敢飨子也。"孔子由是退。

【注释】

① 要绖（dié）：缚在腰间的麻带，服丧时使用。此处指孔子尚在守丧期间。《仪礼·士丧礼》："苴绖，大鬲，下本在左，要绖小焉。"清胡培翚《仪礼正义》："要绖，即带也。"

【译文】

孔子还在守丧期间，贵族季孙氏宴请士人，孔子也去了。季孙氏的管家阳虎阻拦说："季孙氏宴请士人，不是宴请你。"于是孔子退了出来。

孔子年十七，鲁大夫孟釐子病且死，诫其嗣懿子曰："孔丘，圣人之后，灭于宋。其祖弗父何始有宋而嗣让厉公。及正考父佐戴、武、宣公,三命兹益恭,故鼎铭云:'一命而偻①,再命而伛,三命而俯,循墙而走,亦莫敢余侮。饘②于是,粥于是,以糊余口。'其恭如是。吾闻圣人之后,虽不当世,必有达者。今孔丘年少好礼,其达者欤?吾即没,若必师之。"及釐子卒,懿子与鲁人南宫敬叔往学礼焉。是岁,季武子卒,平子代立。

【注释】

① 偻(lǚ):弯腰。
② 饘(zhān):稠粥。《说文解字》:"饘,糜也。从食,亶声。周谓之饘。"

【译文】

孔子十七岁那年,鲁国大夫孟釐子病重,将死之时,告诫儿子懿子说:"孔丘是圣人的后代,他的祖先在宋国灭亡。他的先祖弗父何本可以继位做宋国国君,却把王位让给了厉公。到正考父时,又辅佐宋戴公、宋武公、宋宣公三朝,虽三次受命却一次比一次恭敬,所以正考父鼎的铭文说:'第一次鞠躬接受任命,

《命名荣觋图》 选自《孔子圣迹图》明彩绘本 佚名 收藏于孔子博物馆

孔子十九岁成婚,次年生一子,据传此时正好赶上鲁昭公赐鲤鱼给孔子,孔子于是给自己的儿子起名为鲤,字伯鱼。

第二次弯腰接受任命,第三次俯首接受任命。走路时靠墙而行,也没人敢欺侮我。稠粥也好,稀粥也罢,我以此足够度日。'他恭敬到如此地步。我听说圣人的后代,即使不执政,也一定会才德显达。如今孔子年纪轻轻就崇尚礼仪,他不就是贤达的人吗?我死后,你一定要以他为师。"等到孟釐子死后,孟懿子和鲁国人南宫敬叔便向孔子学礼。这一年,季武子去世,由季平子继承了卿位。

《职司委吏图》 选自《孔子圣迹图》 明彩绘本 佚名 收藏于孔子博物馆

孔子管理仓库时,做事公正,为人称道。

《职司乘田图》 选自《孔子圣迹图》 明彩绘本 佚名 收藏于孔子博物馆

孔子任乘田吏时,管理苑囿,尽心尽力,牧养的牲畜也繁殖得越来越多。

孔子贫且贱。及长，尝为季氏史，料量平；尝为司职吏而畜蕃息。由是为司空。已而去鲁，斥乎齐，逐乎宋、卫，困于陈、蔡之间，于是反鲁。孔子长九尺有六寸，人皆谓之"长人"而异之。鲁复善待，由是反鲁。

【译文】

孔子家境贫穷，出身低贱。他成年后曾给季孙氏做过小吏，出纳钱粮公平准确；他还做过管理牲畜的小吏，牲畜繁殖得越来越多。因此他又升任司空。不久后离开鲁国，被齐国排斥，被宋国、卫国驱逐，又被围困在陈国和蔡国之间，最后又返回鲁国。孔子身高九尺六寸，人们都称他为"大个子"，觉得他和常人不一样。鲁国友善地对待他，于是他返回了鲁国。

景公问政孔子，孔子曰："君君，臣臣，父父，子子。"景公曰："善哉！信如君不君，臣不臣，父不父，子不子，虽有粟，吾岂得而食诸！"他日又复问政于孔子，孔子曰："政在节财。"景公说，将欲以尼谿田封孔子。晏婴进曰："夫儒者滑稽而不可轨法；倨傲自顺，不可以为下；崇丧遂哀，破产厚葬，不可以为俗；游说乞贷，不可以为国。自大贤之息，周室既衰，礼乐缺有间。今孔子盛容饰，繁登降之礼，趋详之节，累世不能殚其学，当年不能究其礼。君欲用之以移齐俗，非所以先细民也。"后，景公敬见孔子，不问其礼。异日，景公止孔子曰："奉子以季氏，吾不能。以季孟之间待之。"齐大夫欲害孔子，孔子闻之。景公曰："吾老矣，弗能用也。"孔子遂行，反乎鲁。

【译文】

齐景公向孔子请教为政之道，孔子说："国君要像国君，臣子要像臣子，父亲要像父亲，儿子要像儿子。"景公听了后说："是啊！假如国君不像国君，臣

▲《在齐闻韶图》
选自《孔子圣迹图》
明彩绘本 佚名
收藏于孔子博物馆

孔子三十五岁时到了齐国，和齐国太师谈论音乐，当他听到《韶》乐后，痴迷到一连三个月吃饭都尝不出肉的味道。《史记·孔子世家》记载此事："与齐太师语乐，闻《韶》音，学之，三月不知肉味，齐人称之。"

▼《晏婴沮封图》
选自《孔子圣迹图》
明彩绘本 佚名
收藏于孔子博物馆

子不像臣子，父亲不像父亲，儿子不像儿子，那么即使有再多粮食，我能吃得着吗！"改天景公又问政于孔子，孔子说："要节约开支。"景公很高兴，想要把尼谿的田地封赏给孔子。晏婴劝阻说："儒者都能说会道，但不能遵守法度；他们心高气傲，自以为是，不能作为臣下；他们重视丧事，竭尽哀情，为了厚葬而浪费钱财，不能作为风俗推广；他们四处游说，乞求官禄，不能治理国家。自从那些圣贤相继去世，周王室已经衰落，礼崩乐坏已有一阵子了。现在孔子讲究仪容服饰，把上朝下朝的礼节制定得很烦琐，还有快步行走的规矩，这些礼节几代人也学不完，毕生也不能穷尽。您如果想用这套东西来改变齐国的风俗，恐怕不是教化百姓的好办法。"在此之后，齐景公虽仍恭敬地接见孔子，却不再问有关礼仪的事情。有一天，景公挽留孔子说："像对待季孙氏那样对待您，我做不到。我给予您低于季孙氏而高于孟孙氏的待遇吧。"齐国的大夫想害孔子，孔子听闻了此事。景公对孔子说："我已年老，不能任用您了。"于是孔子离开齐国，返回了鲁国。

其后定公以孔子为中都宰，一年，四方皆则之。由中都宰为司空，由司空为大司寇。

定公十年春，及齐平。夏，齐大夫黎鉏言于景公曰："鲁用孔丘，其势危齐。"乃使使告鲁为好会，会于夹谷。鲁定公且以乘车好往。孔子摄相事，曰："臣闻有文事者必有武备，有武事者必有文备。古者诸侯出疆，必具官以从。请具左右司马。"定公曰："诺。"具左右司马。会齐侯夹谷，为坛位，土阶三等，以会遇之礼相见，揖让而登。献酬之礼毕，齐有司趋而进曰："请奏四方之乐。"景公曰："诺。"于是旍旄羽袚矛戟剑拨鼓噪而至[①]。孔子趋而进，历阶[②]而登，不尽一等，举袂而言曰："吾两君为好会，夷狄之乐何为于此！请命有司！"有司却之，不去，则左右视晏子与景公。景公心怍，麾而去之。有顷，齐有司趋而进曰："请奏宫中之乐。"景公曰："诺。"优倡侏儒为戏而前。孔子趋而进,历阶而登,不尽一等,曰:"匹夫而营惑诸侯者罪当诛!请命有司!"有司加法焉,手足异处。景公惧而动,知义不若,归而大恐,告其群臣曰:"鲁以君子之道辅其君,而子独以夷狄之道教寡人,使得罪于鲁君,为之奈何?"有司进对曰:"君子有过则谢以质,小人有过则谢以文。君若悼之,则谢以质。"于是齐侯乃归所侵鲁之郓、汶阳、龟阴之田以谢过。

【注释】

① 旌旄羽袚矛戟剑拨鼓噪而至:意为头戴羽冠,身披皮衣,手举矛、戟、剑等武器,喧闹着来到台上。旌(jīng),旗子。旄,古代用牦牛尾装饰的旗子。袚(bō),古代少数民族的服装。
② 历阶:跨步登上台阶。

【译文】

此后,鲁定公任命孔子做了中都宰,一年后,大见成效,各地都效法他的办法。孔子便由中都宰升为司空,又由司空升为大司寇。

鲁定公十年(前500年)春天,鲁国与齐国和解。到了夏天,齐国大夫黎锄对景公说:"鲁国任用孔丘,情势危及齐国。"于是齐景公就派使者告诉鲁国,说要进行友好会晤,地点定在夹谷。鲁定公毫无戒备地准备乘车前往。孔子以大司寇的身份兼理会晤事宜,他对定公说:"我听说外交必须要有武装准备,办理武事也必须有外交配合。从前诸侯离开自己的疆土,一定要带齐官员随从。请求您安排左、右司马一同前往。"定公说:"好。"就带了左、右司马一起去。在夹谷会见齐侯,并在那里修筑了盟坛,坛上准备好席位,登坛的台阶有三层,双方用诸侯间相遇的简略礼节相见,拱手揖让登上盟坛。献酒答谢的仪式行过之后,齐国官员快步上前说:"请开始演奏各地的音乐。"齐景公说:"好的。"于是一群人头戴羽冠,身披皮衣,手里举着矛、戟、剑等武器,喧闹着来到台上。孔子见状快步上前,登上台阶,还差一级台阶时,挥起衣袖说:"我们两国国君为和好而来相会,为什么在这里演奏夷狄的音乐,请命令有关官员赶快处理!"主管官员叫乐队退下,他们却不动,于是孔子看向晏子与齐景公。齐景公心里有愧,挥手叫乐队退了下去。过了一会儿,齐国官员又跑来说:"请演奏宫中的乐曲。"景公说:"好。"于是一些歌舞艺人和侏儒前来表演。孔子又快跑过来。一步一阶往台上走,还没有迈上最后一阶时说:"普通小人敢来惑乱诸侯,应当诛杀!请命令主事官员去执行!"于是主事官员只好执法,艺人们手足异处。齐景公大为惊恐,知道自己道义上不如孔子,回国之后很是惶恐,对诸位大臣说:"鲁国的孔子是用君子之道辅佐他们的国君,而你们却拿夷狄之法让我行事,使我得罪了鲁国国君,现在该怎么办呢?"主管官员上前回答说:"君子有了过错,就用实际行动认错;小人有了过错,就用花言巧语来谢罪。您如果真的惭愧,就用具体行动道歉吧。"于是齐景公退还了从前侵占鲁国的郓、汶阳、龟阴的土地,以此道歉。

定公十四年,孔子年五十六,由大司寇行摄相事,有喜色。门人曰:"闻君子祸至不惧,福至不喜。"孔子曰:"有是言也。不曰'乐其以贵下人'乎?"于是诛鲁大夫乱政者少正卯。与闻国政三月,粥[①]羔豚者弗饰贾,男女行者别于涂[②],涂不拾遗;四方之客至乎邑者不求有司,皆予之以归。

【注释】

① 粥:通"鬻",卖。
② 涂:通"途",道路。

【译文】

鲁定公十四年(前496年),孔子五十六岁,从大司寇被任命为代理宰相,脸上露出喜悦的表情。他的弟子们对他说:"听说君子大祸临头时不恐惧,大福气降临时也不喜形于色。"孔子说:"是有这样的说法,但不是还有一句'乐在身居高位而礼贤下士'的话吗?"孔子掌权后把扰乱国政的鲁国大夫少正卯杀了。孔子代理国政三个月,贩卖羊、猪的商人不再敢胡乱要价;男女行人在路上分开行走；掉在路上的东西也没人捡走；各地的旅客来到鲁国的城邑，用不着向官员们求情送礼，就能得到妥善安排。

齐人闻而惧，曰："孔子为政必霸，霸则吾地近焉，我之为先并矣。盍致地焉？"犁锄曰："请先尝沮①之；沮之而不可则致地，庸迟乎！"于是选齐国中女子好者八十人，皆衣文衣而舞《康乐》，文马三十驷②，遗鲁君。陈女乐文马于鲁城南高门外。季桓子微服往观再三，将受，乃语鲁君为周道游，往观终日，怠于政事。子路曰："夫子可以行矣。"孔子曰："鲁今且郊，如致膰③乎大夫，则吾犹可以止。"桓子卒受齐女乐，三日不听政；郊，又不致膰俎于大夫。孔子遂行，宿乎屯。而师己送，曰："夫子则非罪。"孔子曰："吾歌可夫？"歌曰："彼妇之口，可以出走；彼妇之谒④，可以死败。盖优哉游哉，维以卒岁！"师己反，桓子曰："孔子亦何言？"师己以实告。桓子喟然叹曰："夫子罪我以群婢故也夫！"

【注释】

① 沮：通"阻"，阻止。
② 驷：古代四匹马为一"驷"，也可指套着四匹马的车。
③ 膰（fán）：古代祭祀用的熟肉。《广韵》："膰，祭余肉。"《左传·僖公二十四年》："天子有事膰焉。"
④ 谒：此处指言论。

【译文】

齐国知道这件事后十分恐惧，说："孔子治理鲁国，鲁国一定会称霸，我们离它最近，必定最先被其吞并。何不先送一些土地给他们呢？"犁锄说："请先试着阻止这件事，如果不行，再送给他们土地，也不算迟吧！"于是从齐国挑选了八十个美貌女子，都穿上华美的衣服，教她们跳《康乐》舞，并准备了毛色花纹好看的骏马一百二十匹，送给鲁君。先把舞女和骏马安置在鲁城南面的高门外。季桓子身着便服多次前去观看，打算接受，便以周游考察各地为借口得到鲁君应允，整天去看，渐渐荒于政事。子路看到这种情形便对孔子说："老师，我们可以离开这里了。"孔子说："鲁国现在要在郊外举行祭祀，如果能按照礼制把典礼后的烤肉分给大夫们，那么我还可以留下来。"季桓子终于接受了齐国送来的女子乐团，一连多天不理朝政；在郊外祭祀结束后，又违背礼法，没把烤肉分给大夫们。孔子于是离开鲁国，在屯地住宿过夜。鲁国乐师己为他送行，说："先生您没有过错。"孔子说："我可以唱一首歌吗？"于是唱道："那些妇人的口，可以使大臣出走；那些妇人的言论，可以使人事败而身亡。悠哉游哉，我只有这样安度岁月！"师己回去后，季桓子问他说："孔子说了些什么？"师己如实相告。季桓子长叹说："先生是怪罪我接受了那一群女乐啊！"

将适陈，过匡，颜刻为仆，以其策指之曰："昔吾入此，由彼缺也。"匡人闻之，以为鲁之阳虎。阳虎尝暴匡人，匡人于是遂止孔子。孔子状类阳虎，拘焉五日。颜渊后，子曰："吾以汝为死矣。"颜渊曰："子在，回何敢死！"匡人拘孔子益急，弟子惧。孔子曰："文王既没，文不在兹乎？天之将丧斯文也，后死者不得与于斯文也。天之未丧斯文也，匡人其如予何！"孔子使从者为甯武子臣于卫，然后得去。

【译文】

　　孔子将要到陈国去，经过匡邑，弟子颜刻替他赶车，颜刻用马鞭子指着城墙说："从前我进入此地，就是经由那缺口进去的。"匡人听说，误以为是鲁国的阳虎来了。阳虎曾经残暴地对待匡人，于是匡人围困了孔子。孔子长得很像阳虎，所以被困在那里五天。颜渊后来赶到，孔子说："我还以为你死了。"颜渊说："老师您活着，我怎么敢死！"匡人围攻孔子越来越急，弟子们都很害怕。孔子说："周文王已经死去，周代的礼乐制度不就在我们这里吗？如果上天要毁灭这些礼乐制度，就不会让我们这些后人再学。如果上天并不想毁灭这些

《丑次同车图》
选自《孔子圣迹图》明彩绘本　佚名　收藏于孔子博物馆

孔子离开匡邑后到了蒲邑，在蒲邑住了一个多月，又到了卫国。《史记·孔子世家》记载此事："居卫月余，灵公与夫人同车，宦者雍渠参乘，出，使孔子为次乘，招摇市过之。孔子曰：'吾未见好德如好色者也。'"意思是卫灵公和夫人出游时，却让孔子坐在后面的车上跟随。孔子不满卫灵公宠爱夫人的行为，说："我怎么总见不到喜好仁德胜过爱好女色的人！"孔子以此为丑，于是离开了卫国。

礼乐制度，匡人又能把我怎么样呢！"孔子派了一个学生到卫国的甯武子那里称臣，然后才得以离开。

孔子去曹适宋，与弟子习礼大树下。宋司马桓魋欲杀孔子，拔其树。孔子去。弟子曰："可以速矣。"孔子曰："天生德于予，桓魋其如予何！"

【译文】

后来，孔子又离开曹国去了宋国，与弟子们在大树下演习礼仪。宋国的司马桓魋想杀孔子，就把大树砍了。孔子只得离去。弟子们催促说："我们得快点走。"孔子说："上天既然把传德行的使命赋予我，桓魋他又能把我怎么样！"

孔子适郑，与弟子相失，孔子独立郭东门。郑人或谓子贡曰："东门有人，其颡①似尧，其项类皋陶，其肩类子产，然自要以下不及禹三寸，累累若丧家之狗。"子贡以实告孔子。孔子欣然笑曰："形状，末也。而谓似丧家之狗，然哉！然哉！"

【注释】

① 颡（sǎng）：额头，脑门儿。

【译文】

孔子到了郑国，与弟子们走散了，一个人站在城外的东门。郑国有人看到了便对子贡说："东门有个人，他的额头像尧，脖子像皋陶，肩膀像子产，可是从腰部以下比大禹短三寸，狼狈不堪的样子像一条丧家之犬。"子贡如实地告诉孔子。孔子高兴地说道："他对我相貌的形容，我不敢当，但说我像条丧家狗，真是对极了！对极了！"

过蒲，会公叔氏以蒲畔，蒲人止孔子。弟子有公良孺者，以私车五乘从孔子。其为人长贤，有勇力，谓曰："吾昔从夫子遇难于匡，今又遇难于此，命也已。吾与夫子再罹难，宁斗而死。"斗甚疾。蒲人惧，谓孔子曰："苟毋适卫，吾出子。"与之盟，出孔子东门。孔子遂适卫。子贡曰："盟可负邪？"孔子曰："要盟也，神不听。"

【译文】

孔子路过蒲地，正好遇上公叔氏据蒲反叛卫国，蒲人扣留了孔子。弟子中有个叫公良孺的，他带了五辆车子跟随孔子周游。公良孺身材高大，为人贤能，且力气很大，对孔子说："我从前跟随老师在匡地遇到危难，如今又在这里遇难，真是命啊。我和老师一再遭难，宁肯搏斗而死。"公良孺说罢就跟蒲人激烈得打了起来。蒲人害怕了，对孔子说："如果你不到卫国去，我就放了你们。"孔子与他们订立了盟约，他们在东门放孔子出去。孔子还是到了卫国。子贡说："盟约可以违背吗？"孔子说："被要挟订立的盟约，神并不认可。"

《麒麟玉书图》
选自《孔子圣迹图》明彩绘本　佚名　收藏于孔子博物馆

朱熹盛赞孔子曰："天不生仲尼，万古如长夜。"作为千古一圣，关于孔子降生的传说有很多，"麒麟降书"即是其中一则。相传孔子未出生时，有只麒麟降临并口吐玉书，上书："水精之子，继衰周而素王。"

去叶，反于蔡。长沮、桀溺耦而耕，孔子以为隐者，使子路问津焉。长沮曰："彼执舆者为谁？"子路曰："为孔丘。"曰："是鲁孔丘与？"曰："然。"曰："是知津矣。"桀溺谓子路曰："子为谁？"曰："为仲由。"曰："子，孔丘之徒与？"曰："然。"桀溺曰："悠悠者天下皆是也，而谁以易之？且与其从辟①人之士，岂若从辟世之士哉！"耰②而不辍。子路以告孔子，孔子怃然③曰："鸟兽不可与同群。天下有道，丘不与易也。"

【注释】

① 辟：通"避"，躲避。
② 耰（yōu）：农具，用来铲平田地。《说文解字·木部》："耰，摩田器。"
③ 怃然：怅然失意的样子。

【译文】

孔子离开叶邑，又返回蔡国。途中遇到长沮和桀溺在路边一起耕田，孔子以为他们是隐士，便让子路去打听渡口的位置。长沮说："那边拉着缰绳的人是谁？"子路说："是孔丘。"长沮问："就是鲁国的孔丘吗？"子路说："是的。"长沮说："那他应该知道渡口在哪里。"桀溺对子路说："你是谁？"子路说："我是仲由。"桀溺说："你是孔丘的弟子吗？"子路说："是的。"桀溺说："天下到处动荡不安，到哪都一样，谁能改变得了这种现状呢？你与其为了躲避暴君乱臣四处奔走，还不如跟我们一起索性躲避这个乱世呢！"两人说完继续耕田。子路将这些话告知孔子，孔子惆怅地说："我们不能居住在山林里与鸟兽一样生活。若是天下太平的话，我就用不着四处奔走想去改变它了。"

孔子迁于蔡三岁，吴伐陈。楚救陈，军于城父。闻孔子在陈蔡之间，楚使人聘孔子。孔子将往拜礼，陈蔡大夫谋曰："孔子贤者，所刺讥皆中诸侯之疾。今者久留陈蔡之间，诸大夫所设行皆非仲尼之意。今

▲《适卫击磬图》
选自《孔子圣迹图》 明彩绘本
佚名 收藏于孔子博物馆

《史记·孔子世家》记载此事：孔子击磬。有荷蒉而过门者，曰：「有心哉，击磬乎！硁硁乎，莫己知也夫而已矣！」意思是孔子到了卫国，和弟子们击磬，有个挑着草筐的人从门前经过，听到磬声后叹息说：「是有心事，所以才击磬的。击磬的人真是固执啊！世人不能了解你就算了吧！」孔子听了感叹说：「果如你所说，不可为则不为，那有何难呢？」

▼《灵公问阵图》
选自《孔子圣迹图》 明彩绘本
佚名 收藏于孔子博物馆

鲁哀公二年（前493年），孔子回到卫国，卫灵公问孔子如何排列军阵，孔子宣扬礼乐，反对战争，于是回答说没有学过。第二天，卫灵公和孔子说话的时候，有大雁飞过，卫灵公仰头去看，不在意孔子。孔子便离开卫国，前往陈国。

楚，大国也，来聘孔子。孔子用于楚，则陈蔡用事大夫危矣。"于是乃相与发徒役围孔子于野。不得行，绝粮。从者病，莫能兴，孔子讲诵弦歌不衰。子路愠，见曰："君子亦有穷乎？"孔子曰："君子固穷，小人穷斯滥矣。"

【译文】

　　孔子迁居蔡国三年，吴国攻打陈国。楚国派兵救援陈国，在城父驻扎军队。听说孔子住在陈国和蔡国的边境上，楚国便派人去请孔子。孔子正要前去接受聘礼，陈国、蔡国的大夫商议说："孔子是贤人，他所讽刺的都切中诸侯的弊病。如今他长久地停留在陈国和蔡国之间，大夫们的所做所为都不合他的意思。如今的楚国是个大国，却来聘请孔子。如果孔子被楚国重用，那么陈国、蔡国掌权的大夫们就危险了。"于是他们共同派了一些服劳役的人在野外围困孔子。孔子和他的弟子无法前行，粮食也吃完了。有些跟从的弟子饿病了，站都站不起来。孔子却还在不停地讲学，朗诵诗歌、弹琴唱歌。子路很生气，来见孔子说："君子也有穷困的时候吗？"孔子说："君子在穷困之时能坚守节操，小人遇到困窘就会胡作非为。"

　　于是使子贡至楚。楚昭王兴师迎孔子，然后得免。

【译文】

　　于是孔子派子贡到楚国去请求救援。楚昭王发动军队来迎接孔子，孔子一行才得以脱离困境。

　　楚狂接舆歌而过孔子，曰："凤兮凤兮，何德之衰！往者不可谏兮，来者犹可追也！已而已而，今之从政者殆而！"孔子下，欲与之言。趋而去，弗得与之言。

子贡像
选自《至圣先贤半身像》 （元）佚名
收藏于台北故宫博物院

端木赐，卫人，字子贡，少孔子三十一岁。子贡利口巧辞，孔子常黜其辩。子贡有政治才能，游说各国。《史记·仲尼弟子列传》记载："故子贡一出，存鲁，乱齐，破吴，强晋而霸越。子贡一使，使势相破，十年之中，五国各有变。"此外，子贡还很有致富头脑，"常相鲁卫，家累千金，卒终于齐。"

【译文】

  楚国的狂人接舆唱着歌从孔子身边经过，歌词中说："凤凰呀，凤凰呀，道德怎么会衰落至此？过去的不能再挽回，未来的还可补救！算了吧，算了吧，现在从政的都已经无可救药啦！"孔子下车，想和他谈谈。他却快步离开，二人没能说上话。

  于是孔子自楚反乎卫。是岁也，孔子年六十三，而鲁哀公六年也。

【译文】

  不久，孔子从楚国返回了卫国。这一年，孔子六十三岁，是鲁哀公六年（前489年）。

  而卫孔文子将攻太叔，问策于仲尼。仲尼辞不知，退而命载而行，曰："鸟能择木，木岂能择鸟乎！"文子固止。会季康子逐公华、公宾、公林，以币迎孔子，孔子归鲁。

《子西沮封图》
选自《孔子圣迹图》明彩绘本　佚名　收藏于孔子博物馆

孔子在楚国，楚昭王想把七百里的土地封给孔子，楚国大臣子西极力阻止："夫文王在丰，武王在镐，百里之君，卒王天下。今孔丘得据土壤，贤弟子为佐，非楚之福也。"子西认为孔子是鲁国人，而且其人与弟子都十分有才能，武王能以百里之地最终坐拥天下，如果封地给孔子，对楚国千秋基业不利。

【译文】

　　当时，卫国大夫孔文子想要攻打太叔，问孔子该怎么办。孔子推辞说不知道，回到住处后便立即准备车马行李，想离开卫国，他说道："鸟能选择树木栖息，树木怎能选择鸟呢？"孔文子坚决挽留。正赶上季康子派来公华、公宾、公林，带着礼物迎接孔子，孔子就回鲁国去了。

　　孔子之去鲁凡十四岁而反乎鲁。

【译文】

　　孔子在离开鲁国十四年后，又回到鲁国。

鲁哀公问政，对曰："政在选臣。"季康子问政，曰："举直错诸枉，则枉者直。"康子患盗，孔子曰："苟子之不欲，虽赏之不窃。"然鲁终不能用孔子，孔子亦不求仕。

【译文】

鲁哀公问孔子如何为政，孔子回答说："最重要的是选好大臣。"季康子也来询问孔子治国之策，孔子说："要举用正直的人，罢免邪佞的人，这样其他邪佞的人最后也会变得正直。"季康子忧患盗贼太多，向孔子求教。孔子说："如果你不贪财，即使奖赏你，你也不会去偷窃的。"但是，鲁国最终也没有重用孔子，孔子也不求做官。

孔子之时，周室微而礼乐废，《诗》《书》缺。追迹三代之礼，序《书传》，上纪唐虞之际，下至秦缪，编次其事。

【译文】

在孔子生活的时代，周王室衰微，礼乐荒废，《诗》《书》残缺不全。于是孔子探究夏、商、周三代的礼制，整理《尚书》，上到唐尧、虞舜，下至秦缪公，依照事情发生的先后顺序进行了编排。

古者《诗》三千余篇，及至孔子，去其重，取可施于礼义①，上采契后稷，中述殷周之盛，至幽厉②之缺，始于衽席③，故曰"《关雎》之乱④以为《风》始，《鹿鸣》为《小雅》始，《文王》为《大雅》始，《清庙》为《颂》始"。三百五篇孔子皆弦歌之，以求合《韶》《武》⑤《雅》《颂》之音。礼乐自此可得而述，以备王道，成六艺。

【注释】

① 孔子删除《诗经》篇目的说法，最先由司马迁在此处提出，后来班固、王充等史学家也对这种说法予以支持。但后世一直有争议，现代学者普遍反对"孔子删诗说"，认为到孔子的时代，《诗经》留存下来的篇目也就三百篇左右，孔子只是做了整理工作，并没有按照是否符合礼法随意删减，恰如《论语·子罕》中言："吾自卫反鲁，然后乐正，《雅》《颂》各得其所。"
② 幽厉：即周幽王、周厉王，二人都是历史上缺乏仁德、混乱无道的君主。
③ 衽席：即床褥和席子。《周礼·天官·玉府》："掌王之燕衣服、衽席、床笫、凡亵器。"郑玄注引郑司农曰："衽席，单席也。"
④ 乱：指古代乐曲的最后一章或辞赋末尾总括全篇要旨的部分。
⑤ 《韶》《武》：即《韶》乐和《武》乐，也可以泛指高雅的古乐。《论语·八佾》："子谓韶，'尽美矣，又尽善也'。谓武，'尽美矣，未尽善也'。"

【译文】

古代流传下来的《诗》有三千多篇，等到了孔子时，他删掉其中重复的，选取其中合于礼义的，最早追述到殷始祖契、周始祖后稷，其次叙述殷、周两代的兴盛，直到周幽王、周厉王的政治缺失，而开篇又是夫妇关系，所以说："《关雎》是《国风》开篇；《鹿鸣》是《小雅》开篇；《文王》是《大雅》开篇；《清庙》是《颂》开篇。"三百零五篇诗歌孔子都能演奏歌唱，以求合于《韶》《武》《雅》《颂》的音调。先王的礼乐制度从此有了条理得以讲述，以备王道之用，孔子还编修完了《诗》《书》《礼》《乐》《易》《春秋》。

孔子晚而喜《易》，序《彖》《系》《象》《说卦》《文言》①。读《易》，韦编三绝。曰："假我数年，若是，我于《易》则彬彬②矣。"

【注释】

① 《彖》《系》《象》《说卦》《文言》：即《彖辞》《系辞》《象辞》《说卦》《文言》，注释《易经》的文献。司马迁认为这几本注释书都是孔子所作，但经后世学者考证，此说法不合实际。
② 彬彬：文质兼备的样子。

【译文】

　　孔子晚年喜欢《易》，写下了《彖辞》《系辞》《象辞》《说卦》《文言》的注释文章。孔子读《易》很刻苦，以至把编书的绳子都弄断了很多次。他说："如果能多给我几年的时间，我对《易》就能更充分理解和掌握了。"

　　子曰："弗乎弗乎，君子病没世而名不称焉。吾道不行矣，吾何以自见于后世哉？"乃因史记作《春秋》，上至隐公，下讫哀公十四年，十二公。据鲁，亲周，故殷，运之三代。约其文辞而指①博。故吴、楚之君自称王，而《春秋》贬之曰"子"；践土之会实召周天子，而《春

《西狩获麟图》
选自《孔子圣迹图》明彩绘本　佚名　收藏于孔子博物馆
鲁哀公十四年（前481年）春天，国君外出打猎，这年孔子72岁。叔孙氏打死了一头野兽，以为不吉利，孔子去看，认出了那是麒麟，于是感慨道："河不出图，洛不出书，吾已矣夫！"麒麟是仁兽，然而现在天道沦丧，麒麟出而被杀，于是孔子说："吾道穷矣！"于是停止了《春秋》的编写。

秋》讳之曰"天王狩于河阳②"：推此类以绳当世。贬损之义，后有王者举而开之。《春秋》之义行，则天下乱臣贼子惧焉。

【注释】

① 指：通"旨"，主旨。
② 天王狩于河阳：春秋时期晋文公为确立霸主地位而在河阳举行的会盟，周天子也派人来参加。孔子认为以臣召君，不合礼法，所以在《春秋》中委婉地描述此事为"周天子到河阳巡狩"。

【译文】

  孔子说："不行啊，不行啊！君子最担忧的就是死后不能留名于世。我的主张不能推行，我还能靠什么留名后世呢？"于是就根据鲁国的史书作了《春秋》，上起鲁隐公元年（前722年），下至鲁哀公十四年（前481年），共包括鲁国十二个国君。以鲁国为中心，以周王室为正统，以殷商旧事为借鉴，推而上承夏、商、周三代，文辞简约而意义广博。因此，吴国、楚国虽然自立为王，但在《春秋》中仍被贬称为子爵；践土会盟，虽然实际上是晋文公召周天子去的，但《春秋》中讳言说"周天子到河阳巡狩"。依此类推，《春秋》就是用这一原则规范当世。其中的褒贬之意，期待之后的国君加以推广，使《春秋》的义法通行天下，天下的乱臣贼子都感到害怕。

  孔子在位听讼，文辞有可与人共者，弗独有也。至于为《春秋》，笔则笔，削则削，子夏之徒不能赞一辞。弟子受《春秋》，孔子曰："后世知丘者以《春秋》，而罪丘者亦以《春秋》。"

【译文】

  孔子任司寇主管诉讼案件时，文辞上有可与别人商议的，他从不专断。到了写《春秋》的时候，该写的一定写上去，应当删的一定删掉，就连子夏这些擅长写文章的弟子，也不能替他增减一个字。弟子们学习《春秋》，孔子说："后人将因《春秋》了解我，也将因《春秋》怪罪我。"

明岁，子路死于卫。孔子病，子贡请见。孔子方负杖逍遥于门，曰："赐，汝来何其晚也？"孔子因叹，歌曰："太山坏乎！梁柱摧乎！哲人萎乎！"因以涕下。谓子贡曰："天下无道久矣，莫能宗予。夏人殡于东阶，周人于西阶，殷人两柱间。昨暮予梦坐奠两柱之间，予始，殷人也。"后七日卒。

【译文】

第二年，子路死在卫国。孔子生病了，子贡请求看望他。孔子正拄着拐杖在门口散步，说："赐，你为什么来得这样迟啊？"孔子因此叹息道："泰山崩坏！梁柱倒塌！哲人要死了！"随即流下眼泪。孔子对子贡说："天下失去常道已经很久了，没人奉行我的主张。夏人死了停棺在东厢的台阶，周人死了停棺在西厢的台阶，殷人死了停棺在两柱之间。昨晚我梦见自己坐在两柱之间受人祭奠，我原本就是殷商人啊！"七天后，孔子去世。

子路像
选自《至圣先贤半身像》（元）佚名
收藏于台北故宫博物院

仲由，字子路，少孔子九岁。子路问政，孔子回答说："首先以身作则，然后百姓效仿，辛勤劳作。"曰："不要懈怠。"《史记·仲尼弟子列传》记载，子路做卫大夫孔悝的官员。孔悝作乱，子路当时在外地，听到后立马前往。遇子羔出卫城门，子羔劝子路说："出公去矣，而门已闭，子可还矣，毋空受其祸。"子路拒绝说："食其食者不避其难。"进城以后，子路请求卫灵公的太子蒉聩："君焉用孔悝？请得而杀之。"蒉聩不听。于是子路想放火烧台，蒉聩害怕，命令石乞、孟黡攻击子路，击断了子路的帽带。子路说："君子死，冠不免。"是把帽带系好，然后死去。

孔子年七十三，以鲁哀公十六年四月己丑卒。

【译文】

孔子享年七十三岁，死于鲁哀公十六年（前479年）四月的己丑日。

孔子葬鲁城北泗上，弟子皆服三年。三年心丧毕，相诀而去，则哭，各复尽哀；或复留。唯子赣庐于冢上，凡六年，然后去。弟子及鲁人往从冢而家者百有余室，因命曰孔里。鲁世世相传以岁时奉祠孔子冢，而诸儒亦讲礼乡饮大射于孔子家。孔子家大一顷。故所居堂、弟子内，后世因庙，藏孔子衣冠琴车书，至于汉二百余年不绝。高皇帝过鲁，以太牢[1]祠焉。诸侯卿相至，常先谒，然后从政。

【注释】

① 太牢：古代帝王祭祀时用牲畜做祭品，牛、羊、豕三牲为"太牢"。

【译文】

孔子死后葬在鲁城北边的泗水旁，弟子们为他服丧三年。三年孝守完，大家互相道别，离去时纷纷相对而哭，都极尽哀伤；有的弟子又留了下来。只有子贡在墓旁搭了一间草庐住下，六年后才离去。孔子弟子及鲁国人前往墓旁居住的有一百多家，因而就把这里叫作"孔里"。鲁国世世代代相传，按时去祭扫孔子墓，而儒生们也常到孔子的故居讲习礼仪，举行乡饮、大射的仪式。孔子的故居有一顷大。孔子的故居和弟子们居住的内室，被后代改成庙，用来收藏孔子的衣帽、琴、车和书籍等，直到汉代，二百多年间没有断绝。汉高祖刘邦经过鲁国，用太牢祭祀孔子。诸侯、卿大夫、宰相一到此地任职，往往会先去拜谒孔子墓，之后才去就职。

太史公曰：《诗》有之："高山仰止，景行行止①。"虽不能至，然心乡往之。余读孔氏书，想见其为人。适鲁，观仲尼庙堂车服礼器，诸生以时习礼其家，余祇回留之不能去云。天下君王至于贤人众矣，当时则荣，没则已焉；孔子布衣，传十余世，学者宗之。自天子王侯，中国言六艺者折中于夫子，可谓至圣矣！

【注释】

① 高山仰止，景行行止：出自《诗经·小雅·车辖》，大意为赞颂品行才学像高山一样，要人仰视，让人不禁以他的行为举止作为自己的行事准则，这里比喻高尚的德行。

【译文】

太史公说："《诗经》中有说：'像高山一般令人景仰，像大路一般让人遵循。'我虽然不能达到这种境界，但是心里却很向往。我通过读孔子的著作，可以想见他的为人。到了鲁地，我参观了孔子的庙堂、车辆、衣服和礼器，那里的读书人按时到孔子旧宅中演习礼仪。我不由自主地留恋徘徊不愿离去。天下君王和贤人很多，活着的时候荣耀显贵，死后却什么也没留下。孔子是一个平民，他的学说和德行已经传了十几代，学者们仍然尊崇他。从天子王侯一直到全国谈六艺的人，都把孔子的学说作为衡量是非的标准，可以说孔子是至高无上的圣人了！"

子我像
选自《至圣先贤半身像》　（元）佚名
收藏于台北故宫博物院

宰予，字子我，利口辩辞。宰予曾在白日睡觉，孔子看见了说："朽木不可雕也，粪土之墙不可圬也。"宰予向孔子请教五帝之德，孔子回答说："予非其人也。"《史记·仲尼弟子列传》记载："宰我为临菑大夫，与田常作乱，以夷其族，孔子耻之。"

子游像
选自《至圣先贤半身像》（元）佚名　收藏于台北故宫博物院

子游，姓言，名偃，字子游，春秋时期吴国人。子游勤奋好学，感动于孔子所提倡的"谋闭而不兴，盗窃乱贼而不作，故外户而不闭"的大同理想。在任鲁国的武城长官时，子游用礼乐来教化百姓。孔子知道后，认为武城是小地方，没有必要用礼乐教化，便对他说："割鸡焉用牛刀？"子游回答："君子学道则爱人，小人学道则易使。"孔子连忙回答："二三子，偃之言是也。前言戏之耳。"孔子去世后，因弟子间意见不合，子游被迫离开鲁国。

子骞像
选自《至圣先贤半身像》（元）佚名　收藏于台北故宫博物院

子骞，《史记·仲尼弟子列传》记载："闵损，字子骞。少孔子十五岁。""不仕大夫，不食污君之禄。"意思是子骞不出仕大夫，也不食昏君的俸禄，曾说："如有复我者，必在汶上矣。"孔子评价说："孝哉闵子骞！"

颜回像
选自《至圣先贤半身像》（元）佚名　收藏于台北故宫博物院

颜回是孔子的学生，《史记·仲尼弟子列传》记载："颜回者，鲁人也，字子渊。少孔子三十岁。""颜渊问仁，孔子曰：'克己复礼，天下归仁焉。'""贤哉回也！一箪食，一瓢饮，在陋巷，人不堪其忧，回也不改其乐。""用之则行，舍之则藏，唯我与尔有是夫。"颜回是孔子最中意、最喜欢的学生，孔子毫不掩饰自己对于颜回的喜爱与赞赏。孔子听闻颜回死讯后，痛哭说："天丧予！天丧予！"颜回二十九岁时，头发就全白了，早死。鲁哀公问："弟子孰为好学？"孔子回答说："有颜回者好学，不迁怒，不贰过，不幸短命死矣，今也则亡。"

子舆像
选自《至圣先贤半身像》（元）佚名
收藏于台北故宫博物院

曾参，南武城人，字子舆，少孔子四十六岁。孔子以为能通孝道，故授之业。作《孝经》，死于鲁。

冉雍像
选自《至圣先贤半身像》（元）佚名
收藏于台北故宫博物院

冉雍，字仲弓。《史记·仲尼弟子列传》载：「孔子以仲弓为有德行，也可使南面。」仲弓问政，孔子回答说：「出门办事要像接待贵宾一样谨慎虔诚，使唤百姓要像大型祭祀一样有礼貌，无论是为朝廷出使外邦，还是在地方工作，都不要与人结怨。」

伯牛像
选自《至圣先贤半身像》（元）佚名
收藏于台北故宫博物院

《史记·仲尼弟子列传》记载：「冉耕，字伯牛。孔子以为有德行。」伯牛有恶疾，孔子去看望他，握着他的手说：「命也夫！斯人也而有斯疾，命也夫！」

子夏像
选自《至圣先贤半身像》（元）佚名
收藏于台北故宫博物院

卜商，字子夏，少孔子四十四岁。孔子对子夏说：「汝为君子儒，无为小人儒。」孔子既没，子夏居西河教授，为魏文侯师。

陈涉世家[1]

陈胜者,阳城人也,字涉。吴广者,阳夏人也,字叔。陈涉少时,尝与人佣耕,辍耕之垄①上,怅恨久之,曰:"苟富贵,无相忘。"庸者笑而应曰:"若为庸耕,何富贵也?"陈涉太息曰:"嗟乎!燕雀安知鸿鹄②之志哉!"

【注释】
① 垄:田埂。
② 鸿鹄:天鹅,比喻志向远大的人。

【译文】
陈胜是阳城人,字涉。吴广是阳夏人,字叔。陈涉年轻的时候,曾经和人一起替人耕地,在田埂上休息时,怅然感慨了很久,说:"如果将来谁富贵了,不要忘记彼此。"旁边的人听到后笑着回答说:"你还在为人家耕地,哪里来的富贵呢?"陈涉叹息说:"唉!燕雀哪能知道鸿鹄的志向呢?"

二世元年七月,发闾左適戍渔阳九百人,屯大泽乡。陈胜、吴广皆次当行,为屯长。会天大雨,道不通,度已失期①。失期,法皆斩。陈胜、吴广乃谋曰:"今亡亦死,举大计亦死,等死,死国可乎?"陈胜曰:"天下苦秦久矣。吾闻二世少子也,不当立,当立者乃公子扶苏。

---

〔1〕 此篇有删减。

插秧
选自《耕织图》册 （明）仇英 收藏于台北故宫博物院

扶苏以数谏故，上使外将兵。今或闻无罪，二世杀之。百姓多闻其贤，未知其死也。项燕为楚将，数有功，爱士卒，楚人怜之。或以为死，或以为亡。今诚以吾众诈自称公子扶苏、项燕，为天下唱，宜多应者。"吴广以为然。乃行卜。卜者知其指意，曰："足下事皆成，有功。然足下卜之鬼乎！"陈胜、吴广喜，念鬼，曰："此教我先威众耳。"乃丹书帛曰"陈胜王"，置人所罾[2]鱼腹中。卒买鱼烹食，得鱼腹中书，固以怪之矣。又间令吴广之次所旁丛祠中，夜篝火，狐鸣呼曰"大楚兴，陈胜王"。卒皆夜惊恐。旦日[3]，卒中往往语，皆指目陈胜。

【注释】

① 失期：误期，错过了约定期限。《汉书·公孙敖传》："后二岁，以将军出北地，后票骑期，当斩，赎为庶人。"
② 罾（zēng）：古代一种用木棍或竹竿做支架的方形渔网。这里用作动词，意为用网捕捞。
③ 旦日：第二天。

【译文】

秦二世元年（前209年）七月，朝廷征调百姓戍守渔阳，九百人驻扎在大泽乡。陈胜、吴广都被编入队伍里面，在其中担任屯长。恰逢天下大雨，道路不通，估计期限已经延误。误了期限，按秦律都要被斩首。陈胜、吴广于是商量说："现在逃跑也是死，起义举事也是死，同样都是死，不如为国事而死，怎么样？"陈胜说："天下百姓在秦的暴政统治下已经受苦很久了。我听说秦二世是始皇帝的小儿子，不应即位，应即位的是公子扶苏。扶苏因为多次进谏，皇上派他在外带兵。如今有人听说他没犯什么罪，秦二世却杀了他。老百姓大都听说过他的贤明，却不知道他已经死了。项燕是楚国的将领，曾多次立功且爱护士兵，楚国人都很爱戴他。有人认为他死了，有人认为他逃跑了。现在如果把我们的人假称是公子扶苏和项燕的队伍，号召天下，响应的人应该很多。"吴广认为他讲得有道理。于是二人去占卜。占卜的人猜出他们的想法，就说："你们的大事可以成功，能够建立功业。然而你们为何不再去找鬼神占卜一下呢？"陈胜、吴广很高兴，思索着找鬼神占卜的事情，顿悟道："这是教我们要借助鬼神来威服众人。"于是就用丹砂在帛上写下"陈胜王"的字样，放在别人捕来的一条鱼的肚子里。士兵们买鱼回来吃，发现了鱼肚子里面的帛书，自然感到奇怪。陈胜又暗地里派吴广到驻地旁边的祠堂中，在夜间点燃篝火，学着狐狸的叫声说："大楚将兴，陈胜为王。"士兵们夜里都惊恐不安。第二天，士兵们议论纷纷，互相示意着看向陈胜。

秦始皇陵兵马俑（局部）

公元前210年，秦始皇东巡途中驾崩于邢台沙丘。《史记·秦始皇本纪》记载："行从直道至咸阳，发丧。太子胡亥袭位，为二世皇帝。"秦始皇的陵寝营造得非常奢华，极尽工艺之能事，珍宝不计其数，"穿三泉，下铜而致椁，宫观、百官、奇器、珍怪，徙臧满之。令匠作机弩矢，有所穿近者辄射之。以水银为百川江河大海，机相灌输，上具天文，下具地理。以人鱼膏为烛，度不灭者久之"。

吴广素爱人，士卒多为用者。将尉醉，广故数言欲亡①，忿恚②尉，令辱之，以激怒其众。尉果笞③广。尉剑挺，广起，夺而杀尉。陈胜佐之，并杀两尉。召令徒属曰："公等遇雨，皆已失期，失期当斩。借弟令毋斩，而戍死者固十六七。且壮士不死即已，死即举大名耳，王侯将相宁有种乎！"徒属皆曰："敬受命。"乃诈称公子扶苏、项燕，从民欲也。袒右，称大楚。为坛而盟，祭以尉首。陈胜自立为将军，吴广为都尉。攻大泽乡，收而攻蕲。蕲下，乃令符离人葛婴将兵徇蕲以东。攻铚、酂、苦、柘、谯，皆下之。行收兵。比至陈，车六七百乘，骑千余，卒数万人。攻陈，陈守令皆不在，独守丞与战谯门中。弗胜，守丞死，乃入据陈。数日，号令召三老、豪杰与皆来会计事。三老、豪杰皆曰："将军身被④坚执锐，伐无道，诛暴秦，复立楚国之社稷⑤，功宜为王。"陈涉乃立为王，号为"张楚"。

【注释】

① 亡：逃跑。
② 忿恚（fèn huì）：愤怒，使恼怒。《战国策·齐策六》："故去忿恚之心，而成终身之名；除感忿之耻，而立累世之功。"
③ 笞（chī）：用鞭、杖或竹板子抽打。《唐律疏议·名例》载："笞者，击也。又训为耻，言人有小愆，法须惩诫，故加捶挞以耻之。"
④ 被：通"披"。《论语·宪问》："微管仲，吾其被发左衽矣！"
⑤ 社稷：土神和谷神的总称，后用来代指国家。

【译文】

吴广向来爱护士兵，因此士兵大多愿意为他所用。有一次，看守戍卒的将尉喝醉了，吴广故意多次说想要逃跑，以激怒将尉，引起众怒。将尉果然用竹板打吴广。当将尉拔剑出鞘时，吴广起身，夺过利剑杀了将尉。陈胜也帮助吴广，杀了另一个将尉。之后二人召集并号令戍卒们说："诸位遇上大雨，都已误了期限，误期当斩。就算不被斩杀，去戍守边塞十个人里面也会死掉六七个。况且壮士不死便罢了，要死就该成就一番盛名，王侯将相难道都是天生的贵种吗？"士兵们都说："愿意听从您的命令。"于是他们对外假称是公子扶苏、项燕的队伍，顺从百姓的愿望。人人露出右臂，打着大楚的旗号。筑造高台宣誓，用将尉的头祭天。陈胜自立为将军，吴广任都尉。攻打大泽乡，攻克后又攻打蕲县。攻下蕲县以后，就派符离人葛婴率军巡视蕲县以东的地方，陈胜则攻打铚、酂、苦、柘、谯，并全部攻占。行军途中招纳士兵加入。等到达陈郡时，已有战车六七百辆，骑兵一千多人，士兵数万人。攻打陈郡时，郡守和县令都不在，只有守丞带兵与起义军在城门下作战。守丞战败被杀，起义军进城占领陈郡。过了几天，陈胜下令召集当地管教化的乡官和地方豪杰等一起来议事。官员豪杰都说："将军亲自披着盔甲，拿着锐利的武器，讨伐荒淫无道的暴君，推翻残暴的秦朝，重建楚国的江山，功劳如此，应当称王。"陈胜于是自立为王，定国号为"张楚"。

当此时，诸郡县苦秦吏者，皆刑其长吏，杀之以应陈涉。乃以吴叔为假王，监诸将以西击荥阳。令陈人武臣、张耳、陈馀徇赵地，令汝阴人邓宗徇九江郡。当此时，楚兵数千人为聚者，不可胜数。

【译文】

在这时，各郡县中因秦朝暴政而受苦的人纷纷起义，惩罚当地长官，杀死他们来呼应陈涉。于是陈涉就让吴广代行王事，率领诸位将领向西进攻荥阳。陈涉命令陈郡人武臣、张耳、陈馀去攻占赵国的旧地，命令汝阴人邓宗攻打九江郡。这时候，楚地聚集起义的有数千人，多得数不过来。

陈胜王凡六月。已为王，王陈。其故人尝与庸耕者闻之，之陈，扣宫门曰："吾欲见涉。"宫门令欲缚之。自辩数，乃置，不肯为通。陈王出，遮道而呼涉。陈王闻之，乃召见，载与俱归。入宫，见殿屋帷帐，

《登瀛洲图》轴
（清）张廷彦　收藏于台北故宫博物院

秦始皇热衷于追求长生之道，曾多次遣使求仙。《史记·秦始皇本纪》记载：「既已，齐人徐市等上书，言海中有三神山，名曰蓬莱、方丈、瀛洲，仙人居之。请得斋戒，与童男女求之。于是遣徐市发童男女数千人，入海求仙人。」

客曰："夥颐！涉之为王沈沈①者！"楚人谓多为夥，故天下传之，夥涉为王，由陈涉始。客出入愈益发舒，言陈王故情。或②说陈王曰："客愚无知，颛③妄言，轻威。"陈王斩之。诸陈王故人皆自引④去，由是无亲陈王者。陈王以朱房为中正，胡武为司过，主司群臣。诸将徇地，至，令之不是者，系而罪之，以苛察为忠。其所不善者，弗下吏，辄自治之。陈王信用之。诸将以其故不亲附，此其所以败也。

【注释】

① 沈沈：宫室高大富丽的样子。
② 或：有的人。
③ 颛（zhuān）：通"专"，专擅。
④ 自引：自行引退。汉贾谊《吊屈原赋》："凤漂漂其高逝兮，固自引而远去。"

【译文】

　　陈胜称王总共六个月的时间。称王之后，他以陈郡为王都。从前一位与他一起受雇给人家耕田的人听说他做了王，来到陈郡，敲着宫门说："我要见陈涉。"守宫门的士兵要把他捆起来。他反复辩解，才被放开，但没人肯为他通报。陈王出门时，他拦路呼叫。陈王听到后便召见了他，与他一起乘车回宫。那人走进宫殿，看见房屋宫殿帷幕帐帘之后，说："天啊！陈涉做了大王，宫殿高大富丽啊！"楚地人把"多"叫作"夥"，所以"夥涉为王"的俗语，就是从陈涉开始的。这个客人在宫中进出，行为举动越来越随便放肆，常常跟人讲陈涉从前的旧事。有人就对陈王说："这个人愚昧无知，专说狂妄之言，这会降低您的威信。"于是陈王就杀死了来客。陈王的各位旧识因此纷纷离去，从此再没有人与他亲近了。陈王任命朱房做中正，胡武做司过，专门管理群臣。将领们攻城略地回来后，稍有不服从命令的，就会被抓起来治罪。他们将苛刻地监察群臣的过失视为忠心，凡是他们不喜欢的人，不交给专门的官吏去审理，会擅自惩治。陈王却很信任并重用他们。将领们因为这些缘故也不再亲近依附陈王，这就是他失败的原因。

陈胜虽已死，其所置遣侯王将相竟亡秦，由涉首事也。高祖时为陈涉置守冢①三十家砀，至今血食②。

【注释】

① 守冢：守墓。《史记·淮南衡山列传》："乃以列侯葬淮南王于雍，守冢三十户。"
② 血食：用于祭祀的食品。古代杀牲取血用来祭祀，所以称"血食"。

【译文】

陈胜虽然已经死了，那些他任命的王侯将相最终还是灭掉了秦朝，而陈涉是首先发难者。汉高祖为陈涉在砀地安置了三十户人家看守坟墓，到现在仍按时杀牲祭祀他。

秦始皇像
（清）佚名　收藏地不详

嬴政十三岁时继承王位，他建立了中国历史上第一个统一的多民族的中央集权国家——秦朝。统一六国之后，秦王嬴政认为自己"德兼三皇，功过五帝"，遂自称"皇帝"，希望秦王朝千秋万世，至无穷，所以又自称"始皇帝"。《史记·秦始皇本纪》记载："朕闻太古有号毋谥，中古有号，死而以行为谥。如此，则子议父，臣议君也，甚无谓，朕弗取焉。自今已来，除谥法。朕为始皇帝。后世以计数，二世三世至于万世，传之无穷。"

秦量
收藏于台北故宫博物院

秦权
收藏于河南博物院

秦代统一度量衡时统一铸造的衡具，类似今天的标准砝码。

青铜编钟
秦始皇陵区出土

统一六国之后，秦始皇下令销毁天下兵器，铸成铜钟，还施行书同文、车同轨、统一度量衡和文字等规范。《史记·秦始皇本纪》记载："收天下兵，聚之咸阳，销以为钟鐻，金人十二，重各千石，置廷宫中。""一法度衡石丈尺。车同轨。书同文字。"

留侯世家[1]

留侯张良者，其先韩人也。大父开地，相韩昭侯、宣惠王、襄哀王。父平，相釐王、悼惠王。悼惠王二十三年，平卒。卒二十岁，秦灭韩。良年少，未宦事韩。韩破，良家僮①三百人，弟死不葬，悉以家财求客刺秦王，为韩报仇，以大父②、父五世相韩故。

良尝学礼淮阳。东见仓海君。得力士，为铁椎重百二十斤。秦皇帝东游，良与客狙击秦皇帝博浪沙中，误中副车。秦皇帝大怒，大索天下，求贼甚急，为张良故也。良乃更名姓，亡匿③下邳。

【注释】

① 家僮：旧时对私家奴仆的统称。
② 大父：祖父。
③ 匿：隐藏，后引申为隐瞒。

【译文】

留侯张良，他的祖先是韩国人。他的祖父开地，做过韩昭侯、宣惠王、襄哀王三朝的相国。父亲张平，做过釐王、悼惠王两朝的相国。悼惠王二十三年（前250年），他的父亲张平去世。在他父亲去世二十年后，秦国灭掉了韩国。张良当时年少，没有在韩国做官。韩国灭亡后，张良家里有三百奴仆，但弟弟死后并未厚葬，而是用全部家财寻求刺客来杀秦王，以此为韩国报仇，这是他的祖父、父亲曾在韩国做五朝相国的缘故。

张良曾在淮阳学习礼法，后去东夷求见仓海君。他找到一个大力士，制作

---

[1] 此篇有删减。

了一个一百二十斤重的铁锤。秦始皇向东巡游时,张良与刺客埋伏在博浪沙这个地方袭击秦始皇,却误打中副车。秦始皇大怒,下令全国搜捕,一定要迅速捉到刺客,这件事正是张良引起的。于是,张良改名换姓,逃到下邳躲了起来。

良尝闲从容步游下邳圯①上,有一老父,衣褐②,至良所,直堕其履圯下,顾谓良曰:"孺子,下取履!"良鄂然③,欲殴之。为其老,强忍,下取履。父曰:"履我!"良业为取履,因长跪履之。父以足受,笑而去。良殊大惊,随目之。父去里所,复还,曰:"孺子可教矣。后五日平明,与我会此。"良因怪之,跪曰:"诺。"五日平明,良往。父已先在,怒曰:"与老人期,后,何也?"去,曰:"后五日早会!"五日鸡鸣,良往。父又先在,复怒曰:"后,何也?"去,曰:"后五日复早来。"五日,良夜未半往。有顷④,父亦来,喜曰:"当如是。"出一编书,曰:"读此则为王者师矣。后十年兴。十三年,孺子见我济北,穀城山下黄石即我矣。"遂去,无他言,不复见。旦日视其书,乃《太公兵法》也。良因异之,常习诵读之。

【注释】

① 圯(yí):桥。
② 褐(hè):布或粗布衣服。
③ 鄂然:吃惊的样子。
④ 有顷:不久,一会儿。

【译文】

张良曾在空闲时在下邳桥上散步,遇到一个穿着粗布衣裳的老人。他走到张良面前,故意把鞋甩到桥下,回过头看着张良说:"小子,下去替我捡鞋!"张良有些惊讶,甚至想打他,但因为他年老,只得勉强忍住,下去替他捡回了鞋。老人又说:"帮我穿上!"张良既然已经替他捡了鞋子,就干脆跪着给他穿鞋。老人伸出脚等张良给他穿好鞋，笑着走了。张良十分惊讶，一直看着他离开。老人走了约有一里路，又折返回来，说："你这小子有前途。五天后天刚亮时，在这里跟我见面。"张良觉得这件事很奇怪，跪下来说："好。"五天后天刚亮，张良便去到那里。老人已先行到达，他生气地说："跟老人约定时间，你竟然迟到，这是为什么？"老人离去，说："过五天再来，早点来。"五天后鸡一叫，张良就去了。老人又先到了那里，他又生气地说："又来晚了，这是为什么？"老人离去，说："五天后再来，要早点儿。"五天后，张良半夜就去了。过了一会儿，老人也来了，高兴地说："就是要这样。"老人拿出一部书，说："读懂这部书就能做帝王的老师，十年后就会发迹。十三年后你到济北见我，如果在穀城山下见到一块黄石，那就是我。"说完老人离去，没再说别的话，从此再也没遇见。天亮之后，张良一看老人送的书，原来是《太公兵法》。张良觉得是奇书，经常学习、诵读。

居下邳，为任侠。项伯尝杀人，从良匿。

后十年，陈涉等起兵，良亦聚少年百余人。景驹自立为楚假王，在留。良欲往从之，道遇沛公。沛公将数千人，略地下邳西，遂属焉。沛公拜良为厩将。良数以《太公兵法》说沛公，沛公善之，常用其策。良为他人言，皆不省。良曰："沛公殆天授。"故遂从之，不去见景驹。

【译文】

张良住在下邳时，喜欢行侠仗义。项伯曾经杀了人，就跟随张良躲藏起来。

过了十年，陈涉等人起兵反秦，张良也聚集了一百多个年轻人。景驹自立为代理楚王，住在留县。张良想前去追随，路上遇见了沛公。沛公率领几千人，攻占了下邳以西的土地，张良便归附了他。沛公任命张良为厩将。张良多次根据《太公兵法》所学向沛公建言献策，沛公很认可，经常采用他的计谋。张良向其他人讲这些，却没人能领会。张良说："沛公大概是受命于天的。"因此张良决定追随沛公，没有去见景驹。

沛公入秦宫，宫室帷帐狗马重宝妇女以千数，意欲留居之。樊哙谏沛公出舍，沛公不听。良曰："夫秦为无道，故沛公得至此。夫为天下除残贼，宜缟素①为资。今始入秦，即安其乐，此所谓'助桀为虐'。且'忠言逆耳利于行，毒药苦口利于病'，愿沛公听樊哙言。"沛公乃还军霸上。

【注释】

① 缟素（gǎo sù）：白色的丧服。《战国策·魏策四》："若士必怒，伏尸二人，流血五步，天下缟素，今日是也。"

【译文】

沛公进入秦朝皇宫后，看见那里的宫室、帷帐、狗马、珍贵宝物，以及数以千计的美女，想留下来居住。樊哙劝谏沛公出去居住，沛公不听。张良说："正因秦暴虐无道，所以沛公您才能够来到这里。替天下除掉凶残的暴政，生活也应该以朴素为本。现在您才入秦宫，就安于享乐，这正是人们说的'助桀为虐'。况且俗话说'忠言逆耳利于行，良药苦口利于病'，希望沛公您能听从樊哙的意见。"沛公这才带领军队回去驻扎在霸上。

汉元年正月，沛公为汉王，王巴蜀。汉王赐良金百溢①，珠二斗，良具以献项伯。汉王亦因令良厚遗项伯，使请汉中地。项王乃许之，遂得汉中地。汉王之国，良送至褒中，遣良归韩。良因说汉王曰："王何不烧绝所过栈道？示天下无还心，以固项王意。"乃使良还，行烧绝栈道。

【注释】

① 溢：通"镒"，秦始皇时期的通用货币。

【译文】

　　汉元年（前206年）正月，沛公做了汉王，统治巴蜀地区。汉王赏赐张良黄金百镒，珍珠二斗，张良把它们都送给了项伯。汉王也想让张良借机厚赠项伯，以使项伯代他向项羽请求分到汉中的地区。项羽答应了，汉王于是得到了汉中地区。汉王要到封国去，张良送他到褒中，汉王让张良回韩国。张良趁机劝告汉王说："大王为何不烧断走过的栈道，向天下表示不再回来的决心，以此稳住项羽。"汉王便让张良返回，行进途中烧断了所有栈道。

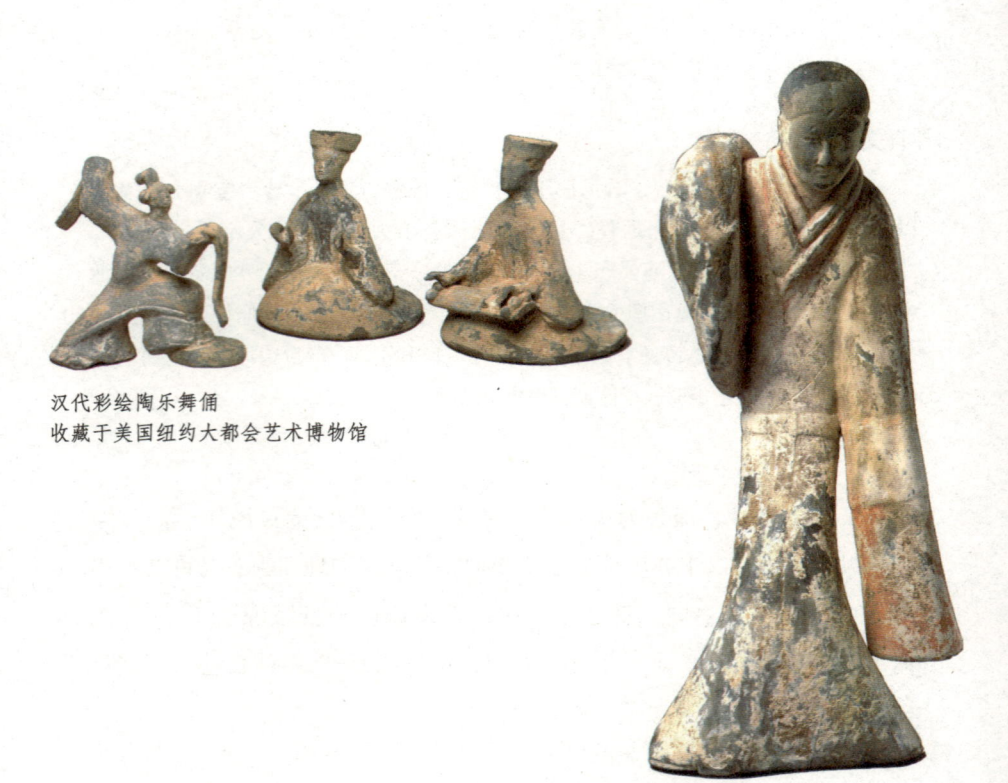

汉代彩绘陶乐舞俑
收藏于美国纽约大都会艺术博物馆

西汉彩绘陶舞俑
收藏于美国纽约大都会艺术博物馆

良至韩，韩王成以良从汉王故，项王不遣成之国，从与俱东。良说项王曰："汉王烧绝栈道，无还心矣。"乃以齐王田荣反书告项王。项王以此无西忧汉心，而发兵北击齐。

【译文】

张良到了韩国，韩王成因为让张良跟随汉王，被项羽记恨，因此项羽没有派韩成到韩国去，而是让他跟随自己一起到自己的国都彭城。张良劝说项羽："汉王烧断了栈道，没有返回的意思。"张良便把齐王田荣反叛之事上书报告项羽。项羽因此不再担忧西边的汉王，转而起兵北上攻打齐国。

项王竟不肯遣韩王，乃以为侯，又杀之彭城。良亡，间行归汉王，汉王亦已还定三秦矣。复以良为成信侯，从东击楚。至彭城，汉败而还。至下邑，汉王下马踞鞍①而问曰："吾欲捐关以东等弃之，谁可与共功者？"良进曰："九江王黥布，楚枭将，与项王有郄②；彭越与齐王田荣反梁地：此两人可急使。而汉王之将独韩信可属大事，当一面。即欲捐之，捐之此三人，则楚可破也。"汉王乃遣随何说九江王布，而使人连彭越。及魏王豹反，使韩信将兵击之，因举燕、代、齐、赵。然卒破楚者，此三人力也。

【注释】

① 踞鞍：跨着马鞍，亦指行军作战。
② 郄：古同"郤"，也作"隙"，嫌隙。

【译文】

项王始终不肯派韩成回韩国，而是将其贬为侯，后来又在彭城杀了他。张良因此逃跑，抄小路去投奔汉王，这时汉王也已平定三秦，胜利归来。汉王又封张良为成信侯，东征项羽，一直打到了彭城，汉军战败而归。行至下邑，汉王下马倚着马鞍问道:"我如果拿函谷关以东的地方作为封赏,谁能够同我一起建功立业?"张良进言说:"九江王黥布曾是楚国的猛将,现在同项羽有嫌隙;彭越与齐王田荣正在梁地反楚,这二人现在就可以任用。汉王的将领中唯有韩信可以托付大事,独当一面。如果要分封这些土地,就给这三个人,那么楚国必破。"汉王于是派随何去游说九江王黥布,又派人联络彭越。魏王豹背叛汉王,汉王便派韩信率兵攻打他,还乘势攻占了燕、代、齐、赵等国。而最终击溃楚国的,也是这三个人的力量。

张良多病,未尝特将也,常为画策臣,时时从汉王。

【译文】

张良体弱多病,不曾单独专门带兵,一直是出谋划策的臣子,时时跟从汉王。

《漂母饭信》选自《人物》册 (明)郭诩 收藏于上海博物馆

韩信,早年赤贫,投奔项羽,未得重用。项羽死后,徙为楚王。韩信发迹后,《史记·淮阴侯列传》中记载,"信至国,召所从食漂母,赐千金。及下乡南昌亭长,赐百钱,曰:'公,小人也,为德不卒。'召辱己之少年令出胯下者以为楚中尉。告诸将相曰:'此壮士也。方辱我时,我宁不能杀之邪?杀之无名,故忍而就于此。'"其后因人诬告,被贬为淮阴侯。后因与陈豨勾连反叛,被吕后与萧何合谋诱杀,夷灭三族。

汉四年，韩信破齐而欲自立为齐王，汉王怒。张良说汉王，汉王使良授齐王信印，语在《淮阴》事中。

【译文】

汉高祖四年（前203年），韩信攻破齐国想要自立为齐王，汉王大怒。张良劝说汉王，汉王才派张良授予韩信"齐王信"的印信，此事在《淮阴侯列传》中有记载。

汉六年正月，封功臣。良未尝有战斗功，高帝曰："运筹策帷帐中，决胜千里外，子房功也。自择齐三万户。"良曰："始臣起下邳，与上会留，此天以臣授陛下。陛下用臣计，幸而时中，臣愿封留足矣，不敢当三万户。"乃封张良为留侯，与萧何等俱封。

【译文】

汉高帝六年（前201年）正月，朝廷封赏功臣。张良不曾立下战功，高帝说："运筹帷幄于营帐之中，决定胜负在千里之外，这是子房的功劳。让张良自己从齐国选择三万户的地方作为封邑。"张良说："起初我在下邳起事，与主上在留县会合，这是上天把我交给陛下。陛下采用我的计策，幸而时常生效，我只愿受封留县就够了，不敢承受三万户。"于是高皇帝封张良为留侯，萧何等人一起受封。

上已封大功臣二十余人，其余日夜争功不决，未得行封。上在雒阳南宫，从复道望见诸将往往相与坐沙中语。上曰："此何语？"留侯曰："陛下不知乎？此谋反耳。"上曰："天下属安定，何故反乎？"留侯曰："陛下起布衣，以此属取天下，今陛下为天子，而所封皆萧、曹故人所亲爱，而所诛者皆生平所仇怨。今军吏计功，以天下不足遍封，此属畏陛下不能尽封，恐又见疑平生过失及诛，故即相聚谋反耳。"上乃忧曰："为之奈何？"留侯曰："上平生所憎，群臣所共知，谁最甚者？"上曰："雍齿。与我故，数尝窘辱我。我欲杀之，为其功多，故不忍。"留侯曰："今急先封雍齿以示群臣，群臣见雍齿封，则人人自坚矣。"于是上乃置酒，封雍齿为什方侯，而急趣丞相、御史定功行封。群臣罢酒，皆喜曰："雍齿尚为侯，我属无患矣！"

【译文】

　　皇上已经封赏大功臣二十多人，其余的人日夜争功，不能决定高下，所以未再进行封赏。皇上在洛阳南宫，从复道上望见一些将领常常坐在沙地上相互议论。皇上说："他们在说什么？"留侯说："陛下不知道吗？这是在商议谋反

哪。"皇上说:"天下已接近安定,为什么还要谋反呢?"留侯说:"陛下起于平民,靠着这些人取得了天下,现在陛下做了天子,而所封赏的都是萧何、曹参这些陛下昔日所亲近的人,所诛杀的都是平生仇恨的人。如今军官们计算功劳,认为天下的土地不够全部封赏,这些人怕陛下不能全部封赏,又怕因过去的什么过失被怀疑而遭受诛杀,所以就聚在一起意图谋反了。"皇上于是忧心忡忡,说:"该怎么办呢?"留侯说:"皇上平生最憎恨,群臣也都知道的,是谁?"皇上说:"雍齿与我有旧账,曾多次羞辱我。我原想杀掉他,但因为他功劳多,所以不忍心。"留侯说:"现在赶紧先封赏雍齿给群臣看,群臣见雍齿都被封赏,那么人人都信念坚定了。"于是皇上便摆酒设宴,封雍齿为什方侯,并催促丞相、御史抓紧论功行赏。群臣吃过酒后,都很高兴,说:"雍齿尚且被封为侯,我们这些人就不担忧了。"

刘敬说高帝曰:"都关中。"上疑之。左右大臣皆山东人,多劝上都雒阳:"雒阳东有成皋,西有崤黾,倍河,向伊雒,其固亦足恃。"留侯曰:"雒阳虽有此固,其中小,不过数百里,田地薄,四面受敌,此非用武之国也。夫关中左崤函,右陇蜀,沃野千里,南有巴蜀之饶,北有胡苑之利,阻三面而守,独以一面东制诸侯。诸侯安定,河渭漕挽天下,西给京师;诸侯有变,顺流而下,足以委输。此所谓'金城千里,天府之国'也,刘敬说是也。"于是高帝即日驾,西都关中。

【译文】

刘敬劝告高皇帝说:"应该在关中建都。"皇上心怀疑虑。左右的大臣都是关东地区的人,大多劝皇上定都洛阳:"洛阳东面有成皋,西面有崤山、渑池,背靠黄河,面向伊水、洛水,地势坚固,足以依靠。"留侯说:"洛阳虽然险固,但中间狭小,方圆不过几百里,土地贫瘠,四面受敌,不是用武之地。关中左边有崤山、函谷关,右边有陇山、岷山,土地肥沃,方圆千里,南面有富饶的巴郡、蜀郡,北面的胡地有利于放牧,三面险阻,可以固守,只用东方一面控制诸侯。如果诸侯安定,黄河、渭河足以运输天下粮食,往西供给长安;如果诸侯生变,顺流而下,足以输送物资。这就是人们说的'金城千里,天府之国',刘敬说得对。"于是高皇帝当即起驾,往西定都关中。

留侯从入关。留侯性多病,即道引不食谷,杜门不出①岁余。

【注释】

① 杜门不出:关闭门户,不与外人接触。出自《国语·晋语一》:"谗言益起,狐突杜门不出。"

【译文】

留侯跟随高皇帝进入关中。他体弱多病,便信奉道引之术,不食五谷,有一年多闭门不出。

上欲废太子,立戚夫人子赵王如意。大臣多谏争,未能得坚决者也。吕后恐,不知所为。人或谓吕后曰:"留侯善画计策,上信用之。"吕后乃使建成侯吕泽劫留侯,曰:"君常为上谋臣,今上欲易太子,君安得高枕而卧乎?"留侯曰:"始上数在困急之中,幸用臣策。今天下安定,以爱欲易太子,骨肉之间,虽臣等百余人何益①。"吕泽强要曰:"为我画计。"留侯曰:"此难以口舌争也。顾上有不能致者,天下有四人。四人者年老矣,皆以为上慢侮②人,故逃匿山中,义不为汉臣。然上高此四人。今公诚能无爱金玉璧帛,令太子为书,卑辞安车,因使辩士固请,宜来。来,以为客,时时从入朝,令上见之,则必异而问之。问之,上知此四人贤,则一助也。"于是吕后令吕泽使人奉太子书,卑辞厚礼,迎此四人。四人至,客建成侯所。

【注释】

① 何益:有什么用处。
② 慢侮:轻慢侮辱。

【译文】

皇上想废掉太子，立戚夫人生的儿子赵王如意为太子。很多大臣进谏劝阻，都没能改变高皇帝的想法。吕后很惊恐，不知该怎么办。有人对吕后说："留侯善于出谋划策，皇上很信任他。"吕后就派建成侯吕泽胁迫留侯说："您一直是皇上的谋臣，现在皇上想换太子，您怎么能高枕无忧呢？"留侯说："起初皇上多次处在危急之中，采用了我的计谋。如今天下安定，因为个人的感情偏好想更换太子，这是骨肉之间的事，再来一百多个像我这样的人进谏也无济于事。"吕泽坚决要挟说："您一定得给我出个主意。"留侯说："此事难用口舌争辩。天下有四个人，他们是皇上一直想请却至今请不来的。这四个人都已年老，都认为皇上待人轻慢，所以躲藏在山中，不肯做汉朝的臣子。但是皇上很敬重他们。现在您如果能不惜金玉璧帛，让太子写一封信，言辞谦卑，预备好车马，再让口齿伶俐的人恳切地请求，他们应当会来。来了以后，把他们尊为上客，时常跟着太子入朝，叫皇上见到他们，那么皇上一定会感到惊讶并询问他们。一问而得知是谁，皇上知道这四个人贤能，那么就有助于太子。"于是吕后让吕泽派人带着太子书信，用谦恭的言辞和丰厚的礼品，迎接这四个人。四人到了以后，就住在建成侯的府中为客。

汉十一年，黥布反，上病，欲使太子将，往击之。四人相谓曰："凡来者，将以存太子。太子将兵，事危矣。"乃说建成侯曰："太子将兵，有功则位不益太子；无功还，则从此受祸矣。且太子所与俱诸将，皆尝与上定天下枭将也，今使太子将之，此无异使羊将狼也，皆不肯为尽力，其无功必矣。臣闻'母爱者子抱'，今戚夫人日夜侍御，赵王如意常抱居前，上曰'终不使不肖子居爱子之上'，明乎其代太子位必矣。君何不急请吕后承间为上泣言：'黥布，天下猛将也，善用兵，今诸将皆陛下故等夷，乃令太子将此属，无异使羊将狼，莫肯为用，且使布闻之，则鼓行而西耳。上虽病，强载辎车①，卧而护之，诸将不敢不尽力。上虽苦，为妻子自强。'"于是吕泽立夜见吕后，吕后承间为上泣涕而言，如四人意。上曰："吾惟竖子固不足遣，而公自行耳。"于是上自将兵而东，群臣居守，皆送至灞上。留侯病，自强起，至曲邮，见上曰："臣宜从，病甚。楚人剽疾②，愿上无与楚人争锋。"因说上曰："令太子为将军，监关中兵。"上曰："子房虽病，强卧而傅③太子。"是时叔孙通为太傅，留侯行少傅事。

【注释】

① 辎车：古代一种有帷盖的大车。《释名·释车》："辎车，载辎重卧息其中之车也。"
② 剽疾：强劲迅捷。
③ 傅：本义是辅助，引申为辅导、教导。后作名词，指负责教导或传授技艺的人，如"少傅"。

【译文】

汉高祖十一年（前196年），黥布反叛，皇上患重病，打算派太子率兵前去讨伐。四个人互相商议说："我们之所以来是为了保全太子，若让太子带兵，事情就危险了。"于是他们劝建成侯说："太子率兵，即使立功，以后的权位也不会比太子之位更高；如果无功而返，那么从此以后就要遭难。况且跟随太子的各位将领，都是曾经跟皇上一起平定天下的猛将，如今让太子统率这些人，无异于让羊指挥狼，他们绝不肯为太子卖力，必定无功而返。我们听说'爱其母就要抱她生的孩子，以示宠溺'，现在戚夫人日夜侍奉皇上，赵王如意常被抱在皇上面前，皇上说'终归不能让不成器的儿子居于我喜爱的孩子之上'，显然，赵王如意取代太子几乎是注定的了。您何不赶紧请吕后趁机向皇上哭诉：'黥布是天下的猛将，擅长用兵，现今的各位将领都是陛下过去的同辈，让太子统领他们，无异于让羊指挥狼，没有人肯为太子效力，况且如果黥布听说了这个情况，就会大张旗鼓地向西进犯。皇上虽然患病，还可以勉强乘坐辎车，躺在车上随军前进，那么众将不敢不尽力。皇上虽然辛苦，为了妻儿还是要硬撑一下。'"于是吕泽立即当夜去见吕后，吕后趁机向皇上哭诉，说的话如那四人授意的那样。皇上说："我就知道这小子不中用，还是我自己去吧。"于是皇上亲自带兵东征，群臣留守，都送行到灞上。留侯患病，自己勉强撑起来，送到曲邮，拜见皇上说："我本应一同前往，但我病得很重。楚国人马迅疾，希望皇上不要跟楚国人争高低。"又趁机劝皇上说："让太子做将军，监守关中的军队吧。"皇上说："您虽然患病，在卧床时也要勉力辅佐太子。"当时叔孙通是太傅，留侯代理少傅之职。

汉十二年，上从击破布军归，疾益甚，愈欲易太子。留侯谏，不听，因疾不视事。叔孙太傅称说引古今，以死争太子。上详许之，犹欲易之。及燕①，置酒，太子侍。四人从太子，年皆八十有余，须眉皓白，衣冠甚伟。上怪之，问曰："彼何为者？"四人前对，各言名姓，曰东园公，角②里先生，绮里季，夏黄公。上乃大惊，曰："吾求公数岁，公辟逃我，今公何自从吾儿游乎？"四人皆曰："陛下轻士善骂，臣等义不受辱，故恐而亡匿。窃闻太子为人仁孝，恭敬爱士，天下莫不延颈欲为太子死者，故臣等来耳。"上曰："烦公幸卒调护太子。"

【注释】

① 燕：同"宴"，指宴席、宴会。《梁书·贺琛传》："积果如山岳，列肴同绮绣，露台之产，不周一燕之资。"
② 角：音"lù"，一作甪。

【译文】

汉高祖十二年（前195年），皇上跟着击败黥布的军队回来，病势更重，愈加想更换太子。留侯劝谏，皇上不听，留侯就托辞有病，不再管事。叔孙通引证古今事例劝说，誓死力保太子。皇上假装答应，但还是想换太子。等到安闲的时候，设置酒席，太子在旁边陪侍。那四人跟着太子，都已八十多岁，须眉洁白，衣冠非常奇伟。皇上感到奇怪，问道："他们是干什么的？"四个人向前回答，各自说出姓名，叫东园公、角里先生、绮里季、夏黄公。皇上于是大惊说："我找您们好几年了，各位都躲着我，现在为何自愿跟随我儿呢？"四个人都说："陛下轻慢士人，喜欢骂人，我们不愿受辱，所以仓皇躲避，隐瞒姓名。我们私下听说太子为人仁义孝顺，谦恭有礼，敬爱士人，天下人没有不伸长脖子想为太子卖命的，所以就来了。"皇上说："烦劳诸位始终如一地辅佐太子。"

四人为寿已毕，趋去。上目送之，召戚夫人指示四人者曰："我欲易之，彼四人辅之，羽翼已成，难动矣。吕后真而主矣。"戚夫人泣，上曰："为我楚舞，吾为若楚歌。"歌曰："鸿鹄高飞，一举千里。羽翮①已就，横绝四海。横绝四海，当可奈何！虽有矰缴②，尚安所施！"歌数阕③，戚夫人嘘唏流涕。上起去，罢酒。竟不易太子者，留侯本招此四人之力也。

【注释】

① 翮（hé）：羽毛，这里指羽翼。出自西晋左思《咏史》诗其八："习习笼中鸟，举翮触四隅。落落穷巷士，抱影守空庐。"
② 矰缴（zēng zhuó）：矰，古代用来射鸟的拴着丝绳的短箭，拴着丝绳以便回首，后来泛指短箭。缴，带有丝绳的箭。
③ 阕：乐曲、曲段。也可以做量词，一首歌为一阕，一首词的一段亦称一阕。

【译文】

四个人敬酒祝寿结束，小步快走离去。皇上目送他们，召戚夫人过来，指着那四个人说："我想换太子，但有他们四人辅佐他，太子的羽翼已成，难以撼动了。吕后真是你的主人了。"戚夫人哭泣起来，皇上说："你为我跳楚舞，我为你唱楚歌。"皇上唱道："天鹅高飞，一飞千里。羽翼已成，翱翔四海。翱翔四海，谁能奈何它！虽有短箭，也徒劳无益！"皇上唱了几遍，戚夫人抽泣流泪，皇上起身离去，酒宴结束。皇上最终没有更换太子，是留侯出主意请来这四个人的缘故。

留侯从上击代，出奇计马邑下，及立萧何相国。所与上从容言天下事甚众，非天下所以存亡，故不著。留侯乃称曰："家世相韩，及韩灭，不爱万金之资，为韩报仇强秦，天下振动。今以三寸舌为帝者师，封万

《商山四皓图》

（元）佚名 收藏于故宫博物院

商山，在今陕西商镇南，地势险峻，景色清幽。因不满秦始皇的焚书坑儒暴行，东园公、角里、绮里季、夏黄公四个老者隐居于此，号称"商山四皓"。西汉建立后，汉高祖刘邦曾多次聘请四位老者出山辅佐自己，但被婉拒。后来，刘邦想废除资质平庸的太子刘盈，立更加聪慧的赵王刘如意为太子。吕后用张良策，令太子刘盈卑辞安车，招揽得四人。刘邦看刘盈的羽翼已成，便打消了废除刘盈太子之位的念头。此画描绘的正是这一历史故事。"商山四皓"完美地平衡了"身在江海"与"居于庙堂"的关系。

户,位列侯,此布衣之极,于良足矣。愿弃人间事,欲从赤松子游耳。"乃学辟谷①,道引轻身。会高帝崩,吕后德留侯,乃强食之,曰:"人生一世间,如白驹过隙,何至自苦如此乎!"留侯不得已,强听而食。

【注释】

① 辟谷:不吃五谷杂粮,而以药食等充腹,或在一定时间内断食。

【译文】

留侯跟随皇上进攻代国,献奇计攻下了马邑城,等到皇上立萧何为相国之后,他能够跟皇上从容谈论很多天下事,但由于不是关系天下存亡的大事,所以没有记载。留侯说:"我家世代辅佐韩国,直到韩国灭亡,我不惜万金家财,一心想替韩国向秦国报仇,天下为此震动。如今我凭借三寸之舌成为帝王的老师,封邑万户,位列诸侯,对于我一个普通百姓能达到这个地步,我已经非常满足了。我愿丢却人世间的事情,随赤松子去游道。"于是张良学辟谷之术,想平地飞升。正赶上汉高祖驾崩,吕后感激留侯的恩德,便竭力让他进食,并说:"人生一世,时光飞逝犹如白驹过隙,何必自己受苦到这种地步!"留侯没办法,勉强听命开始进食。

后八年卒,谥为文成侯。子不疑代侯。

子房始所见下邳圮上老父与《太公书》者,后十三年从高帝过济北,果见穀城山下黄石,取而葆①祠之。留侯死,并葬黄石冢。每上冢伏腊②,祠黄石。

【注释】

① 葆:通"宝",这里意为珍视。
② 伏腊:"伏"在夏季伏日,"腊"在农历十二月。古代祭祀的名称,也泛指节日。

【译文】

八年后,留侯去世,谥号文成侯。他的儿子张不疑继承了侯位。

张良当初在下邳桥上遇见的那个给他《太公兵法》的老人,在分别十三年后,张良随汉高祖经过济北,果然看到穀城山下有一块黄石,视若珍宝,带回家后供奉起来。留侯去世,黄石也随其下葬。之后每逢扫墓祭祀他的时候,也会一起祭祀黄石。

留侯不疑,孝文帝五年坐不敬,国除。

【译文】

张良的儿子留侯张不疑,在孝文帝五年(前175年)犯了不敬朝廷之罪,被废除了封爵。

太史公曰:学者多言无鬼神,然言有物。至如留侯所见老父予书,亦可怪矣。高祖离困者数矣,而留侯常有功力焉,岂可谓非天乎?上曰:"夫运筹策帷帐之中,决胜千里外,吾不如子房。"余以为其人计魁梧奇伟,至见其图,状貌如妇人好女。盖孔子曰:"以貌取人,失之子羽。"留侯亦云。

【译文】

太史公说:学者大多认为世上没有鬼神,却又说有精怪。至于像留侯遇见老人赠书之事,也够奇怪的了。汉高祖多次遭遇困厄,而留侯却总能救其于危难之中,难道不是天意吗?汉高祖说:"出谋划策于营帐之中,决定胜负在千里之外,我不如子房。"我原以为此人应该身材魁梧,相貌奇伟,等到看见他的画像,才发现他的相貌却像个美丽的女子。孔子说过:"单纯以貌取人,使我错失了子羽。"对于留侯,我也犯了同样的错误。

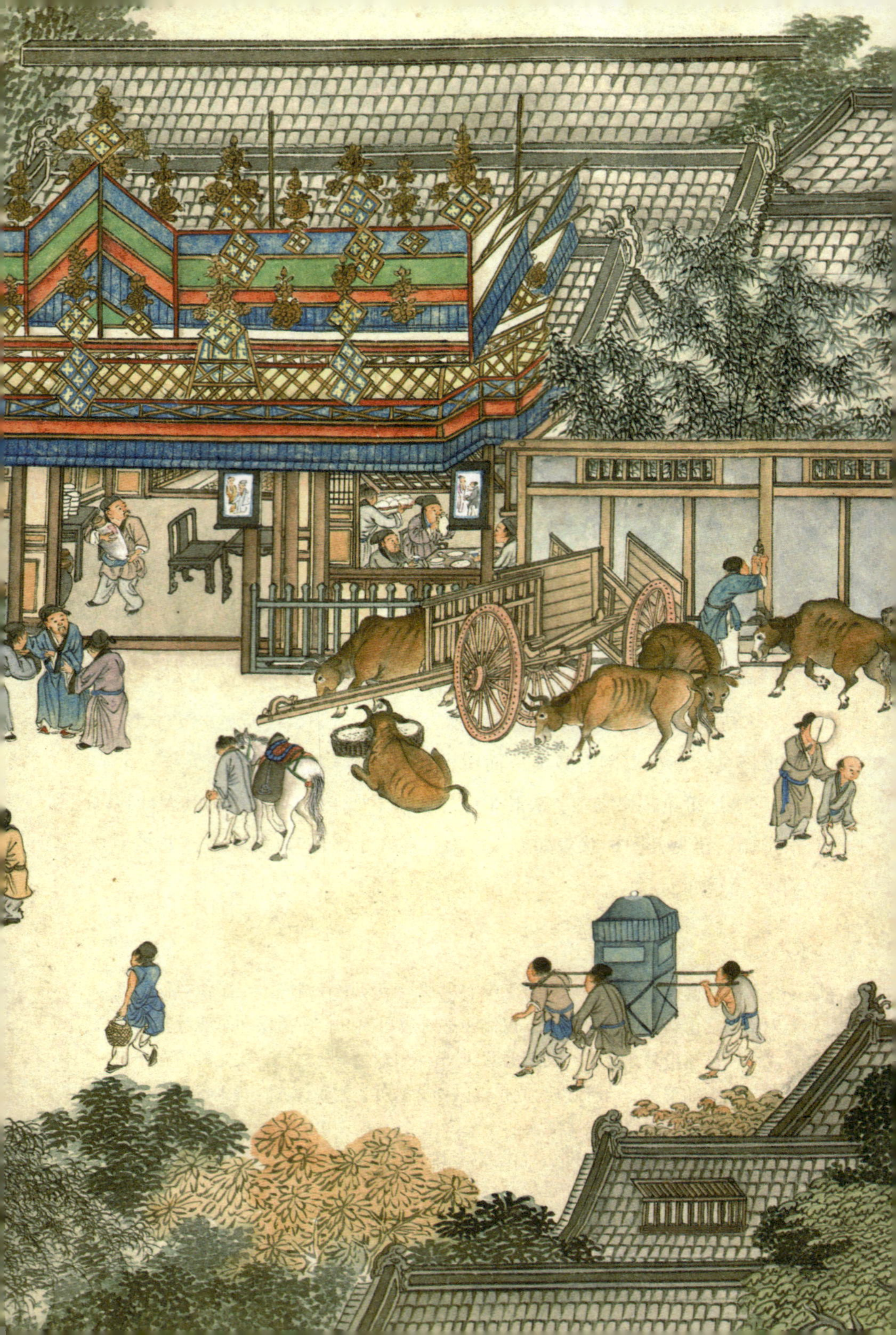

列传

孟尝君列传[1]

孟尝君名文，姓田氏。文之父曰靖郭君田婴。田婴者，齐威王少子而齐宣王①庶弟也。田婴自威王时任职用事，与成侯邹忌②及田忌③将而救韩伐魏。成侯与田忌争宠，成侯卖田忌。田忌惧，袭齐之边邑，不胜，亡走。会威王卒，宣王立，知成侯卖田忌，乃复召田忌以为将。宣王二年，田忌与孙膑④、田婴俱伐魏，败之马陵，虏魏太子申而杀魏将庞涓。宣王七年，田婴使于韩、魏，韩、魏服于齐。婴与韩昭侯、魏惠王会齐宣王东阿南，盟而去。明年，复与梁惠王会甄。是岁，梁惠王改元。宣王九年，田婴相齐。齐宣王与魏惠王会徐州而相王也。楚威王闻之，怒田婴。明年，楚伐败齐师于徐州，而使人逐田婴。田婴使张丑说楚威王，威王乃止。田婴相齐十一年，宣王卒，湣王即位。即位三年，而封田婴于薛。

【注释】

① 齐宣王：本名田辟彊，山东临淄人，战国时齐国国君。他曾向孟子请教如何称霸天下，孟子劝其弃霸道而行王道，但齐王没有听从，不久齐军就在各诸侯国的压力下被迫撤军，齐国从此衰落。
② 邹忌：战国时期齐国大臣，曾游说齐威王奖励群臣吏民进谏，主张革新政治，任相国，封下邳，号成侯。
③ 田忌：妫姓，田氏，名忌，字子期，战国时期齐国名将。他出身贵族，赏识孙膑的才能，以"围魏救赵"大胜魏军，马陵之战中诱杀魏将庞涓，后因功高，受邹忌陷害，逃亡楚国。齐宣王即位后，又返回齐国，官复原职。

---

[1] 此篇有删减。

④ 孙膑：原名孙伯灵，战国时期著名的军事家。曾与庞涓同学兵法，后遭庞涓暗算，于是出走齐国，辅佐田忌在桂陵之战和马陵之战中两次击败庞涓，奠定了齐国的霸业。

【译文】

孟尝君名文，姓田。田文的父亲是靖郭君田婴。田婴是齐威王的小儿子、齐宣王的异母弟弟。田婴从威王时就任职当权，曾与成侯邹忌，以及田忌带兵去救援韩国，讨伐魏国。成侯与田忌争宠，后来又出卖了田忌。田忌很害怕，就去偷袭齐国边境的城邑，没有成功，便逃跑了。这时正赶上齐威王去世，宣王继位，宣王知道是成侯陷害田忌，就又召回田忌做了将领。宣王二年（前318年），田忌跟孙膑、田婴一起攻打魏国，在马陵之战中大败魏国，俘虏了魏太子申，又杀了魏将庞涓。宣王七年（前313年），田婴出使韩国和魏国，韩国、魏国归顺齐国。田婴陪着韩昭侯、魏惠王在东阿的南面会见齐宣王，订立盟约后离开。第二年，齐宣王又与梁惠王会盟于甄地。这一年，梁惠王改元。宣王九年（前311年），田婴任齐国宰相。齐宣王与魏惠王在徐州会面，互相尊称为王。楚威王得知此事，恼恨田婴。第二年，楚国在徐州打败了齐国军队，便派人追捕田婴。田婴派张丑去劝说楚威王，楚威王才作罢。田婴任相国辅佐齐国十一年，宣王去世，湣王即位。湣王即位三年，赐封田婴于薛邑。

初，田婴有子四十余人，其贱妾有子名文，文以五月五日生。婴告其母曰："勿举也。"其母窃举生之。及长，其母因兄弟而见其子文于田婴。田婴怒其母曰："吾令若去此子，而敢生之，何也？"文顿首，因曰："君所以不举五月子者，何故？"婴曰："五月子者，长与户齐，将不利其父母。"文曰："人生受命于天乎？将受命于户邪？"婴默然。文曰："必受命于天，君何忧焉。必受命于户，则可高其户耳，谁能至者！"婴曰："子休矣。"

【译文】

　　当初，田婴有四十多个儿子，他的小妾生子名叫田文，田文是五月五日出生的。田婴告诉田文的母亲说："不要养他。"可是田文的母亲偷偷将其养大。等田文长大后，他的母亲便通过兄弟把他引见给田婴看。田婴愤怒地对田文的母亲说："我让你扔了这个孩子，你竟敢养活他，这是为什么？"田文叩头行礼，说："您为什么不让养育五月生的孩子呢？"田婴回答说："五月出生的孩子，长到跟门户一样高的时候，对父母不利。"田文说："人的命运是由上天授予的呢，还是由门户授予的呢？"田婴沉默不语。田文接着说："如果是受命于天，您忧虑什么呢？如果是受命于门户，只要加高门户就可以，谁能长到那么高呢！"田婴说："你不要说了！"

　　久之，文承间问其父婴曰："子之子为何？"曰："为孙。""孙之孙为何？"曰："为玄孙。""玄孙之孙为何？"曰："不能知也。"文曰："君用事相齐，至今三王矣，齐不加广而君私家富累万金，门下不见一贤者。文闻将门必有将，相门必有相。今君后宫蹈绮縠①而士不得裋褐，仆妾余粱肉②而士不厌糟糠③。今君又尚厚积余藏，欲以遗所不知何人，而忘公家之事日损，文窃怪之！"于是婴乃礼文，使主家待宾客。宾客日进，名声闻于诸侯。诸侯皆使人请薛公田婴以文为太子，婴许之。婴卒，谥为靖郭君。而文果代立于薛，是为孟尝君。

【注释】

① 蹈绮縠：蹈，践踏。绮縠（qǐ hú），丝织品的总称。《战国策·齐策四》："士三食不得餍，而君鹅鹜有余食；下宫糅罗纨，曳绮縠，而士不得以为缘。"
② 粱肉：以粱为饭，以肉为肴，特指饮食讲究。
③ 糟糠：酒渣、米糠等粗劣的食物。

【译文】

又过了很长时间，田文找机会问他父亲说："儿子的儿子叫什么？"田婴答道："叫孙子。"田文接着问："孙子的孙子呢？"田婴答道："叫玄孙。"田文又问："玄孙的孙子呢？"田婴说："我不知道了。"田文说："您执掌大权担任齐国宰相，到如今已经历三代齐王了，齐国的领土没有增加，可是您自己却积贮了万金的财富，门下也看不到一位能臣贤士。我听说，将门必有将，相门必有相。现在您的妻妾身着绫罗绸缎，而贤士却穿不上粗布短衣；您的仆人饭食肉羹都吃不完，而贤士却连糠菜也吃不饱。现在您还一个劲儿地积攒东西，不知道想把财富留给谁，而忘记国家大事一天不如一天。我私下觉得这很奇怪。"从此以后，田婴开始善待田文，让他主持家政，接待宾客。宾客来访田婴家的日益增多，田文的名声随之被各诸侯知晓。各诸侯国都派人来请求田婴立田文为太子，田婴答应了。田婴去世后，谥号靖郭君。而田文果然在薛邑继承爵位，他就是孟尝君。

孟尝君在薛，招致诸侯宾客及亡人有罪者，皆归孟尝君。孟尝君舍业厚遇之，以故倾天下之士。食客数千人，无贵贱一与文等。孟尝君待客坐语，而屏风后常有侍史，主记君所与客语，问亲戚居处。客去，孟尝君已使使存问，献遗其亲戚。孟尝君曾待客夜食，有一人蔽火光。客怒，以饭不等，辍食辞去。孟尝君起，自持其饭比之。客惭，自刭。士以此多归孟尝君。孟尝君客无所择，皆善遇之。人人各自以为孟尝君亲己。

【译文】

孟尝君在薛邑，招揽各诸侯国的宾客，以及犯罪逃亡的人，他们都依附于孟尝君门下。孟尝君舍弃家业给予他们丰厚的待遇，因此使天下的贤士都倾心于他。食客有几千人，待遇不分贵贱一律与他相同。孟尝君坐着与宾客谈话时，屏风后常有侍史，负责记录孟尝君与宾客的谈话内容，记载宾客亲戚的住处。

宾客刚刚离开，孟尝君就已派使者到宾客亲戚家里问候，并献上礼物。有一次，孟尝君招待宾客吃晚饭，有一个人背着灯光躲在暗处吃，有个宾客很生气，认为所食饭食肯定不一样，放下碗筷就要告辞。孟尝君站起来，端着自己的饭食给他看。那个宾客感到很惭愧，刎颈自杀。士人们因此多来归附孟尝君。孟尝君对于前来投奔的客人从不挑拣，一律优厚地对待。所以宾客们都认为孟尝君与自己亲近。

秦昭王[①]闻其贤，乃先使泾阳君为质于齐，以求见孟尝君。孟尝君将入秦，宾客莫欲其行，谏，不听。苏代谓曰："今旦代从外来，见木禺人与土禺人相与语。木禺人曰：'天雨，子将败矣。'土禺人曰：'我生于土，败则归土。今天雨，流子而行，未知所止息也。'今秦，虎狼之国也，而君欲往，如有不得还，君得无为土禺人所笑乎？"孟尝君乃止。

【注释】

① 秦昭（襄）王：秦惠文王之子，战国时期秦国国君。早年在燕国做人质，亲政后远交近攻，在长平之战中战胜赵国，攻陷东周王都洛邑，灭亡周朝，去世于公元前251年，谥号为襄。

【译文】

秦昭王听说孟尝君贤能，就先派泾阳君到齐国做人质，求见孟尝君。孟尝君准备去秦国，而宾客都不想让他去，劝他，他不听。苏代对他说："今天早上我从外面来，见到木偶人与土偶人在说话。木偶人说：'天一下雨，你就要毁灭。'土偶人说：'我生于泥土，即使坍毁，也只是回到泥土。如今天要下雨，水流把你冲跑，可就不知道你将要停在何处了。'当今的秦国，如狼似虎般凶残，而您执意前往，一旦回不来，您不就被土偶人嘲笑了吗？"孟尝君于是打消了去秦国的念头。

齐湣王二十五年，复卒使孟尝君入秦，昭王即以孟尝君为秦相。人或说秦昭王曰："孟尝君贤，而又齐族也，今相秦，必先齐而后秦，秦其危矣。"于是秦昭王乃止。囚孟尝君，谋欲杀之。孟尝君使人抵昭王幸姬求解。幸姬曰："妾愿得君狐白裘。"此时孟尝君有一狐白裘，直千金，天下无双，入秦献之昭王，更无他裘。孟尝君患之，遍问客，莫能对。最下坐有能为狗盗者，曰："臣能得狐白裘。"乃夜为狗，以入秦宫臧中，取所献狐白裘至，以献秦王幸姬。幸姬为言昭王，昭王释孟尝君。孟尝君得出，即驰去，更封传，变名姓以出关。夜半至函谷关。秦昭王后悔出孟尝君，求之已去，即使人驰传逐之。孟尝君至关，关法鸡鸣而出客，孟尝君恐追至，客之居下坐者有能为鸡鸣，而鸡齐鸣，遂发传出。出如食顷，秦追果至关，已后孟尝君出，乃还。始孟尝君列此二人于宾客，宾客尽羞之，及孟尝君有秦难，卒此二人拔之。自是之后，客皆服。

【译文】

齐湣王二十五年（前299年），齐国还是派孟尝君到了秦国，秦昭王立即让孟尝君担任秦国宰相。有人劝说秦昭王："孟尝君的确贤能，可他是齐人，现在担任秦国宰相，必定是先替齐国考虑，而后才是秦国，这样一来秦国就危险了。"于是秦昭王罢免了孟尝君的官职，把他囚禁起来，想要杀掉他。孟尝君派人去见秦昭王的宠姬请求解救。宠姬说："我希望得到孟尝君的白色狐皮裘。"孟尝君有一件白色狐皮裘，价值千金，天下没有第二件，到秦国后献给了昭王，再没有别的皮裘了。孟尝君正在发愁，问了所有宾客，没人能应答。最下座的位置上有一个会偷鸡摸狗的宾客出来说："我能拿到那件白色狐皮裘。"于是他当夜化装成狗，钻入了秦宫仓库，拿来了之前孟尝君献给秦昭王的那件狐皮裘，让孟尝君把它献给秦昭王的宠姬。宠姬替孟尝君向秦昭王说情，秦昭王便释放了孟尝君。孟尝君获释后，立即乘车逃离，更换出境凭证，改名换姓出了关。夜半时分，他们到了函谷关。此时秦昭王后悔释放了孟尝君，派人去找才知道孟尝君已经逃走了，随即派人驾车飞奔去追捕他。孟尝君到了函谷关，关法规定鸡叫时才能放人出关，孟尝君怕追兵赶到，十分焦急，这时他的下等门客中有一个人会学鸡叫，他一学鸡叫，附近的鸡也随之鸣叫，于是城门大开，孟尝君等出示凭证逃出了函谷关。等他们出关后约一顿饭的工夫，秦兵果然追到了函谷关，见孟尝君已经出关，就回去了。当初，孟尝君安排这两个人为宾客，其他宾客都以此为耻，而孟尝君在秦国遭到劫难，最终还是靠这两个人解危。自此以后，宾客们都对孟尝君广收宾客不分身份的做法很信服了。

　　孟尝君过赵，赵平原君客之。赵人闻孟尝君贤，出观之，皆笑曰："始以薛公为魁然①也，今视之，乃眇小丈夫耳。"孟尝君闻之，怒。客与俱者下，斫②击杀数百人，遂灭一县以去。

【注释】
① 魁然：高大的样子，也可以指相貌突出。
② 斫（zhuó）：用刀、斧等砍。

【译文】
　　孟尝君经过赵国时，赵国平原君以贵客接待他。赵国人听说孟尝君很贤能，于是都来围观，看见孟尝君的样貌后都笑着说："我起初还以为孟尝君非常魁梧高大，现在一看，原来是个小个子男人。"孟尝君听了很生气。随从宾客和他一起跳下车，砍杀了几百人，毁了一个县才离去。

魏公子列传[1]

　　魏公子无忌者，魏昭王少子而魏安釐王异母弟也。昭王薨，安釐王即位，封公子为信陵君。是时范雎亡魏相秦，以怨魏齐故，秦兵围大梁，破魏华阳下军，走芒卯。魏王及公子患之。

【译文】

　　魏公子名叫无忌，是魏昭王的小儿子，魏安釐王的同父异母弟弟。魏昭王去世后，魏安釐王继位，封魏公子无忌为信陵君。当时范雎逃出魏国到秦国任宰相，因为怨恨魏相魏齐，就派秦军围攻大梁，又击败了魏国驻扎在华阳的部队，魏军主将芒卯逃亡。魏王和公子十分担心这形势。

　　公子为人仁而下士，士无贤不肖皆谦而礼交之，不敢以其富贵骄士。士以此方数千里争往归之，致食客三千人。当是时，诸侯以公子贤，多客，不敢加兵谋魏十余年。

【译文】

　　魏公子为人仁爱，礼贤下士，士人无论才能大小，他都会谦虚有礼地同他们交往，从来不敢因为自己富贵而轻慢士人。因此，方圆几千里的士人都争着前来投靠他，招来食客三千余人。当时，各路诸侯国因魏公子贤德，宾客众多，十几年都不敢图谋出兵攻打魏国。

---

〔1〕 此篇有删减。

公子与魏王博①,而北境传举烽②,言"赵寇至,且入界"。魏王释博,欲召大臣谋。公子止王曰:"赵王田猎耳,非为寇也。"复博如故。王恐,心不在博。居顷,复从北方来传言曰:"赵王猎耳,非为寇也。"魏王大惊,曰:"公子何以知之?"公子曰:"臣之客有能深得赵王阴③事者,赵王所为,客辄以报臣,臣以此知之。"是后魏王畏公子之贤能,不敢任公子以国政。

【注释】

① 博:古代的一种棋戏,春秋战国时期和秦汉时期十分流行,需要两人同时参与。《庄子·骈拇》:"则博塞以游。"
② 举烽:燃点烽火以报警。《墨子·号令》:"昼则举烽,夜则举火。"
③ 阴:暗中。

【译文】

有一次,魏公子无忌正在跟魏王下棋,北方边境传来了烽火警报,说"赵国进犯的军队来了,将要进入魏国边界"。魏王放下棋子,想要召集大臣前来商议对策。魏公子无忌阻止魏王说:"那是赵王在打猎,并不是进犯边境。"又跟没发生什么事一样,接着下棋。可是魏王内心惊恐,心不在焉。过了一阵子,又从北边传来消息说:"是赵王在打猎,不是进犯边境。"魏王听后很吃惊,问:"你是怎么知道的?"魏公子说:"我的门客中有人掌握了赵王暗地里的动静,赵王一有行动,他就会立即报告我,我因此知道这件事。"从此以后,魏王畏惧公子无忌贤能,不敢让他处理国家大事。

魏有隐士曰侯嬴,年七十,家贫,为大梁夷门监者。公子闻之,往请,欲厚遗之。不肯受,曰:"臣修身洁行数十年,终不以监门困故而受公子财。"公子于是乃置酒大会宾客。坐定,公子从车骑,虚左,自迎夷门侯生。侯生摄敝衣冠,直上载公子上坐,不让,欲以观公子,公子执辔①愈恭。侯生又谓公子曰:"臣有客在市屠中,愿枉车骑过之。"公子引车入市。侯生下见其客朱亥,俾倪②,故久立与其客语,微察公子。公子颜色愈和。当是时,魏将相宗室宾客满堂,待公子举酒;市人皆观公子执辔,从骑皆窃骂侯生。侯生视公子色终不变,乃谢客就车。至家,公子引侯生坐上坐,遍赞宾客,宾客皆惊。酒酣,公子起,为寿侯生前。侯生因谓公子曰:"今日嬴之为公子亦足矣。嬴乃夷门抱关者也,而公子亲枉车骑,自迎嬴于众人广坐之中。不宜有所过,今公子故过之。然嬴欲就公子之名,故久立公子车骑市中,过客以观公子,公子愈恭。市人皆以嬴为小人,而以公子为长者能下士也。"于是罢酒,侯生遂为上客。

【注释】

① 辔(pèi):驾驭牲口的缰绳,也可作动词,意为牵引。
② 俾倪:斜视,有厌恶或轻蔑的意思。

【译文】

  魏国有个隐士叫侯嬴,已经七十岁了,家里很穷,是大梁城夷门的守门人。魏公子听说了他,亲自前去拜访,想要送给他丰厚的财物。侯嬴不肯接受,说:"我几十年来修养品德,保持廉洁,终究不能因看守城门生活贫困就接受魏公子的财礼。"魏公子于是设置酒席,宴请宾客。大家坐定之后,魏公子就带着车马随从,空出左位,亲自前往夷门迎接侯嬴。侯嬴整理了一下破旧的衣帽,就径直上车,坐在魏公子空出的尊位上,丝毫不谦让,想借此观察魏公子。可是魏公子握住缰绳,神色更加恭敬。侯嬴又对魏公子说:"我有个朋友在街上的肉店里,希望您绕一下路,载我去拜访他。"魏公子驾车进入市场,侯嬴下车去见他的朋友朱亥,他半眯着眼睛斜看魏公子,故意久久站在那里与朋友聊天,同时暗中观察魏公子。魏公子的面色更加和悦。在这个时候,魏国的将军、宰相、宗室大臣,以及宾客坐满堂上,等待着魏公子举杯开宴。街市上的人都看到魏公子手握缰绳。魏公子的随从人员都在心里暗自责骂侯嬴。侯嬴看到魏公子面色始终不变,于是辞别朋友登上马车。到家后,魏公子领着侯嬴坐到上位,对着全体宾客赞扬侯嬴,满堂宾客都很惊讶。大家酒酣耳热之际,魏公子站起来,来到侯嬴面前祝寿。侯嬴趁机对魏公子说:"今天我侯嬴已够使公子为难的了。

我只是个夷门抱门守关的人，可是公子屈尊驾车，在诸位贵宾面前迎接我，我本不该再去拜访朋友，可今天公子特意为我绕路。我为了成就公子的名声，故意让公子的车马久久地停留在市场，借拜访朋友来考验公子，结果公子更加谦恭。街市上的人都认为我是小人，认为公子是个高尚的人，能礼贤下士。"于是酒宴之后，侯嬴成了魏公子的贵客。

秦王患之，乃行金万斤于魏，求晋鄙客，令毁公子于魏王曰："公子亡在外十年矣，今为魏将，诸侯将皆属，诸侯徒闻魏公子，不闻魏王。公子亦欲因此时定南面而王，诸侯畏公子之威，方欲共立之。"秦数使反间，伪贺公子得立为魏王未也。魏王日闻其毁①，不能不信，后果使人代公子将。公子自知再以毁废，乃谢病不朝，与宾客为长夜饮，饮醇酒②，多近妇女。日夜为乐饮者四岁，竟病酒而卒。其岁，魏安釐王亦薨。

【注释】
① 毁：说别人坏话；诽谤。唐·韩愈《原毁》："德高而毁来。"
② 醇酒：味道浓厚、纯正的美酒。

【译文】
秦王担忧魏公子会进一步危害到秦国，就派人用万两黄金到魏国行贿，他们找到晋鄙的门客，让他们在魏王面前诋毁魏公子，说："公子流亡在外十年了，现在担任魏国大将，诸侯国的将领都归他指挥，诸侯们只知道魏公子，不知道还有魏王。公子也想借机称王，诸侯们害怕公子的威势，正打算立他为王呢。"秦国又多次施行反间计，假装祝贺魏公子问他是否已经当上魏王了。魏王天天听到这些毁谤，不能不信，后来果然派人接管魏公子的兵权。魏公子自知又因毁谤被废黜，于是就托辞有病，不再上朝，在家与宾客们夜以继日地饮酒，饮烈性酒，跟女人厮混在一起。这样日日夜夜寻欢作乐，喝了四年酒，终因饮酒过度死亡。这一年，魏安釐王也去世了。

秦闻公子死，使蒙骜攻魏，拔二十城，初置东郡。其后秦稍蚕食魏，十八岁而虏魏王，屠大梁。

【译文】

秦国听说公子无忌已死，便派蒙骜攻打魏国，攻占了二十座城邑，设置为东郡。从此以后，秦国像蚕食桑叶一样侵占魏国的土地，魏公子去世后十八年，秦国俘虏了魏王，屠杀了大梁军民。

高祖始微少时，数闻公子贤。及即天子位，每过大梁，常祠公子。高祖十二年，从击黥布还，为公子置守冢五家，世世岁以四时奉祠公子。

【译文】

汉高祖还是平民时，多次听说过魏公子贤德有才。等到他登上天子之位，每次经过大梁，常去祭祀魏公子。汉高祖十二年（前195年），他击败叛将黥布归来，路过大梁时，为魏公子安置了五户人家守墓，让他们世世代代一年四季祭祀魏公子。

太史公曰：吾过大梁之墟，求问其所谓夷门。夷门者，城之东门也。天下诸公子亦有喜士者矣，然信陵君之接岩穴隐者，不耻下交。有以也，名冠诸侯，不虚耳，高祖每过之而令民奉祠不绝也。

【译文】

太史公说：我路过大梁废墟时，曾经寻访所谓的夷门。夷门，就是大梁城的东门。天下很多公子都好客喜士，但只有信陵君能够交结隐居山林的人，他不以结交地位不如他的人为耻，因此很多人愿意归附他，这不是没有根据的。他的名声冠绝诸侯，不是虚传。汉高祖每次经过大梁的时候都去祭祀，还会命令当地百姓祭祀他，至今仍未断绝。

刺客列传[1]

曹沫者,鲁人也,以勇力事鲁庄公。庄公好力。曹沫为鲁将,与齐战,三败北。鲁庄公惧,乃献遂邑之地以和。犹复以为将。

【译文】

曹沫,是鲁国人,凭借着勇力侍奉鲁庄公左右。鲁庄公喜爱孔武有力的人。曹沫任鲁国的将军时,和齐国交战,多次失败。鲁庄公害怕了,就献出遂邑的土地向齐国求和。但是,仍然让曹沫任将军。

齐桓公许与鲁会于柯而盟。桓公与庄公既盟于坛上,曹沫执匕首劫齐桓公,桓公左右莫敢动,而问曰:"子将何欲?"曹沫曰:"齐强鲁弱,而大国侵鲁亦以甚矣。今鲁城坏即压齐境,君其图之。"桓公乃许尽归鲁之侵地。既已言,曹沫投其匕首,下坛,北面就群臣之位,颜色不变,辞令如故。桓公怒,欲倍其约。管仲曰:"不可。夫贪小利以自快,弃信于诸侯,失天下之援,不如与之。"于是桓公乃遂割鲁侵地,曹沫三战所亡地尽复予鲁。

【译文】

齐桓公答应鲁庄公在柯地会盟。齐桓公和鲁庄公在盟坛上盟誓以后,曹沫手拿匕首劫持了齐桓公,齐桓公的左右都不敢轻举妄动,桓公问:"你想要干什

---

〔1〕 此篇有删减。

么？"曹沫回答说："齐国强大，鲁国弱小，而齐国以大国的身份侵略鲁国，这样做也太过分了。如今鲁国城墙一倒塌就会压到齐国境内，您考虑考虑吧。"齐桓公于是答应归还鲁国之前被齐国侵吞的全部土地。说完以后，曹沫扔下匕首，走下盟坛，面向北方坐在臣子的位置上，脸色不改，谈吐如常。齐桓公很生气，想要背弃盟约。管仲说："不可以这样做。贪图小利以求一时之快，在诸侯面前背信弃义，就会失去天下人对您的支持，不如把土地归还给鲁国吧。"于是，齐桓公归还了之前侵占鲁国的土地。曹沫多次战败丢失的土地又全部回归了鲁国。

《齐桓九会，卒然身杀》（局部）

选自《补绘离骚图》册清绘本　（明）萧云从/原作　（清）门应兆/补绘　收藏于台北故宫博物院

齐桓公姜姓，名小白，春秋五霸之首。早年避难，辗转流离，后回国夺取君位。在位期间励精图治，起用管仲为相，推行改革；对外打出"尊王攘夷"的旗号，九合诸侯，称霸中原。其事迹主要见于《史记·齐太公世家》："鲁闻无知死，亦发兵送公子纠，而使管仲别将兵遮莒道，射中小白带钩。小白详死，管仲使人驰报鲁。鲁送纠者行益迟，六日至齐，则小白已入，高傒立之，是为桓公。""诸侯闻之，皆信齐而欲附焉。七年，诸侯会桓公于甄，而桓公于是始霸焉。"

管仲像

选自《古圣贤像传略》清刊本 （清）顾沅 辑录 （清）孔莲卿 绘

管仲，春秋时期的政治家，法家代表人物。起初辅佐公子纠，后齐桓公即位，经鲍叔牙推荐，拜管仲为国相。在位期间，对内大兴改革，富国强兵，对外尊王攘夷，一匡天下，辅佐齐桓公成为一代霸主。其事迹详见于《史记·管晏列传》。司马迁赞其能成人之美，补察王政，使君臣百姓，上下相亲：「语曰『将顺其美，匡救其恶，故上下能相亲也』。岂管仲之谓乎？」

其后百六十有七年而吴有专诸之事。

专诸者,吴堂邑人也。伍子胥①之亡楚而如吴也,知专诸之能。伍子胥既见吴王僚,说以伐楚之利,吴公子光②曰:"彼伍员父兄皆死于楚而员言伐楚,欲自为报私仇也,非能为吴。"吴王乃止。伍子胥知公子光之欲杀吴王僚,乃曰:"彼光将有内志,未可说以外事。"乃进专诸于公子光。

【注释】

① 伍子胥:春秋时期楚国乾溪人,吴国大臣,著名军事家。其事迹主要见于《史记·伍子胥列传》,司马迁赞其隐忍:"故隐忍就功名,非烈丈夫孰能致此哉?白公(伍子胥)如不自立为君者,其功谋亦不可胜道者哉!"
② 吴公子光:即吴王阖闾,春秋末期吴国君主,在位十九年。其事迹详见于《史记·吴太公世家》。

【译文】

此后一百六十七年,吴国发生了专诸的故事。

专诸,吴国堂邑人。伍子胥逃离楚国前往吴国时,知道专诸很有能力。伍子胥见到吴王僚后,向他游说攻打楚国的好处。吴公子光说:"那个伍员,他的父亲和兄长都被楚王所杀,现在跟我说攻打楚国,是想要报私仇,并不是为了吴国。"吴王因此不再讨论伐楚的事情。伍子胥知道吴公子光想杀掉吴王僚,就说:"那个公子光有在国内称王的企图,现在还不可以对他说对外出兵的事。"于是就把专诸推荐给了公子光。

光之父曰吴王诸樊。诸樊弟三人:次曰馀祭,次曰夷眛,次曰季子札。诸樊知季子札贤而不立太子,以次传三弟,欲卒致国于季子札。诸樊既死,传馀祭。馀祭死,传夷眛。夷眛死,当传季子札;季子札逃不肯立，吴人乃立夷眜之子僚为王。公子光曰："使以兄弟次邪，季子当立；必以子乎，则光真適嗣，当立。"故尝阴养谋臣以求立。

【译文】

公子光的父亲是吴王诸樊。诸樊有三个弟弟：大弟叫馀祭，二弟叫夷眜，最小的弟弟叫季札。吴王诸樊知道季札贤明，就没有立太子，想依照次序把王位传给诸位弟弟，最后可以将吴国传给季札。诸樊死后传位给馀祭。馀祭死后，传位给夷眜。夷眜死后，王位本来应该传给季札，但季札不肯继位，还逃跑了，于是吴国人就拥立夷眜的儿子僚为国君。公子光说："如果按兄弟的次序，季札应当即位；如果一定要传给儿子，那么我才是真正的嫡子，应当继承王位。"所以他暗地里供养谋臣，以求夺回王位。

光既得专诸，善客待之。九年而楚平王死。春，吴王僚欲因楚丧，使其二弟公子盖馀、属庸将兵围楚之灊；使延陵季子于晋，以观诸侯之变。楚发兵绝吴将盖馀、属庸路，吴兵不得还。于是公子光谓专诸曰："此时不可失，不求何获！且光真王嗣，当立，季子虽来，不吾废也。"专诸曰："王僚可杀也。母老子弱，而两弟将兵伐楚，楚绝其后。方今吴外困于楚，而内空无骨鲠之臣[1]，是无如我何。"公子光顿首[2]曰："光之身，子之身也。"

【注释】

① 骨鲠之臣：刚正忠直的大臣。
② 顿首：磕头，叩头下拜。

【译文】

公子光得到专诸以后，像对待宾客一样恭敬地对待他。吴王僚九年（前518年），楚平王去世。这年春天，吴王僚想趁着楚国办丧事，派他的两个弟弟公子盖馀、属庸带领军队包围楚国的灊城，派延陵季子到晋国观察各诸侯国的动静。楚国派兵切断了吴将盖馀、属庸的后路，吴国军队没办法返回。这时公子光对专诸说："机不可失，现在如果不去争取，哪会有所获！况且，我是真正的继承人，应当被立为国君，即使是季札回来，也不会废掉我。"专诸说："吴王僚是可以杀掉的。母亲年老，孩子尚幼，两个弟弟带着军队攻打楚国，楚国军队断绝了他们的后路。现在吴军在外受困于楚国，朝内没有股肱之臣。这样吴王僚还能把我们怎么样呢？"公子光磕头说："我公子光的身体，也就是您的身体。"

　　四月丙子，光伏甲士于窟室中，而具酒请王僚。王僚使兵陈自宫至光之家，门户阶陛左右，皆王僚之亲戚也。夹立侍，皆持长铍①。酒既酣，公子光详②为足疾，入窟室中，使专诸置匕首鱼炙之腹中而进之。既至王前，专诸擘③鱼，因以匕首刺王僚，王僚立死。左右亦杀专诸，王人扰乱。公子光出其伏甲以攻王僚之徒，尽灭之，遂自立为王，是为阖闾。阖闾乃封专诸之子以为上卿。

【注释】

① 铍（pī）：长矛。
② 详：同"佯"，假装。
③ 擘（bò）：分开，剖裂。

【译文】

　　四月丙子这日，公子光在地下室埋伏下武士，置办酒席宴请吴王僚。吴王僚派出卫队跟随，从王宫一直到公子光家里，门户、台阶两旁，到处都是吴王僚的亲信。侍卫们站在道路两旁，都举着长矛。酒酣之际，公子光假装脚有毛病进入地下室，让专诸把匕首放到烤鱼的肚子里，然后把鱼献给吴王僚。专诸来到吴王僚面前，剖开鱼腹，趁势用匕首刺杀吴王僚，吴王僚当场死亡。吴王僚身边的侍卫也杀死了专诸，吴王僚手下的人一阵纷乱。公子光放出埋伏的武士攻击吴王僚的部下，将他们全部杀死，于是自立为国君，这就是吴王阖闾。阖闾因此封专诸的儿子为上卿。

其后七十余年而晋有豫让之事。

豫让者，晋人也。故尝事范氏及中行氏，而无所知名。去而事智伯①，智伯甚尊宠之。及智伯伐赵襄子②，赵襄子与韩、魏合谋灭智伯，灭智伯之后而三分其地。赵襄子最怨智伯，漆其头以为饮器。豫让遁逃山中，曰："嗟乎！士为知己者死，女为说己者容。今智伯知我，我必为报仇而死，以报智伯，则吾魂魄不愧矣！"乃变名姓为刑人，入宫涂厕，中挟匕首，欲以刺襄子。襄子如厕，心动，执问涂厕之刑人，则豫让，内持刀兵，曰："欲为智伯报仇！"左右欲诛之。襄子曰："彼义人也，吾谨避之耳。且智伯亡无后，而其臣欲为报仇，此天下之贤人也。"卒醳③去之。

【注释】

① 智伯：春秋末期晋国大臣。智伯向韩氏、魏氏、赵氏三家讨要万户封邑，韩氏、魏氏献出封邑，但赵氏不肯，智伯于是率韩、魏两家一起讨伐赵氏。韩、魏两家倒戈，智伯兵败被杀，其家族两百多人随后也被杀戮，封邑被瓜分。智氏亡而三晋分，三晋分而七国立，中国从此进入战国时代。
② 赵襄子：赵鞅之子，春秋末期晋国大夫。
③ 醳：通"释"，释放。

【译文】

此后七十多年，晋国又出了豫让的故事。

豫让，晋国人，他曾经侍奉大臣范氏和中行氏，但没有得到重用。于是去投奔智伯，智伯特别尊宠他。等到智伯攻打赵襄子时，赵襄子和韩、魏合谋灭了智伯，消灭智伯后又把他的国土瓜分成三份。赵襄子最恨智伯，就把他的头盖骨上漆做成饮器。豫让潜逃到山中，说："哎呀！士为知己者而死，女为悦己者打扮。现在智伯是我的知己，我一定要以死替他报仇，用以报答智伯的恩情，那么即便是死了，我的灵魂也没有什么可惭愧的了。"于是改名换姓，伪装成犯罪服役的人，进入赵襄子宫中修整厕所，身上带着匕首，想要用它刺杀赵襄子。赵襄子到厕所去，突觉心中一惊，便命人把修整厕所的刑人抓来，发现正是豫让，衣服里面还藏有匕首，豫让说："我要为智伯报仇！"赵襄子的侍卫要杀掉他，赵襄子却说："他是个义士，我今后小心回避就是了。况且智伯没有后代，他的家臣想替他报仇，这是天下难得的贤人。"最后把他放走了。

居顷之，豫让又漆身为厉①，吞炭为哑，使形状不可知，行乞于市，其妻不识也。行见其友，其友识之，曰："汝非豫让邪？"曰："我是也。"其友为泣曰："以子之才，委质而臣事襄子，襄子必近幸子。近幸子，乃为所欲，顾不易邪？何乃残身苦形，欲以求报襄子，不亦难乎！"豫让曰："既已委质臣事人，而求杀之，是怀二心以事其君也。且吾所为者极难耳！然所以为此者，将以愧天下后世之为人臣怀二心以事其君者也。"

【注释】

① 厉（lài）：通"癞"，恶疮。

【译文】

　　过了不久，豫让把漆涂在身上，使皮肤肿胀溃烂，像长满癞疮，又吞下火炭让声音变得嘶哑，使自己的形体相貌让人辨认不出来，在集市上讨饭。就连他的妻子也没有认出。路上遇见他的朋友，他的朋友认出了他，说："你不是豫让吗？"豫让回答说："正是我。"朋友哭泣说："凭着您的才能，若能委身去做赵襄子的臣子，赵襄子一定会宠信您。得到宠信之后，您再干您想干的事，不是很容易吗？何苦摧残自己的身体，使自己形貌丑陋，想要用这种办法报复赵襄子，不是更困难吗？"豫让说："既然已经托身为臣去侍奉人家，却又要杀掉他，这是怀着异心去侍奉人。我知道我现在的做法很难，可我之所以这么做，就是为了让后世那些怀着异心侍奉国君的人感到羞愧！"

既去，顷之，襄子当出，豫让伏于所当过之桥下。襄子至桥，马惊，襄子曰："此必是豫让也。"使人问之，果豫让也。于是襄子乃数①豫让曰："子不尝事范、中行氏乎？智伯尽灭之，而子不为报仇，而反委质②臣于智伯。智伯亦已死矣，而子独何以为之报仇之深也？"豫让曰："臣事范、中行氏，范、中行氏皆众人遇我，我故众人报之。至于智伯，国士遇我，我故国士报之。"襄子喟然叹息而泣曰："嗟乎豫子！子之为智伯，名既成矣，而寡人赦子，亦已足矣。子其自为计，寡人不复释子！"使兵围之。豫让曰："臣闻明主不掩人之美，而忠臣有死名之义。前君已宽赦臣，天下莫不称君之贤。今日之事，臣固伏诛，然愿请君之衣而击之，焉以致报仇之意，则虽死不恨。非所敢望也，敢布腹心！"于是襄子大义之，乃使使持衣与豫让。豫让拔剑三跃而击之，曰："吾可以下报智伯矣！"遂伏剑自杀。死之日，赵国志士闻之，皆为涕泣。

其后四十余年而轵有聂政之事。

【注释】

① 数：责备，列举过错。
② 委质：臣服，归顺。

【译文】

豫让离开后不久,正赶上赵襄子外出,豫让便埋伏在他必经的桥下。赵襄子来到桥上,马受惊了,赵襄子说:"这一定是豫让。"派人去问,果然是豫让。于是赵襄子就列举豫让的罪过说:"您不是侍奉过范氏、中行氏吗?智伯把他们都消灭了,而您不替他们报仇,反而托身智伯,做他的家臣。智伯已经死了,您为什么单单如此急切地为他报仇呢?"豫让说:"我侍奉范氏、中行氏,他们对待我像对待一般人那样,所以我也像一般人那样报答他们。至于智伯,他对待我像对待国士,所以我就像国士那样报答他。"赵襄子长叹,流着泪说:"豫让啊!你为智伯做的这些事,已经可以扬名后世了;而我先前赦免你,也足够了。你自己打算吧,我不能再放过你了!"于是命令士兵围住豫让。豫让说:"我听说贤明的君主不埋没别人的美名,而忠诚的臣子有为名而死的道义。以前您宽恕了我,天下没有人不赞扬您的贤明。今天的事,我本应当一死,但我希望能在您的衣服上刺几下,以此完成我报仇的心愿,那么,即使我死了也没有遗憾了。我不敢指望您答应我,但这确实是我的心愿!"赵襄子非常赞赏他的道义,就派人拿着衣裳给豫让。豫让拔剑多次跳起击刺,说:"我死后可以去报答智伯了!"于是拔剑自杀。他死的那天,赵国有志之士听说了这件事,都为他痛哭流涕。

这之后四十多年,魏国的轵邑又出了聂政的故事。

聂政者,轵深井里人也。杀人避仇,与母、姊如齐,以屠为事。

久之,濮阳严仲子事韩哀侯,与韩相侠累有郤。严仲子恐诛,亡去,游求人可以报侠累者。至齐,齐人或言聂政勇敢士也,避仇隐于屠者之间。严仲子至门请,数反,然后具酒自畅聂政母前。酒酣,严仲子奉黄金百溢,前为聂政母寿。聂政惊怪其厚,固谢严仲子。严仲子固进,而聂政谢曰:"臣幸有老母,家贫,客游以为狗屠,可以旦夕得甘毳①以养亲。亲供养备,不敢当仲子之赐。"严仲子辟人,因为聂政言曰:"臣有仇,而行游诸侯众矣;然至齐,窃闻足下义甚高,故进百金者,将用为大人粗粝②之费,得以交足下之欢,岂敢以有求望邪!"聂政曰:"臣所以降志辱身居市井屠者,徒幸以养老母;老母在,政身未敢以许人也。"严仲子固让,聂政竟不肯受也。然严仲子卒备宾主之礼而去。

【注释】

① 甘毳(gān cuì):美味可口的食物。毳,通"脆",松脆。
② 粗粝:形容事物粗劣。

【译文】

聂政是魏国轵邑深井里人。因为杀了人躲避仇家追杀,和母亲、姐姐逃往齐国,以屠宰牲畜为职业。

过了很久,濮阳严仲子侍奉韩哀侯,他和韩国国相侠累素有仇怨。严仲子害怕被杀,于是逃走,四处寻访能替他向侠累报仇的人。严仲子到了齐国后,听到齐国有人说聂政是个勇敢的人,因为避仇而躲在屠夫中间。严仲子登门拜访,数次往返,然后备办宴席,亲自捧杯给聂政的母亲敬酒。喝到兴浓时,严仲子献上黄金百镒,上前为聂政母亲祝寿。聂政被这份厚礼惊到了,坚决推辞。严仲子执意要送,聂政辞谢说:"我幸有老母健在,家里虽贫穷,客居此地以杀狗为业,早晚还可以买些好吃的奉养母亲,母亲吃穿也都齐全,不敢接受你的赏赐。"严仲子避开别人,趁机对聂政说:"我有仇人,因而周游列国寻找能为我报仇的人;来到齐国后,私下听说您很重义气,所以献上百金,将此作为供养老人的一点费用,希望能够跟您交个朋友,哪里敢有别的索求和奢望呢!"聂政说:"我之所以埋没志向,委屈自己,在市场上做屠夫,只是希望借此奉养老母;老母在世,我不能许身于人。"严仲子执意要送,聂政始终不肯接受。不过严仲子最终还是尽到了宾主相见的礼节才离去。

久之，聂政母死。既已葬，除服，聂政曰："嗟乎！政乃市井之人，鼓刀以屠；而严仲子乃诸侯之卿相也，不远千里，枉车骑而交臣。臣之所以待之，至浅鲜矣，未有大功可以称者，而严仲子奉百金为亲寿，我虽不受，然是者徒深知政也。夫贤者以感忿睚眦①之意而亲信穷僻之人，而政独安得嘿然②而已乎！且前日要政，政徒以老母；老母今以天年终，政将为知己者用。"乃遂西至濮阳，见严仲子曰："前日所以不许仲子者，徒以亲在；今不幸而母以天年终。仲子所欲报仇者为谁？请得从事焉！"严仲子具告曰："臣之仇韩相侠累，侠累又韩君之季父也，宗族盛多，居处兵卫甚设③，臣欲使人刺之，终莫能就。今足下幸而不弃，请益其车骑壮士可为足下辅翼者。"聂政曰："韩之与卫，相去中间不甚远，今杀人之相，相又国君之亲，此其势不可以多人，多人不能无生得失，生得失则语泄，语泄是韩举国而与仲子为仇，岂不殆哉！"遂谢车骑人徒。

【注释】

① 睚眦（yá zì）：发怒时瞪眼睛，后比喻极小的怨恨。
② 嘿（mò）然：沉默不语的样子。嘿，同"默"。
③ 设：严密。

【译文】

过了很久，聂政的母亲去世了。安葬完母亲，服丧期满后，聂政说："哎呀！我不过是平民百姓，拿刀杀狗卖肉，而严仲子是诸侯的卿相，不远千里，屈尊降贵和我结交。我回报他的实在是太浅薄了，我对他没有什么大的功劳可言，而严仲子献上百金为老母祝寿，我虽然没有接受，但由此可见他是特别赏识我的。贤德的人因为一点小的仇恨而亲近我这种深居穷僻之地的人，我怎么能一味默不作声，以此了事呢！况且以前他来邀请我时，我只是因为老母在世，才没有答应。而今老母已经去世，我要为知己效力了。"于是就向西到了濮阳，见到严仲子说："以前没答应你的邀请，仅仅是因为老母在世，如今老母已不幸去世。你要报复的仇人是谁？请让我办这件事！"严仲子原原本本地告诉他说："我的仇人是韩国宰相侠累，侠累又是韩国国君的叔父，家族人丁兴旺，居住的地方士兵看守很严，我派人刺杀他，始终没有成功。如今您不嫌弃我，我将增加车骑壮士作为您的助手。"聂政说："韩国与卫国，中间距离不太远，如今要刺杀人家的宰相，又是国君的亲属，在这种情况下不能去太多人，人多了就不能保证万无一失，若发生意外就会走漏消息，若走漏消息，整个韩国的人都会与您为敌，那就太危险了！"于是谢绝车骑随从。

聂政乃辞，独行杖剑至韩，韩相侠累方坐府上，持兵戟而卫侍者甚众。聂政直入，上阶刺杀侠累，左右大乱。聂政大呼，所击杀者数十人，因自皮面决眼，自屠出肠，遂以死。

【译文】
于是聂政辞别，只身一人带着宝剑到韩国，韩相侠累正好坐在堂上，周围有很多拿着兵器的护卫。聂政直接闯入，走上台阶刺杀了侠累，侍从们手忙脚乱。聂政高声大叫，一连击杀了几十个人，然后趁机毁坏了自己的面容，挖出自己的眼珠，又剖开肚皮流出肠子，就这样死了。

韩取聂政尸暴于市，购问莫知谁子。于是韩县①购之，有能言杀相侠累者予千金。久之莫知也。

【注释】
① 县：同"悬"。

【译文】

韩国把聂政的尸体扔在街市上,悬赏征求有能认出杀死宰相侠累的人,赏千金。过了很长时间,也没有人知道他是谁。

政姊荣闻人有刺杀韩相者,贼不得,国不知其名姓,暴其尸而县之千金,乃於邑曰:"其是吾弟与?嗟乎,严仲子知吾弟!"立起,如韩,之市,而死者果政也。伏尸哭,极哀,曰:"是轵深井里所谓聂政者也。"市行者诸众人皆曰:"此人暴虐吾国相,王县购其名姓千金,夫人不闻与?何敢来识之也?"荣应之曰:"闻之。然政所以蒙污辱自弃于市贩之间者,为老母幸无恙,妾未嫁也。亲既以天年下世,妾已嫁夫,严仲子乃察举吾弟困污之中而交之,泽厚矣,可奈何!士固为知己者死,今乃以妾尚在之故,重自刑以绝从①;妾其奈何畏殁身之诛,终灭贤弟之名!"大惊韩市人。乃大呼天者三,卒於邑悲哀而死政之旁。

【注释】

① 重自刑以绝从:指聂政死前毁坏自己的面容躯体,以免牵连别人一事。从,踪迹。

【译文】

聂政的姐姐聂荣听说有人刺杀了韩国的宰相,不知凶手是谁,全韩国的人也不知道他的姓名,还将他的尸体暴露在市场上,并悬赏千金,就哭着说:"这难道是我弟弟吗?哎呀,因为严仲子曾赏识我弟弟!"于是她马上动身,前往韩国,来到街市,看见死者果然是聂政,就趴在尸体上痛哭,说:"这就是轵深井里的聂政啊!"街上的行人都说:"这个人凶残地杀死了我们的宰相,君王悬赏千金询问他的姓名,夫人没听说?怎么还敢来认尸啊?"聂荣回答他们说:"我听说了。可是聂政之所以承受羞辱不惜混在市井小贩中间,是因为老母健在,我还没有出嫁。如今老母去世,我已嫁人,严仲子当初把我弟弟从贫困污浊的处境中挑选出来,和他交往,恩情深厚,我弟弟还能怎么办呢?勇士当然要为知己者死,如今因为我还活在世上,聂政还严重地毁坏自己的面容躯体,以免牵连我,我怎么能因为害怕杀身之祸,就永远埋没弟弟贤德的名声呢!"在场的韩国人大为震惊。聂荣于是高喊三声"天哪",最后因过度哀伤而死在了聂政身旁。

晋、楚、齐、卫闻之,皆曰:"非独政能也,乃其姊亦烈女也。乡使政诚知其姊无濡忍①之志,不重暴骸之难,必绝险千里以列其名,姊弟俱僇②于韩市者,亦未必敢以身许严仲子也。严仲子亦可谓知人能得士矣!"

其后二百二十余年秦有荆轲之事。

【注释】

① 濡忍(rú rěn):柔顺忍让。
② 僇(lù):通"戮",杀。

【译文】

晋、楚、齐、卫各国的人听闻这个消息后,都说:"不单是聂政有能力,他的姐姐也是性情刚烈的女子。假使聂政知道他姐姐不是苟且偷生的人,不惜暴尸荒野的苦难,也一定要跨越千里的艰难险阻来公开他的姓名,以致姐弟二人都死在韩国的街市,那他也未必敢对严仲子以死相许。严仲子也可以说是知人善用,才能赢得贤士啊!"

其后又过了二百二十多年,发生了荆轲刺秦之事。

荆轲像
选自《历代画像传》清刊本 （清）丁善长／绘 王寿伟／撰 收藏于中国国家图书馆

荆轲，著名刺客。荆轲好击剑，为人慷慨仗义。秦灭赵后，燕太子丹想要行刺秦王，于是荆轲携樊於期人头及燕督亢地图进献秦王。出发时，他吟唱《易水歌》以告别，歌曰：『风萧萧兮易水寒，壮士一去兮不复还！』他将匕首藏于地图之中，图穷匕见，然而行刺没有成功，最终被杀。

李将军列传[1]

李将军广者，陇西成纪人也。其先曰李信，秦时为将，逐得燕太子丹者也。故槐里，徙成纪。广家世世受射。孝文帝十四年，匈奴大入萧关，而广以良家子从军击胡，用善骑射，杀首虏多，为汉中郎①。广从弟李蔡亦为郎，皆为武骑常侍，秩八百石②。尝从行，有所冲陷折关及格猛兽，而文帝曰："惜乎，子不遇时！如令子当高帝时，万户侯岂足道哉！"

【注释】

① 汉中郎：古代官职名。秦朝设置中郎，到西汉时，分五官、左、右三中郎署，各置中郎将以统领皇帝的侍卫。
② 石（dàn）：官俸的计量单位。

【译文】

将军李广，是陇西郡成纪县人。他的先祖叫李信，是秦朝的将军，就是追获了燕太子丹的那位。他家原来在槐里县，后来迁到成纪。李广家世代传习射箭的绝技。孝文帝十四年（前166年），匈奴人大举进犯萧关，李广以良家子弟的身份参军抗击匈奴，因为善于骑射，斩杀敌人很多，被升任为汉中郎。李广的堂弟李蔡，也被任命为中郎，他们又兼任武骑常侍，俸禄八百石。李广曾随从皇帝出行，在冲锋陷阵，以及格杀猛兽的时候表现非常好，文帝说："可惜啊！你没赶上好时候，如果让你生在高祖的时代，封个万户侯还在话下吗！"

---

[1] 此篇有删减。

及孝景初立，广为陇西都尉①，徙为骑郎将②。吴楚军时，广为骁骑都尉，从太尉亚夫击吴楚军，取旗，显功名昌邑下。以梁王授广将军印，还，赏不行。徙为上谷太守，匈奴日以合战。典属国公孙昆邪③为上泣曰："李广才气，天下无双，自负其能，数与虏敌战，恐亡之。"于是乃徙为上郡太守。后广转为边郡太守，徙上郡。尝为陇西、北地、雁门、代郡、云中太守，皆以力战为名。

【注释】

① 都尉：武官名。
② 骑郎将：官名。秦汉时均设立此官，秦属郎中令，汉属光禄勋，主骑郎。《汉书·郎中令》："郎中有车、户、骑三将，秩皆比千石。"
③ 公孙昆邪：一作公孙浑邪，西汉将领，汉景帝时期大臣。

【译文】

等到景帝刚刚即位的时候，李广任陇西都尉，后又改任骑郎将。吴、楚七国叛乱时，李广任骁骑将军，跟随太尉

李广像
选自《古圣贤像传略》清刊本
（清）顾沅 / 辑录　（清）孔莲卿 / 绘

周亚夫攻打吴、楚叛军，夺取了他们的军旗，在昌邑一战中立功扬名。因为梁孝王私下授予李广将军印，回朝后，汉景帝便没有封赏他。后来调任他为上谷太守，匈奴每天都来与他交战。典属国公孙昆邪哭着对皇上说："李广的才气，天下无双，他自负有本领，屡次和敌人交战，我真怕会失去这员良将。"于是又调他任上郡太守。后来李广辗转边境各郡任太守，他曾任陇西、北地、雁门、代郡、云中等地的太守，都以奋力作战而闻名。

匈奴大入上郡，天子使中贵人①从广勒习兵击匈奴。中贵人将骑数十纵，见匈奴三人，与战。三人还射，伤中贵人，杀其骑且尽。中贵人走广，广曰："是必射雕者也。"广乃遂从百骑往驰三人。三人亡马步行，行数十里。广令其骑张左右翼，而广身自射彼三人者，杀其二人，生得一人，果匈奴射雕者也。已缚之上马，望匈奴有数千骑，见广，以为诱骑，皆惊，上山陈。广之百骑皆大恐，欲驰还走。广曰："吾去大军数十里，今如此以百骑走，匈奴追射我立尽。今我留，匈奴必以我为大军之诱，必不敢击我。"广令诸骑曰："前！"前未到匈奴陈二里所，止，令曰："皆下马解鞍！"其骑曰："虏多且近，即有急，奈何？"广曰："彼虏以我为走，今皆解鞍以示不走，用坚其意。"于是胡骑遂不敢击。有白马将出护其兵，李广上马，与十余骑奔射杀胡白马将，而复还至其骑中，解鞍，令士皆纵马卧。是时会暮，胡兵终怪之，不敢击。夜半时，胡兵亦以为汉有伏军于旁欲夜取之，胡皆引兵而去。平旦，李广乃归其大军。大军不知广所之，故弗从。

【注释】

① 中贵人：帝王宠幸的近臣，也指地位显贵的宦官。

《射骑图》（五代十国）李赞华 收藏于台北故宫博物院

【译文】

匈奴大举进犯上郡，汉景帝派来一名受宠的近臣跟随李广学习抗击匈奴的本领。这位近臣带领几十名骑兵纵马奔驰，遇到三个匈奴人，与他们交战，三个匈奴人回身放箭，射伤了近臣，几乎杀光他的随从骑兵。近臣逃回李广营中，李广说："这一定是射雕的。"于是李广带领一百骑兵前去追赶那三个匈奴人。那三个人没有马，徒步前行走了几十里。李广命令他的骑兵分为左右两翼，他亲自去射杀那三个人，最后射死了两个，活捉了一个，发现果然是匈奴的射雕手。等把他捆绑上马之后，望见远处有几千名匈奴骑兵。匈奴骑兵看到李广，以为是诱敌的骑兵，都很吃惊，跑上山去摆好阵势。李广的百名骑兵都很害怕，想纵马飞驰回营去。李广说："我们离大军有几十里地，如果现在就这样回身逃跑，匈奴就会追上来将我们全部射杀。若我们现在按兵不动，匈奴一定以为我们是为大部队诱敌的，必定不敢攻击我们。"李广命令骑兵们说："前进！"骑兵向前进发，在距离匈奴军队大约二里远的地方，停了下来，下令说："全体下马，解下马鞍！"骑兵们说："敌人那么多，又近在眼前，如果有紧急情况，我们怎么办？"李广说："那些敌人以为我们会逃跑，现在我们解下马鞍表示不逃，以此使他们更加确信我们是诱敌兵。"于是匈奴骑兵不敢攻击。有一名骑白马的匈奴将领出阵监护他的士兵，李广立即上马，和十几名骑兵一起奔驰，射杀了那个骑白马的匈奴将领，之后又回到自己的骑兵队，解下马鞍，让士兵们都解开马鞍，随便躺卧。这时正值黄昏，匈奴军队始终觉得奇怪，但是迟迟不敢进攻。到了半夜，匈奴兵又以为汉朝一定在附近埋伏军队，想趁夜偷袭他们，因而就带兵离去。第二天早晨，李广才回到了大本营，大部队因为不知道李广的去向，所以只有在原地待命。

居久之，孝景崩，武帝立，左右以为广名将也，于是广以上郡太守为未央卫尉，而程不识亦为长乐卫尉。程不识故与李广俱以边太守将军屯。及出击胡，而广行无部伍行陈，就善水草屯，舍止，人人自便，不击刀斗以自卫，莫府省约文书籍事，然亦远斥候，未尝遇害。程不识正部曲行伍营陈，击刀斗，士吏治军簿至明，军不得休息，然亦未尝遇害。不识曰："李广军极简易，然虏卒犯之，无以禁也；而其士卒亦佚乐，咸乐为之死。我军虽烦扰，然虏亦不得犯我。"是时汉边郡李广、程不识皆为名将，然匈奴畏李广之略，士卒亦多乐从李广而苦程不识。程不识孝景时以数直谏为太中大夫。为人廉，谨于文法。

【译文】

　　过了好几年，景帝去世，武帝即位。左右近臣都认为李广是名将，于是李广由上郡太守调任为未央宫的禁卫军长官，程不识也担任长乐宫的禁卫军长官。程不识过去和李广一起担任边郡太守并管理军队驻地。每当出击胡人时，李广行军不讲究队列和阵势，只要找到水草丰茂的地方便会驻扎，驻扎下来后人人自便，夜里也不打更巡逻，军部里各种文书簿册一切从简，但他在远处安置了哨兵，所以不曾遇到危险。程不识对队伍的编制列队阵势等要求很严格，夜里会打更，军部里的官吏治军处理公文能一直到天明，军队得不到休息，但也不曾遇到危险。程不识说："李广治兵非常简单，但如果遇到敌人进攻，恐怕就无法阻挡。而他手下的士兵倒也安逸快乐，都甘心为他去死。我的军队虽然军务繁忙，但是敌人也不敢进犯。"那时汉朝边郡的李广、程不识都是名将，但是匈奴人害怕李广的谋略，士兵也大多乐意跟随李广而认为跟着程不识太辛苦。程不识在景帝时由于屡次直言进谏被擢升为太中大夫，为人清廉，处理文书法令严格谨慎。

后汉以马邑城诱单于，使大军伏马邑旁谷，而广为骁骑将军，领属护军将军。是时单于觉之，去，汉军皆无功。其后四岁，广以卫尉为将军，出雁门击匈奴。匈奴兵多，破败广军，生得广。单于素闻广贤，令曰："得李广必生致之。"胡骑得广，广时伤病，置广两马间，络而盛卧广。行十余里，广详死，睨其旁有一胡儿骑善马，广暂腾而上胡儿马，因推堕儿，取其弓，鞭马南驰数十里，复得其余军，因引而入塞。匈奴捕者骑数百追之，广行取胡儿弓，射杀追骑，以故得脱。于是至汉，汉下广吏。吏当广所失亡多，为虏所生得，当斩，赎为庶人。

【译文】

后来，汉朝用马邑城引诱单于，派大部队埋伏在马邑两旁的山谷中，李广任骁骑将军，归护军将军韩安国统领。当时单于察觉了汉军的计谋，就撤退了，汉军无功而返。四年以后，李广由卫尉升任为将军，出雁门关攻打匈奴。匈奴兵多，打败了李广的军队，活捉了李广。单于素来听说李广贤能，下令说："一定要活捉李广。"匈奴骑兵俘虏了李广，李广当时受伤生病，他们就把李广放在两匹马中间，让他躺在绳编的网兜里。走了十多里后，李广假装死去，斜眼看到他旁边有个匈奴少年骑着一匹好马，李广突然跳上匈奴少年的马，顺势把少年推下了马，拿起他的弓箭，策马向南奔驰数十里，又遇到他的残部，于是带领他们进入关塞。匈奴出动几百名骑兵来追赶他，李广边逃边用匈奴少年的弓箭射杀追来的骑兵，因此得以逃脱。回到汉地后，朝廷把李广交给执法官吏。执法官认为李广的部队伤亡太多，他自己又被敌人活捉，应该斩首，后来李广用钱物赎了死罪，但被削为平民。

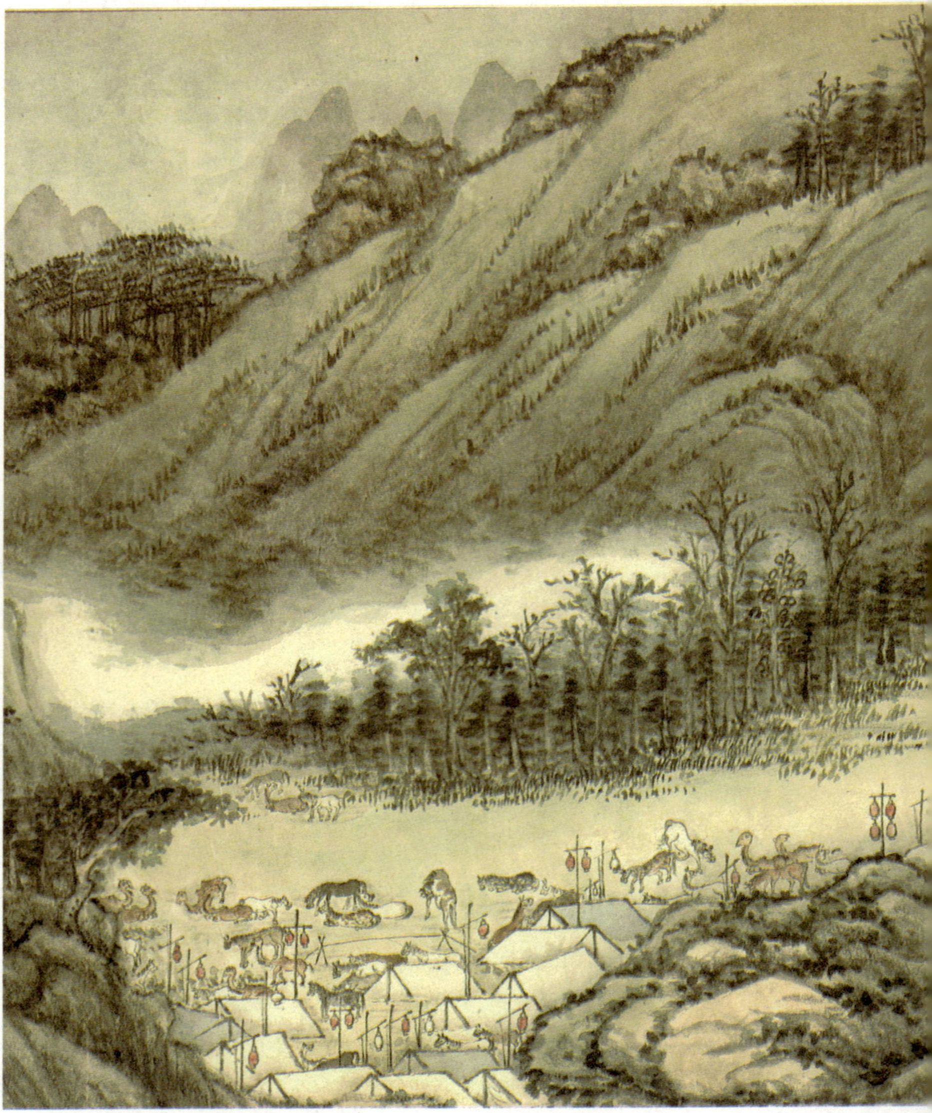

《塞山秋月》卷 （清）钱维城 收藏于台北故宫博物院

顷之，家居数岁。广家与故颍阴侯孙屏野居蓝田南山中射猎。尝夜从一骑出，从人田间饮。还至霸陵亭，霸陵尉醉，呵止广。广骑曰："故李将军。"尉曰："今将军尚不得夜行，何乃故也！"止广宿亭下。居无何，匈奴入杀辽西太守，败韩将军。后韩将军徙右北平，于是天子乃召拜广为右北平太守。广即请霸陵尉与俱，至军而斩之。

【译文】

转眼间，李广已在家闲居数年，他和已故颍阴侯灌婴的孙子灌强一起隐居在蓝田，时常到南山打猎。在一天夜里，他带着一名骑马的随从外出，和别人一起在田野间饮酒。回来时路过霸陵亭，霸陵县尉喝醉了，大声呵斥李广，让他不要过去。李广的随从说："这是前任李将军。"县尉说："现任将军尚且不得通行，更何况是前任呢！"随之便扣留了李广，让他停宿在霸陵亭下。没过多久，匈奴进犯杀死辽西太守，打败了韩安国将军。后来韩将军调任右北平太守，于是汉武帝召见李广，任命他为右北平太守。李广随即请求派霸陵县尉和他一起去，那人刚到军中就被李广斩杀。

广居右北平，匈奴闻之，号曰"汉之飞将军"，避之，数岁不敢入右北平。

广出猎，见草中石，以为虎而射之，中石没镞[①]，视之，石也。因复更射之，终不能复入石矣。广所居郡闻有虎，尝自射之。及居右北平，射虎，虎腾伤广，广亦竟射杀之。

【注释】

① 镞（zú）：箭头。

《南山积翠图》 （清）王时敏 收藏于辽宁省博物馆

【译文】

　　李广驻守在右北平,匈奴听说后,称他为"汉朝的飞将军",好几年都避着他,不敢进犯右北平。

　　有一次,李广出营打猎,看见草里有块石头,以为是老虎就向它射去,射中了石头,箭头都没入石中,过去一看,发现原来是石头。于是他又朝石头上射了一箭,却不能再射进石头。李广在各郡做太守时,听说有老虎,常常亲自去射杀。后来他驻守右北平,一次射虎时,老虎跳起来抓伤了李广,李广最终还是射死了老虎。

　　广廉,得赏赐辄分其麾下,饮食与士共之。终广之身,为二千石四十余年,家无余财,终不言家产事。广为人长,猿臂,其善射亦天性也,虽其子孙他人学者,莫能及广。广讷口少言,与人居则画地为军

陈，射阔狭以饮。专以射为戏，竟死。广之将兵，乏绝之处，见水，士卒不尽饮，广不近水，士卒不尽食，广不尝食。宽缓不苛，士以此爱乐为用。其射，见敌急，非在数十步之内，度不中不发，发即应弦而倒。用此，其将兵数困辱，其射猛兽亦为所伤云。

【译文】

　　李广为人清廉，得到赏赐就分给他的部下，饮食也常和战士们在一起。终其一生，他担任二千石共四十多年，但家中没有多余的财物，他也始终不谈及家产的事情。李广身材高大，两臂如猿，他善于射箭，即便是他的子孙后代或外人向他学习的，也没人能赶上他。李广木讷寡言，与别人在一起时就在地上画军阵，然后按射中箭靶的紧凑和宽疏程度来定罚是谁喝酒。他专门以射箭作为消遣，一直到死。李广带兵，遇到缺水乏粮的时候，一旦发现水，士兵若没有全部喝到，李广就不会靠近水边；士兵若没有全都吃上饭，李广就一口饭也

《萆季赞华获鹿图》（局部）
（五代十国）佚名　收藏于美国纽约大都会艺术博物馆

不吃。李广对士兵宽厚和缓从不苛刻,士兵因此心甘情愿为他所用。等到他射箭时,即使敌人紧逼,如果不在数十步之内,没有射中的把握就绝不会将箭射出,只要箭一射出,敌人就会应声倒地。正因为如此,他领兵数次受困,射猛兽也曾被猛兽所伤。

居顷之,石建卒,于是上召广代建为郎中令。元朔六年,广复为后将军,从大将军军出定襄,击匈奴。诸将多中首虏率,以功为侯者,而广军无功。后二岁,广以郎中令将四千骑出右北平,博望侯张骞将万骑与广俱,异道。行可数百里,匈奴左贤王将四万骑围广。广军士皆恐,广乃使其子敢往驰之。敢独与数十骑驰,直贯胡骑,出其左右而还,告广曰:"胡虏易与耳。"军士乃安。广为圜①陈外向,胡急击之,矢下如雨。汉兵死者过半,汉矢且尽。广乃令士持满毋发,而广身自以大黄射其裨将,杀数人,胡虏益解。会日暮,吏士皆无人色,而广意气自如,益治军。军中自是服其勇也。明日,复力战,而博望侯军亦至,匈奴军乃解去。汉军罢,弗能追。是时广军几没,罢归。汉法,博望侯留迟后期,当死,赎为庶人②。广军功自如,无赏。

【注释】

① 圜(huán):围绕。
② 赎为庶人:赎刑,即犯罪的人可通过缴纳金钱或服劳役减免死罪。汉代的赎刑制度与秦相当,据《汉书·刑法志》记载:"民有罪,得买爵三十级以免死罪。"意思是说,赎死须买爵三十级。汉应劭注释说"一级值钱二千钱,凡为六万",即赎死罪需要花六万。汉武帝时更改令法为:"募死罪入赎,钱五十万,减死一等。"

【译文】

没过多久,石建去世,于是汉武帝让李广接替石建任郎中令。元朔六年

(前123年），李广又被任为后将军，跟随大将军卫青从定襄出塞，攻打匈奴。许多将领因斩杀敌人首级和俘获敌兵的数额符合规定，凭战功而被封侯，但李广的军队没有战功。过了两年，李广以郎中令的身份率领四千骑兵从右北平出塞，博望侯张骞率领一万骑兵与李广一起，分两条路走。行军约几百里后，匈奴左贤王率领四万骑兵包围了李广，李广的士兵都很害怕，李广就派他的儿子李敢飞驰进匈奴军中。李敢独自和几十名骑兵冲入敌营，直穿匈奴骑兵阵，又从左右两边突围出来，回来报告李广说："匈奴敌兵很容易对付！"士兵们这才放心。李广把兵阵布置成圆形，面向外，匈奴猛烈攻击，箭如雨下。汉兵死了一多半，箭也快用光了。李广就命令士兵拉满弓，但不要放箭，他自己用大黄弩弓射击匈奴的副将，杀了数人，匈奴才渐渐散开。此时正值黄昏，士兵都面无血色，可是李广却神态自如，赶快整顿军队。从此将士们都很佩服他的勇敢。第二天，又奋力作战，这时博望侯张骞的军队也赶到了，匈奴军队才退去。汉军已经疲惫至极，不能追击。当时李广的军队几乎全军覆没，只好收兵回朝。按汉朝法律，博望侯行军迟缓，没能按时到达，应当判处死刑，后来用钱赎罪，降为平民。李广功过相抵，没有得到封赏。

初，广之从弟李蔡与广俱事孝文帝。景帝时，蔡积功劳至二千石。孝武帝时，至代相。以元朔五年为轻车将军，从大将军击右贤王，有功中率，封为乐安侯。元狩二年中，代公孙弘为丞相。蔡为人在下中，名声出广下甚远，然广不得爵邑，官不过九卿，而蔡为列侯，位至三公[①]。诸广之军吏及士卒或取封侯。广尝与望气王朔燕语，曰："自汉击匈奴而广未尝不在其中，而诸部校尉以下，才能不及中人，然以击胡军功取侯者数十人，而广不为后人，然无尺寸之功以得封邑者，何也？岂吾相不当侯邪？且固命也？"朔曰："将军自念，岂尝有所恨[②]乎？"广曰："吾尝为陇西守，羌尝反，吾诱而降，降者八百余人，吾诈而同日杀之。至今大恨独此耳。"朔曰："祸莫大于杀已降，此乃将军所以不得侯者也。"

【注释】

① 三公：中国古代封建王朝中地位最尊显的三个官职的合称。据史书记载，其为秦朝所设，此后历朝沿袭。
② 恨：遗憾。

【译文】

　　起初，李广的堂弟李蔡和李广一起侍奉孝文帝。到景帝时，李蔡累积功劳，已升至二千石级别的官位。武帝时，李蔡任代国的国相。元朔五年（前124年），李蔡被任命为轻车将军，跟随大将军卫青攻打匈奴右贤王，达到斩杀敌人首级的数额，被封为乐安侯。元狩二年（前121年），李蔡接替公孙弘任丞相。李蔡的才干偏中下等，名声和李广相比也差得很远，然而李广却始终得不到爵位和封地，官位也没超过九卿，李蔡却被封为列侯，官位达到三公。李广属下的军官和士兵们，也有人封侯。李广曾和望气的术士王朔私下闲谈说："自从汉朝出击匈奴以来，我没有一次不参加，可是各部队校尉以下的军官，才能还不如中等人，然而因为攻打匈奴有功被封侯的就有几十人。我李广不比别人差，却没有一点功劳可以得到封地，这是为什么呢？难道是我的面相无法被封侯吗？还是命该如此呢？"王朔说："将军自己想一想，有什么让你感到悔恨的事吗？"李广说："我当陇西太守的时候，羌人反叛，我诱骗他们投降，投降的有八百多人，但是我欺骗了他们，并把他们在同一天全部杀死。至今还令我十分悔恨的，只有这件事。"王朔说："能使人受祸的事，没有比杀死已经投降的人更大的了，这就是将军不能封侯的原因。"

　　后二岁，大将军、骠骑将军大出击匈奴，广数自请行。天子以为老，弗许；良久乃许之，以为前将军。是岁，元狩四年也。

　　广既从大将军青击匈奴，既出塞，青捕虏知单于所居，乃自以精兵走之，而令广并于右将军军，出东道。东道少回远，而大军行水草少，其势不屯行。广自请曰："臣部为前将军，今大将军乃徙令臣出东道，且臣结发而与匈奴战，今乃一得当单于，臣愿居前，先死单于。"大将军青亦阴受上诫，以为李广老，数奇，毋令当单于，恐不得所欲。而是时公孙敖新失侯，为中将军从大将军，大将军亦欲使敖与俱当单于，故徙前将军广。广时知之，固自辞于大将军。大将军不听，令长史①封书与广之莫②府，曰："急诣部，如书。"广不谢大将军而起行，意甚愠怒而就部，引兵与右将军食其合军出东道。军亡导，或失道，后大将军。大将军与单于接战，单于遁走，弗能得而还。南绝幕③，遇前将军、右将军。广已见大将军，还入军。大将军使长史持糒醪④遗广，因问广、食其失道状，青欲上书报天子军曲折。广未对，大将军使长史急责广之幕府对簿。广曰："诸校尉无罪，乃我自失道。吾今自上簿至莫府。"

【注释】

① 长史：官名。
② 莫（mù）：通"幕"。
③ 绝幕：越过沙漠。
④ 糒醪（bèi láo）：糒，干粮；醪，浊酒。

【译文】

又过了两年，大将军卫青、骠骑将军霍去病率军大举出击匈奴，李广数次亲自请求同行。汉武帝认为他已年老，没有答应；过了好久才应允，让他任前将军。这一年是元狩四年（前119年）。

李广随大将军卫青出征匈奴，出边塞以后，卫青捉到一个俘虏，从其口中知道了单于住的地方，就自己带领精兵前往，而命李广和右将军的军队合并，从东路出击。东路有些迂回绕远，而且卫青带领的大军行进的地方水草少，势必因不便屯扎而加速行进。李广亲自请求说："我的职务是前将军，如今大将军却命令我改从东路走，况且从我少年时就与匈奴作战，到今天才真正与单于交战，我愿带领先锋部队，先和单于决一死战。"大将军卫青暗中接受汉武帝的警告，认为李广年老，命数不好，不要让他对战单于，否则恐怕不能实现俘获单于的愿望。那时公孙敖刚刚丢了侯爵，任中将军跟随大将军，大将军想让公孙敖跟自己一起对战单于，于是故意把前将军李广调开。李广当时也知道内情，所以坚决请求卫青收回调令。大将军不答应，命令长史写文书发到李广的幕府，并对他说："快回到军部，照文书上写的办。"李广没向大将军告辞就走了，心中非常恼怒地前往军营，领兵与右将军赵食其汇合军队从东路出发。右路的军队没有向导，有时会迷路，落后于卫青的队伍。大将军与单于交战，单于逃跑了，没有抓到只好回来。大将军向南行越过沙漠后，才遇到了前将军李广和右将军赵食其。李广见过大将军，就回到了自己的军中。大将军派长史拿着干粮和酒送给李广，顺便向李广和赵食其询问迷路的情况，卫青想上书给皇帝报告详细的军情。李广置之不理，大将军派长史急切责令李广幕府的人员前去接受审问。李广说："校尉们没有罪，是我自己迷了路，我现在亲自写报告给军营的幕府。"

广谓其麾下曰："广结发与匈奴大小七十余战，今幸从大将军出接单于兵，而大将军又徙广部行回远，而又迷失道，岂非天哉！且广年六十余矣，终不能复对刀笔之吏。"遂引刀自刭。广军士大夫一军皆哭，百姓闻之，知与不知，无老壮皆为垂涕。而右将军独下吏，当死，赎为庶人。

【译文】

李广对他的部下说："我成年后与匈奴打过大小七十多仗，如今有幸跟随大将军与单于作战，可是大将军又调我的部队走迂回绕远的路，可偏偏又迷失道路，难道不是天意吗！况且我已六十多岁了，不能再受那些刀笔吏的侮辱。"于是拔刀自刎。李广军中的将士都为之痛哭。百姓们听了，不论认识的还是不认识的，不论年老的还是年少的都为李广落泪。右将军赵食其被单独交给执法官吏，判为死罪，后来用财物赎罪，降为平民。

广子三人，曰当户、椒、敢，为郎。天子与韩嫣戏，嫣少不逊，当户击嫣，嫣走。于是天子以为勇。当户早死，拜椒为代郡太守，皆先广死。当户有遗腹子名陵。广死军时，敢从骠骑将军。广死明年，李蔡以丞相坐侵孝景园壖地①，当下吏治，蔡亦自杀，不对狱，国除。李敢以校尉从骠骑将军击胡左贤王，力战，夺左贤王鼓旗，斩首多，赐爵关内侯，食邑二百户，代广为郎中令。顷之，怨大将军青之恨其父，乃击伤大将军，大将军匿讳之。居无何，敢从上雍，至甘泉宫猎。骠骑将军去病与青有亲，射杀敢。去病时方贵幸，上讳云鹿触杀之。居岁余，去病死。而敢有女为太子中人，爱幸，敢男禹有宠于太子，然好利，李氏陵迟衰微矣。

【注释】

① 壖（ruán）地：城下宫庙外及水边等处的空地或田地。

【译文】

　　李广有三个儿子，分别叫李当户、李椒、李敢，都任郎官。一次，武帝和他的宠臣韩嫣在一起玩闹，韩嫣的举动有些放肆，李当户便去打韩嫣，韩嫣逃跑了。于是武帝认为李当户很勇敢。李当户死得早，后又封李椒为代郡太守，但二人都比李广先死。李当户有个遗腹子名叫李陵。李广在军中自杀的时候，李敢正跟随骠骑将军霍去病作战。李广死后第二年，李蔡因为作为丞相被加了个侵占景帝陵园范围内土地的罪名，本应交给法吏查办，但李蔡不愿受审对质，就自杀了，他的封国也被废除。李敢以校尉的身份随骠骑将军出击匈奴左贤王，奋力作战，夺得左贤王的战鼓和军旗，斩杀了很多敌人，被赐爵关内侯、食邑二百户，接替李广任郎中令。不久，李敢因怨恨大将军卫青使他父亲含恨而死，就打伤了大将军，大将军把这件事隐瞒下来。没过多久，李敢随武帝去雍县，到甘泉宫附近打猎。骠骑将军霍去病和卫青有亲戚关系，就射杀了李敢。霍去病当时身份显贵并且受宠，武帝替他隐瞒说李敢是被鹿撞死的。又过一年多，霍去病也死了。李敢有个女儿是太子的侍妾，很受宠爱，李敢的儿子李禹也受太子宠爱，但他贪财逐利，李氏家族因此日渐败落，势力衰微。

李陵既壮,选为建章监,监诸骑。善射,爱士卒。天子以为李氏世将,而使将八百骑。尝深入匈奴二千余里,过居延视地形,无所见虏而还。拜为骑都尉,将丹阳楚人五千人,教射酒泉、张掖以屯卫胡。

【译文】

李陵三十多岁时,被选任为建章监,监管所有骑兵。他善于射箭,爱护士兵,武帝认为李家世代为将,因而让李陵率领八百骑兵。李陵曾深入匈奴境内两千多里,穿过居延海,观察地形,没遇到敌人就回来了。后来李陵被封为骑都尉,统率丹阳的楚兵五千人,在酒泉、张掖训练射箭,屯驻在那里防御匈奴。

数岁,天汉二年秋,贰师将军李广利将三万骑击匈奴右贤王于祁连天山,而使陵将其射士步兵五千人出居延北可千余里,欲以分匈奴兵,毋令专走贰师也。陵既至期还,而单于以兵八万围击陵军。陵军五千人,兵矢既尽,士死者过半,而所杀伤匈奴亦万余人。且引且战,连斗八日,还未到居延百余里,匈奴遮狭绝道。陵食乏而救兵不到,虏急击招降陵。陵曰:"无面目报陛下。"遂降匈奴。其兵尽没,余亡散得归汉者四百余人。

【译文】

几年后,天汉二年(前99年)秋天,贰师将军李广利率领三万骑兵在祁连山进攻匈奴右贤王,武帝派李陵率领他的步兵射手五千人,出兵到居延泽以北大约一千里的地方,想以此分散敌人的兵力,不让他们专门对付贰师将军的军队。到了规定时期,李陵率领军队返回时,单于用八万大军围击李陵的军队。李陵的军队只有五千人,箭射光了,士兵死了大半,但他们杀伤的匈奴也有一万多人。李陵的军队边退边战,接连战斗了八天,往回退到离居延塞还有一百多里的地方,匈奴兵堵住险要之地,截断他们的去路。李陵的军队缺乏粮食,救兵也没来,敌人进攻猛烈,劝说李陵投降。李陵说:"我没脸面回去见皇帝了!"于是就投降了匈奴。他的军队全军覆没,剩余逃回汉朝的只有四百多人。

单于既得陵，素闻其家声，及战又壮，乃以其女妻陵而贵之。汉闻，族陵母妻子。自是之后，李氏名败，而陇西之士居门下者皆用为耻焉。

【译文】

单于得到李陵之后，对李陵家的名声早有耳闻，见他打仗时又很勇猛，于是就把自己的女儿嫁给李陵以示显贵。汉室知道后，就杀了李陵的母亲妻儿，灭了全族。从此以后，李家声名败落，陇西一带曾做过李氏门下宾客的，都为此感到羞辱。

太史公曰：传曰："其身正，不令而行；其身不正，虽令不从。"其李将军之谓也？余睹李将军悛①悛如鄙人，口不能道辞。及死之日，天下知与不知，皆为尽哀。彼其忠实心诚信于士大夫也。谚曰："桃李不言，下自成蹊。"此言虽小，可以谕大也。

【注释】

① 悛（quān）悛：谨慎忠实的样子。

【译文】

太史公说：《论语》里说："自身行为端正，不下命令别人也会奉行；自身行为不正的，发号施令也没人听从"，说的就是李将军吧！我所看到的李将军，老实厚道的样子像个乡下人，还不善言辞。但他死的时候，天下人不论认识他还是不认识他的，都为他尽哀。这难道不是他那忠诚的品格感动了大家吗？谚语说："桃树李树不会讲话，但树下都被人踩出了小路。"这话虽然说的是小事，但可以用来说明大道理。

漢司馬遷

司马迁像
选自《历代名人肖像》册
（清）佚名　私人收藏

《汉书·李广苏建传》中记载了司马迁为李陵辩护的情形，司马迁说："陵事亲孝，与士信，常奋不顾身以殉国家之急……且陵提步卒不满五千，深践戎马之地，足历王庭，垂饵虎口，横挑强胡，仰亿万之师，与单于连战十有余日，所杀过当。虏救死扶伤不给，旃裘之君长咸震怖，乃悉征其左右贤王，举引弓之民，一国共攻而围之。转斗千里，矢尽道穷，士张空拳，冒白刃，北首争死敌，得人之死力，虽古名将不过也。身虽陷败，然其所摧败亦足暴于天下。彼之不死，宜欲得当以报汉也。"

《苏武牧羊》
（清）任伯年 收藏于故宫博物院

苏武在汉武帝时担任郎官，出使匈奴时被扣留，当时是李陵投降的第二年。单于派李陵去劝降，苏武意志坚定，绝不动摇，于是"陵见其至诚，喟然叹曰：'嗟乎，义士！陵与卫律之罪上通于天。'因泣下沾衿，与武决去。"（《汉书·李广苏建传》）苏武归汉后写信力劝李陵归汉，信中说："每念足下，才为世英。器为时出。"然而，李陵最终没有归汉。

匈奴列传[1]

　　匈奴，其先祖夏后氏之苗裔①也，曰淳维。唐、虞以上有山戎、猃狁、荤粥，居于北蛮，随畜牧而转移。其畜之所多则马、牛、羊，其奇畜则橐驼、驴骡、駃騠②、騊駼③、驒騱④。逐水草迁徙，毋城郭常处耕田之业，然亦各有分地。毋文书，以言语为约束。儿能骑羊，引弓射鸟鼠；少长则射狐兔：用为食。士力能毌⑤弓，尽为甲骑。其俗，宽则随畜，因射猎禽兽为生业，急则人习战攻以侵伐，其天性也。其长兵则弓矢，短兵则刀铤⑥。利则进，不利则退，不羞遁走。苟利所在，不知礼义。自君王以下，咸食畜肉，衣其皮革，被旃裘⑦。壮者食肥美，老者食其余。贵壮健，贱老弱。父死，妻其后母；兄弟死，皆取其妻妻之。其俗有名不讳，而无姓字。

【注释】

① 苗裔：后代子孙。
② 駃騠（jué tí）：亦作駃騠，古代良马名。
③ 騊駼（táo tú）：古代良马名，前脚全白的马。《山海经》："北海内有兽，其状如马，名騊駼。"
④ 驒騱（tuó xí）：驒，毛色呈鳞状斑纹的青黑色马。《说文解字·马部》："驒，青骊白鳞，文如鼍鱼。"騱，《尔雅·释畜》："前足皆白，騱。"
⑤ 毌（wān）：通"弯"。
⑥ 铤（chán）：一种铁柄短矛，也泛指短矛，作动词义为"刺杀"。
⑦ 旃裘（zhān qiú）：古代北方游牧民族用兽毛等制成的衣服。

---

〔1〕　此篇有删减。

【译文】

匈奴的祖先是夏后氏的后代子孙,叫淳维。唐尧、虞舜以前就有山戎、猃狁、荤粥,他们居住在北方蛮荒之地,随着放牧而迁移。他们的牲畜大多是马、牛、羊,其中奇特的牲畜是骆驼、驴骡、駃騠、騊駼、驒騱。他们追逐水草而迁徙,没有城郭和固定居住的地方,也不耕田种地,但是有各自分占的土地。他们没有文字和书籍,只用言语来约束人们的行动。孩童就能骑羊,拉弓射击鸟和鼠;再长大一点,就能射击狐兔,当作食物。成年男子力能拉弓,全都是铁甲骑兵。按照匈奴的风俗,闲暇的时候就随意游牧,以射猎鸟兽为职业;有战事的时候,则人人练习攻战本领,以便侵袭征战,这是他们的天性。他们的长兵器有弓和箭,短兵器有刀和短矛。形势有利就进攻,形势不利就后退,不认为逃跑是羞耻的事。只要是利益所在,就不顾礼义。自君王以下,都以牲畜之肉为主食,都穿皮革衣服,披兽毛制成的皮袄。强壮的人吃肥美食物,老年人则吃剩菜剩饭。他们尊崇壮健的人,轻视老弱的人。父亲死去,儿子则以后母为妻;兄弟死去,活着的兄弟就娶他的妻子为妻。他们的习俗是可以不避讳名字的,但没有姓氏。

《胡骑秋猎图》
(南宋)陈居中(传)
收藏于美国克里夫兰艺术博物馆

《胡人围猎图》卷
（明）仇英　收藏于美国纽约大都会艺术博物馆

189

卫将军骠骑列传[1]

大将军卫青者,平阳人也。其父郑季,为吏,给事平阳侯家,与侯妾卫媪通,生青。青同母兄卫长子,而姊卫子夫自平阳公主家得幸天子,故冒姓为卫氏。字仲卿。长子更字长君。长君母号为卫媪。媪长女卫孺,次女少儿,次女即子夫。后子夫男弟步、广皆冒卫氏。

【译文】

大将军卫青是平阳县人,他的父亲郑季是个小吏,在平阳侯曹寿家供事,曾与平阳侯的侍妾卫媪私通,生了卫青。卫青的同母异父哥哥叫卫长子,姐姐卫子夫在平阳公主家得到汉武帝的宠爱,他们都冒充姓卫。卫青字仲卿。卫长子改字长君。长君的母亲叫卫媪。卫媪的大女儿叫卫孺,二女儿叫卫少儿,三女儿就是卫子夫。后来,卫子夫的弟弟卫步和卫广都冒充姓卫。

青为侯家人,少时归其父,其父使牧羊。先母之子皆奴畜之,不以为兄弟数。青尝从入至甘泉居室,有一钳徒[①]相青曰:"贵人也,官至封侯。"青笑曰:"人奴之生,得毋笞骂即足矣,安得封侯事乎!"

【注释】

① 钳徒:被施钳刑而为徒众的人。

---

〔1〕 此篇有删减。

【译文】

　　卫青是平阳侯家的仆人，年少时回到父亲郑季家里，父亲便让他牧羊。郑季正妻生的儿子们都把他当奴仆一样对待，不认他当兄弟。卫青曾经跟人来到甘泉宫，有个脖子上戴着铁枷的犯人给卫青相面说："你是个贵人，将来能封侯！"卫青笑一笑说："我是一个奴婢生的孩子，能不挨打受骂就心满意足了，怎能封侯呢！"

　　青壮，为侯家骑，从平阳主①。建元二年春，青姊子夫②得入宫幸上。皇后③，堂邑大长公主女也，无子，妒。大长公主闻卫子夫幸，有身，妒之，乃使人捕青。青时给事建章，未知名。大长公主执囚青，欲杀之。其友骑郎公孙敖与壮士往篡取之，以故得不死。上闻，乃召青为建章监，侍中，及同母昆弟贵，赏赐数日间累千金。孺为太仆公孙贺妻。少儿故与陈掌通，上召贵掌。公孙敖由此益贵。子夫为夫人。青为大中大夫。

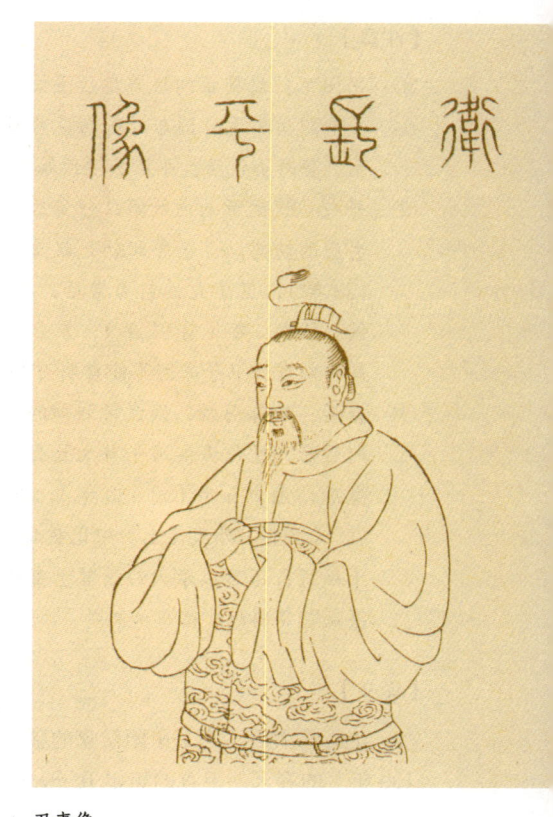

卫青像
选自《古圣贤像传略》清刊本
（清）顾沅/辑录　（清）孔莲卿/绘

【注释】

① 平阳主：汉景帝刘启与皇后王娡的长女，汉武帝刘彻的同胞姐姐。起初封号为阳信公主，因与开国功臣曹参的曾孙平阳侯曹寿结婚，故又称平阳公主。曹寿去世后，平阳公主改嫁卫青。死后与卫青同葬于茂陵。
② 子夫：汉武帝刘彻的第二任皇后，大将军卫青的姐姐，骠骑将军冠军侯霍去病的姨妈。卫子夫起初是汉武帝姐姐平阳公主家的歌姬。元朔元年（前128年），卫子夫被封为皇后，同年生下了太子刘据，卫青也在同一年封侯。征和二年（前91年），方士江充与太子刘据不和，借巫蛊事大肆陷害，最终刘据、卫子夫因不能自明而自杀。
③ 皇后：即陈阿娇，汉武帝刘彻的第一任皇后，为西汉开国功臣堂邑侯陈婴的后裔，堂邑夷侯陈午与大长公主刘嫖之女。建元元年（前140年）立为皇后，元光五年（前130年），以"惑于巫祝"的罪名被废除，退居长门宫。《汉书·外戚传上》中记载此事："使有司赐皇后策曰：'皇后失序，惑于巫祝，不可以承天命。其上玺绶，罢退居长门宫。'""金屋藏娇""千金买赋"等典故，都与她有关。

【译文】

卫青长大后，当了平阳侯家的骑兵，跟随平阳公主。汉武帝建元二年（前139年）的春天，卫青的姐姐卫子夫得到机会入宫，受到武帝宠幸。皇后陈阿娇是堂邑大长公主刘嫖的女儿，膝下无子，是个善妒之人。大长公主听说卫子夫受到武帝宠幸，且怀有身孕，很嫉妒她，就派人逮捕卫青。当时卫青在建章宫供职，尚不出名。大长公主逮捕囚禁了卫青，想杀死他。卫青的朋友骑郎公孙敖就和一些壮士把卫青抢了回来，卫青因此保住了性命。武帝听到这消息，就任命卫青为建章监，加侍中官衔。连同他的同母异父的兄弟们也得以显贵，皇上赏赐他们的金钱，数日之间累积千金。卫孺做了太仆公孙贺的妻子。卫少儿曾同陈掌私通，武帝便召来陈掌，使他显贵。公孙敖也因此更加显贵。卫子夫做了武帝的夫人。卫青升为大中大夫。

元朔元年春，卫夫人有男，立为皇后。其秋，青为车骑将军，出雁门，三万骑击匈奴，斩首虏数千人。明年，匈奴入杀辽西太守，虏略渔阳二千余人，败韩将军军。汉令将军李息击之，出代；令车骑将军青出云中以西至高阙。遂略河南地，至于陇西，捕首虏数千，畜数十万，走白羊、楼烦王。遂以河南地为朔方郡。以三千八百户封青为长平侯。青校尉苏建有功，以千一百户封建为平陵侯。使建筑朔方城。青校尉张次公有功，封为岸头侯。天子曰："匈奴逆天理，乱人伦，暴长虐老，以盗窃为务，行诈诸蛮夷，造谋藉兵，数为边害，故兴师遣将，以征厥罪。《诗》不云乎，'薄伐猃狁，至于大原①'，'出车彭彭，城彼朔方②'。今车骑将军青度西河至高阙，获首虏二千三百级，车辎畜产毕收为卤，已封为列侯。遂西定河南地，按榆谿旧塞，绝梓领，梁北河，讨蒲泥，破符离，斩轻锐之卒，捕伏听者三千七十一级，执讯获丑，驱马牛羊百有余万，全甲兵而还，益封青三千户。"其明年，匈奴入杀代郡太守友，入略雁门③千余人。其明年，匈奴大入代、定襄、上郡，杀略汉数千人。

【注释】

① 薄伐猃狁，至于大原：出自《诗经·小雅·六月》，大意为出击讨伐猃狁，进军大原。
② 出车彭彭，城彼朔方：出自《诗经·小雅·鹿鸣》："出车彭彭，旂旐央央。天子命我，城彼朔方。"大意为战车出征时，车马众多，场景盛大，众多旗帜迎风飘扬。周天子命令我们，火速赶往朔方修筑防城。
③ 雁门：即雁门关，位于山西省代县。南控中原，北扼漠原，自古以来是兵家必争之地。《山海经》记载："雁门，飞雁出于其门。"

《汉宫春晓》（局部）
（明）仇英　收藏于台北故宫博物院

195

196

197

【译文】

　　元朔元年（前128年）春天，卫子夫生了儿子，被立为皇后。这年秋天，卫青任车骑将军，从雁门郡出境，率领三万骑兵攻打匈奴，斩杀敌人几千人。第二年，匈奴进犯边境，杀死辽西太守，俘虏掠夺渔阳郡两千多人，打败了韩安国将军的军队。汉朝命令李息将军攻打匈奴，从代郡出发；又命令车骑将军卫青从云中郡出发，向西直到高阙去攻打匈奴。卫青于是攻取了黄河以南地区，直到陇西，捕获数千敌人，获得数十万头牲畜，打跑了白羊王和楼烦王。汉朝就把黄河以南地区改设为朔方郡，卫青因功被封为长平侯，食邑三千八百户。卫青的校尉苏建有军功，朝廷也划定一千一百户给他，封他为平陵侯，并派他修筑朔方城。卫青的校尉张次公有军功，被封为岸头侯。汉武帝下诏："匈奴违背天理，悖乱人伦，欺凌长辈，虐待老人，专以盗窃为事，欺诈周边少数民族，暗地里凭借武力，屡次侵害汉朝边境，所以朝廷才派遣军队，讨伐他们。《诗经》上不是说：'征讨狎狁，直到大原''战车轰轰隆隆，筑城守卫朔方'。如今车骑将军卫青越过西河地区，直到高阙，斩杀敌军二千三百人，全部的战车、辎重和牲畜物产都被我们缴获，卫青已被封为列侯，他往西平定了黄河以南地区，巡行榆谿的旧塞，越过梓领，在北河架设桥梁，征讨蒲泥，攻破符离，斩杀敌人精锐的部队，捕获敌人的侦察兵三千零七十一人，对抓到的敌人加以讯问而俘获了更多匈奴人，赶回一百多万只马、牛和羊，而自己的军队完好无损地回来，增封卫青三千户。"第二年，匈奴侵入边境，杀死代郡太守共友，入侵雁门郡，抢掠一千余人。下一年，匈奴大规模入侵代郡、定襄、上郡，斩杀抢走汉朝几千名百姓。

　　是岁也，大将军姊子霍去病年十八，幸，为天子侍中。善骑射，再从大将军，受诏与壮士，为剽姚校尉，与轻勇骑八百直弃大军数百里赴利，斩捕首虏过当。于是天子曰："剽姚校尉去病斩首虏二千二十八级，及相国、当户，斩单于大父行籍若侯产，生捕季父罗姑比，再冠军，以千六百户封去病为冠军侯。上谷太守郝贤四从大将军，捕斩首虏二千余人，以千一百户封贤为众利侯。"是岁，失两将军军，亡翕侯，军功不多,故大将军不益封。右将军建至,天子不诛,赦其罪,赎为庶人。

【译文】

　　这一年,大将军卫青姐姐卫少儿的儿子霍去病十八岁,受到武帝宠爱,当了皇帝的侍中。霍去病擅长骑马射箭,曾两次跟随大将军出征,大将军奉武帝之命,拨给他一些精锐士兵,任命他为剽姚校尉。霍去病同八百名轻捷勇敢的骑兵,甩开大军几百里攻杀敌人,所捕杀的敌兵数量超过了他们损失的人数。于是武帝下诏:"剽姚校尉霍去病杀敌二千零二十八人,其中包括匈奴相国和当户,杀死单于祖父一辈的籍若侯产,活捉单于叔父罗姑比,其功绩在全军两次获得第一,赐其食邑一千六百户封为冠军侯。上谷太守郝贤四次随大将军出征,捕获斩杀敌军二千余名,赐其食邑一千一百户封为众利侯。"这一年,也损失了赵信和苏建两位将军带领的军队,翕侯赵信投降了匈奴,总的来说军功不多,所以没有增封大将军卫青。右将军苏建回来后,武帝没有杀他,赦免了他的罪过,让他交了赎金后,贬其为平民。

　　大将军既还,赐千金。是时王夫人方幸于上,宁乘说大将军曰:"将军所以功未甚多,身食万户,三子皆为侯者,徒以皇后故也。今王夫人幸而宗族未富贵,愿将军奉所赐千金为王夫人亲寿。"大将军乃以五百金为寿。天子闻之,问大将军,大将军以实言,上乃拜宁乘为东海都尉。

【译文】

　　大将军卫青回到京城,武帝赏赐他千金。当时,王夫人正受到武帝的宠幸,宁乘就劝卫青说:"将军您功劳并不太多,自己却食邑万户,三个儿子都封了侯,只是因为卫皇后的缘故。如今王夫人得宠,而她的同姓亲戚还没有富贵,希望将军捧着皇上赏赐的千金,送给王夫人的双亲祝寿。"于是卫青就用五百金为王夫人的双亲祝寿。武帝听到这消息,就问卫青怎么回事,卫青如实相告,武帝就任命宁乘做了东海都尉。

张骞从大将军，以尝使大夏，留匈奴中久，导军，知善水草处，军得以无饥渴，因前使绝国功，封骞博望侯。

【译文】

张骞跟随大将军出征，因为他曾出使大夏，在匈奴境内停留过很长时间，他给军队做向导，因熟知水源草泽的位置，使得大军得以免于饥渴，再加上他以前出使遥远国家的功劳，张骞被封为博望侯。

两军之出塞，塞阅官及私马凡十四万匹，而复入塞者不满三万匹。乃益置大司马位，大将军、骠骑将军皆为大司马。定令，令骠骑将军秩禄与大将军等。自是之后，大将军青日退，而骠骑日益贵。举大将军故人门下多去事骠骑，辄得官爵，唯任安不肯。

【译文】

卫青和霍去病率领军队出塞时，在边塞阅兵，当时官方和私人马匹共十四万匹，而等他们回来的时候，所剩战马已不到三万匹。于是朝廷增置大司马官位，大将军卫青和骠骑将军霍去病都当了大司马。而且朝廷定下法令，让骠骑将军的官阶和俸禄同大将军相等。从此以后，大将军卫青的权势日渐减退，而骠骑将军霍去病则一天天显贵。大将军的老友和门客多半离开了他，去侍奉骠骑将军，这些人常常因此得到官爵，只有任安不肯离开。

骠骑将军为人少言不泄，有气敢任。天子尝欲教之孙、吴兵法，对曰："顾方略何如耳，不至学古兵法。"天子为治第①，令骠骑视之，对曰："匈奴未灭，无以家为也。"由此上益重爱之。然少而侍中，贵，不省士。其从军，天子为遣太官赍②数十乘，既还，重车余弃粱肉，而士

《蹴鞠图》

(南宋)马远(传) 收藏于美国克利夫兰艺术博物馆

蹴鞠作为一项运动,历史悠久,广受欢迎。盛唐诗人李白有「斗鸡金宫里,蹴鞠瑶台边」,王维有「蹴鞠屡过飞鸟上,秋千竞出垂杨里」等句,宋代陆游在《晚春感事》中也记叙了球场上的热闹景象:「蹴鞠场边万人看,秋千旗下一春忙。」

有饥者。其在塞外,卒乏粮,或不能自振,而骠骑尚穿域蹋鞠③。事多此类。大将军为人仁善退让,以和柔自媚于上,然天下未有称也。

【注释】

① 治第:修建大宅子。
② 赍(jī):把东西送给别人。
③ 蹋鞠:蹴鞠,相当于现在的足球。汉代时蹴鞠很流行,不仅用于娱乐,也用于军中练兵。汉刘向《别录》记载:"蹋鞠,兵势也。所以练武士,知有材也,皆因嬉戏而讲练之。"

【译文】

骠骑将军霍去病为人寡言少语,从不泄露别人说的话,有气魄,敢作敢为。武帝曾想教他孙子和吴起的兵法,他回答说:"战争的关键在于方针策略,不必学习古代兵法。"武帝为他修建住宅,让骠骑将军去看看,他回答说:"匈奴还没有消灭,无心顾及小家。"从此以后,武帝更加重用和喜欢他。但是,霍去病从少年时代就在宫中侍奉,身份显贵,不知体恤下士。他出兵打仗时,天子派遣太官赠送他几十车食物,等到回来时,辎重车上丢弃着许多剩余的米和肉,而他的士卒还有挨饿的。他在塞外打仗时,军队缺粮,有的人饿得站不起来,而骠骑将军还在划定区域踢球。他做过很多这样的事。大将军卫青却为人仁爱善良,晓得退让,以宽和柔顺取悦武帝,但是天下人并不称赞他。

骠骑将军自四年军后三年,元狩六年而卒。天子悼之,发属国玄甲军,陈自长安至茂陵,为冢象祁连山。谥之,并武与广地曰景桓侯。子嬗代侯。嬗少,字子侯,上爱之,幸其壮而将之。居六岁,元封元年,嬗卒,谥哀侯。无子,绝,国除。

【译文】

骠骑将军自元狩四年(前119年)出击匈奴后,又过了三年,即元狩六年

（前117年）就去世了。武帝很悲伤，调遣边境五郡的铁甲军，军队从长安到茂陵列队送殡，把他的坟墓修得像祁连山的样子。给他的谥号，合并勇武和开拓边疆的意思，称他为景桓侯。霍去病的儿子嬗接替了侯位。霍嬗年纪小，字子侯，武帝特别喜爱他，希望他长大后也能做将军。六年后，即元封元年（前110年），霍嬗便死了，武帝赐他哀侯的谥号。他没有儿子，因而后代断绝，封国被废除。

自骠骑将军死后，大将军长子宜春侯伉坐法失侯。后五岁，伉弟二人，阴安侯不疑及发干侯登皆坐酎金①失侯。失侯后二岁，冠军侯国除。其后四年，大将军青卒，谥为烈侯。子伉代为长平侯。

【注释】

① 酎（zhòu）金：汉代诸侯向朝廷交纳的贡金，作祭祀用。

【译文】

自从骠骑将军霍去病死后，大将军卫青的长子宜春侯卫伉因犯法而失掉侯爵。五年以后，卫伉的两个弟弟阴安侯卫不疑和发干侯卫登，都因为交纳的酎金不够而失去侯位。失掉侯爵两年后，冠军侯的封国被废除。四年后，大将军卫青病死，朝廷加封谥号为烈侯。卫青的长子卫伉接替爵位作长平侯。

自大将军围单于之后，十四年而卒。竟不复击匈奴者，以汉马少，而方南诛两越，东伐朝鲜，击羌、西南夷，以故久不伐胡。

大将军以其得尚平阳长公主故，长平侯伉代侯。六岁，坐法失侯。

【译文】

大将军卫青在围攻匈奴单于之后十四年去世，其间没有再攻打匈奴，是因为汉朝马匹少，而且正忙着南伐东越和南越，东伐朝鲜，另外攻击羌人和西南夷人，因此长时间没有力量讨伐匈奴。

大将军卫青因为娶了平阳公主，所以长子卫伉接替侯爵。但是六年后，卫伉又因犯法而失掉侯位。

太史公曰：苏建语余曰："吾尝责大将军至尊重，而天下之贤大夫毋称焉，愿将军观古名将所招选择贤者，勉之哉。大将军谢曰：'自魏其、武安之厚宾客，天子常切齿。彼亲附士大夫，招贤绌不肖者，人主之柄也。人臣奉法遵职而已，何与招士！'"骠骑亦放①此意，其为将如此。

【注释】

① 放：通"仿"，模拟、仿照。

【译文】

太史公说：苏建曾对我说："我曾经责备大将军卫青极尊贵，而全国的贤士大夫却不称赞他，希望将军能够效法古代名将，招贤纳士。大将军谢绝说：'自从魏其侯窦婴和武安侯田蚡厚待宾客，皇上常常恨得咬牙切齿。亲近士大夫，选贤任能，废除无能者这些事，是国君的权柄。当大臣的只须遵守法度干好本职工作就可，何必招贤纳士！'"骠骑将军霍去病也秉持这种想法，他们就是这样当将军的。

南越列传[1]

南越王尉佗者,真定人也,姓赵氏。秦时已并天下,略定杨越,置桂林、南海、象郡,以谪徙民,与越杂处十三岁。佗,秦时用为南海龙川令。至二世时,南海尉任嚣病且死,召龙川令赵佗语曰:"闻陈胜等作乱,秦为无道,天下苦之,项羽、刘季、陈胜、吴广等州郡各共兴军聚众,虎争天下,中国扰乱,未知所安,豪杰畔秦相立。南海僻远,吾恐盗兵侵地至此,吾欲兴兵绝新道,自备,待诸侯变,会病甚。且番禺负山险,阻南海,东西数千里,颇有中国人相辅,此亦一州之主也,可以立国。郡中长吏无足与言者,故召公告之。"即被佗书,行南海尉事。嚣死,佗即移檄①告横浦、阳山、湟谿关曰:"盗兵且至,急绝道聚兵自守!"因稍以法诛秦所置长吏,以其党②为假守。秦已破灭,佗即击并桂林、象郡,自立为南越武王。高帝已定天下,为中国劳苦,故释佗弗诛。汉十一年,遣陆贾因立佗为南越王,与剖符③通使,和集百越,毋为南边患害,与长沙接境。

【注释】

① 檄:在中国古代官府用以晓谕百姓或声讨的文书。
② 党:由私人利益结成的小团体。
③ 剖符:犹剖竹。古代帝王分封诸侯、功臣时,以竹符为信证,剖分为二,君臣各执其一,后因以"剖符""剖竹"为分封、授官之称。

---

[1] 此篇有删减。

【译文】

南越王尉佗是真定人,姓赵。秦国兼并六国,统一天下后,平定杨越,设置桂林、南海和象郡三个郡,把犯了罪的百姓发配在这些地方,这些人同越人一起杂居,相处了十三年。尉佗,秦朝时被任命为南海郡的龙川县令。到秦二世时,南海郡尉任嚣快要病死时,把龙川县令赵佗召来,说:"听说陈胜等人发动叛乱,秦朝暴虐无道,天下百姓因此感到很痛苦,项羽和刘邦、陈胜、吴广等,都在各自的州郡兴起军队,聚集民众,像猛虎一般争夺天下,中原地区纷扰动乱,不知何时方得安宁,豪杰们背叛秦朝,相互独立。南海郡偏僻遥远,我担心强盗的军队到这里侵夺土地,因此想发动军队切断与中原的交通,自己早作防备,等待中原政局的变化,不巧我病重。而且,番禺依靠险要地势,南有大海作屏障,东西方圆几千里,还有些中原人辅助我们,我们也可以成为一方之主,建立国家。南海郡的长官中没有可以与之商议此事的人,所以把你召来商量。"任嚣当即颁给赵佗文书,让他代为治理南海郡尉。任嚣死后,赵佗就向横浦、阳山、湟谿三处关口发布檄文,说:"强盗的军队将要到来,急需断绝交通,集合军队,守卫自己。"赵佗还借机依照法律杀了一些不听从指挥的秦朝官吏,而任用他的亲信做了代理长官。秦朝灭亡后,赵佗又发兵兼并了桂林郡和象郡,自立为南越武王。汉高祖已经平定了天下,考虑到中原百姓劳顿困苦,所以汉高祖放过了赵佗,没有杀他。汉高祖十一年(前196年),派遣陆贾去南越,立赵佗为南越王,同他剖符定信,互通使者,让他继续保持南越地区各族间的和睦相处,不要成为汉朝南边的祸害。南越与长沙接壤。

高后时,有司请禁南越关市铁器。佗曰:"高帝立我,通使物,今高后听谗臣,别异蛮夷,隔绝器物,此必长沙王计也,欲倚中国,击灭南越而并王之,自为功也。"于是佗乃自尊号为南越武帝,发兵攻长沙边邑,败数县而去焉。高后遣将军隆虑侯灶往击之。会暑湿,士卒大疫,兵不能逾岭。岁余,高后崩,即罢兵。佗因此以兵威边,财物赂遗闽越、西瓯、骆,役属焉,东西万余里。乃乘黄屋左纛[①],称制[②],与中国侔[③]。

【注释】

① 黄屋左纛（dào）：指帝王乘坐的车子。黄屋：车上用黄布做里子的车盖，是皇帝才能用的形制。左纛：古代皇帝车上用牦牛尾做的装饰物，设在车左。汉班固《汉书·高帝纪》："纪信乃乘王车，黄屋左纛。"
② 称制：皇帝即位。
③ 侔：等同。

【译文】

高后时代，有些官吏请求禁止南越在边境市场上购买铁器。赵佗得知后，说："高帝立我为南越王，互通使者和物资，如今高后听信谗臣之言，把蛮夷视为异类，断绝器物的互通，这一定是长沙王的计谋，他想依靠中原的势力，消灭南越，兼作南越王，自己建立功劳。"于是赵佗自封为南越武帝，出兵攻打长沙的边境，攻下几个县后离去。高后派遣将军隆虑侯周灶前去应战。正赶上天气酷热潮湿，军中暴发大瘟疫，无法翻过阳山岭。又过了一年多，高后去世，汉军就罢兵回朝。赵佗趁机以军事扬威于边境，用财物贿赂闽越、西瓯和骆越的部族，使他们都归属南越，于是他的领地东西长达万余里。赵佗竟然乘坐黄屋左纛之车，自称皇帝，仪制与汉朝相等。

及孝文帝元年，初镇抚天下，使告诸侯四夷从代来即位意，喻盛德焉。乃为佗亲冢在真定，置守邑①，岁时奉祀。召其从昆弟，尊官厚赐宠之。诏丞相陈平等举可使南越者，平言好畤陆贾，先帝时习使南越。乃召贾以为太中大夫，往使，因让佗自立为帝，曾无一介之使报者。陆贾至南越，王甚恐，为书谢，称曰："蛮夷大长老夫臣佗，前日高后隔异南越，窃疑长沙王谗臣，又遥闻高后尽诛佗宗族，掘烧先人冢，以故自弃，犯长沙边境。且南方卑湿，蛮夷中间，其东闽越千人众号称王，其西瓯骆裸国亦称王。老臣妄窃帝号，聊以自娱，岂敢以闻天王哉！"乃顿首谢，愿长为藩臣，奉贡职。于是乃下令国中曰："吾闻两雄不俱

《啸傲烟霞山水人物》册（节选） （清）黎简 收藏于香港中文大学文物馆

王叔明華富黄子久
浮嵐暖翠

噫也生平野性情似何人者陶通明耳根除却松風外只有空山流水聲 挂道人並題徙句時乙酉支四月十四日是時不雨頗熱故作此想

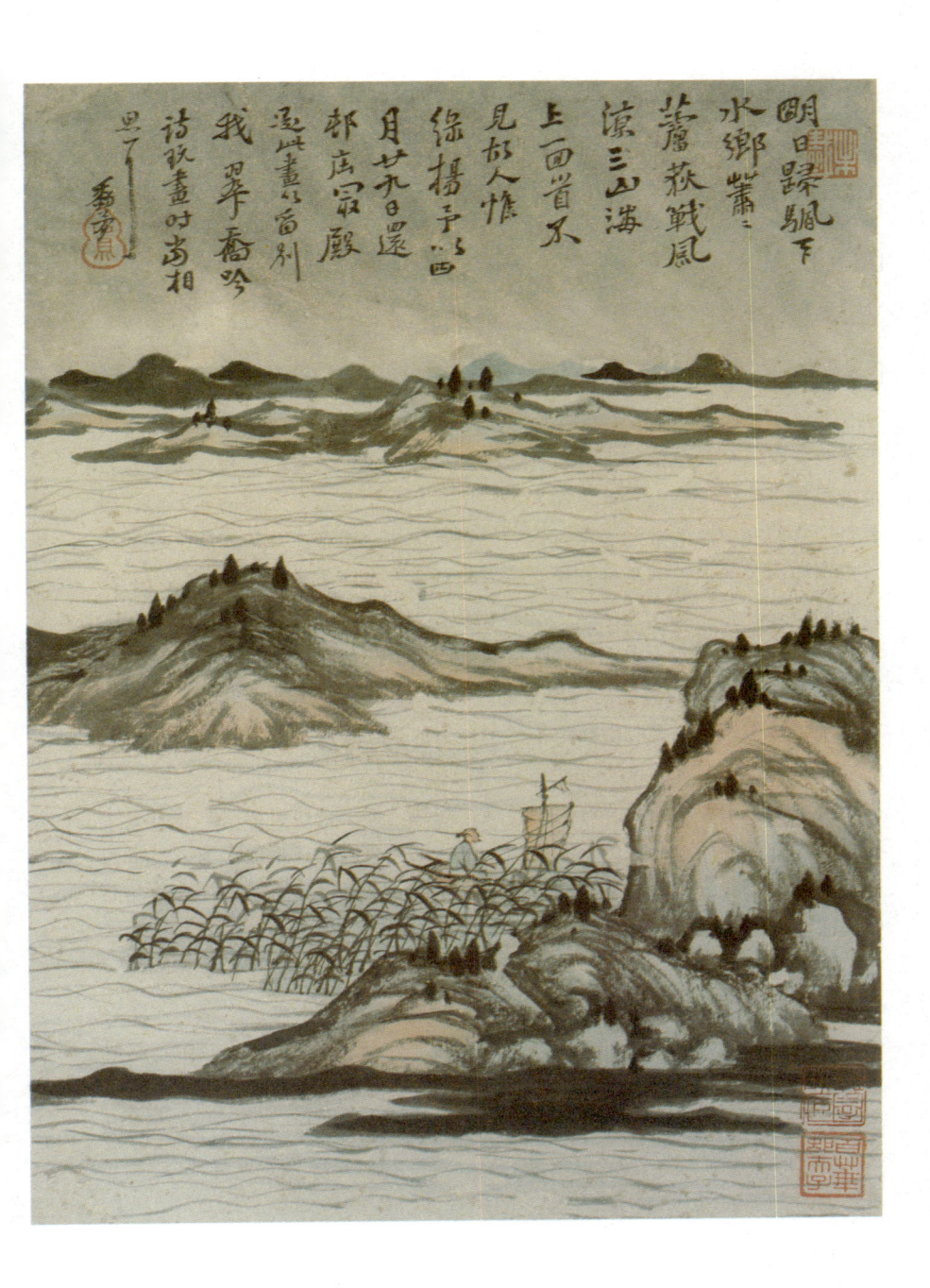

朗日歸驢下水鄉叢，
蘆荻戰鳳凉三山海
上回首不見故人惟
徐揚手爾四月廿九日還
都底寂殿
遊此畫以留別
我翠平喬吟
詩歎畫時尚相
見了

立，两贤不并世。皇帝，贤天子也。自今以后，去帝制黄屋左纛。"陆贾还报，孝文帝大说。遂至孝景时，称臣使人朝请。然南越其居国，窃如故号名，其使天子，称王朝命如诸侯。至建元四年卒。

【注释】

① 守邑：为守卫、照料而设的居住点。

【译文】

等到汉文帝元年（前179年），文帝刚刚即位，便派出使者告诉周边小国的君长，自己从代国前来即位这件事，宣扬大汉王朝美好的德行。于是为赵佗父母在真定的坟墓设置守墓的人家，按时祭祀。又召来赵佗的兄弟们，用尊贵的官职和丰厚的赏赐表示对他们的恩宠优待。文帝命令丞相陈平等举荐可以出使南越的人，陈平推荐说好畤人陆贾在先帝时常常出使南越。天子就召来陆贾，任命他为太中大夫，让他出使南越，借机责备赵佗自立为皇帝，竟然不派一个使者向天子汇报。陆贾到了南越，南越王特别恐惧，写信向文帝道歉说："蛮夷大首领尉佗向您禀告，从前高后隔离、歧视南越，我私下疑心长沙王是个谗臣，又听说高后杀尽了赵佗的宗族亲戚，挖掘并烧毁了祖先的坟墓，因此我才断了与汉朝的关系，侵犯长沙的边境。而且南方低湿之地，在蛮夷中间，东边的闽越只有上千民众，却独自称王；西边像西瓯和骆越这样百姓赤身裸体还未开化的地方，国王也称王。所以我狂妄地窃取了皇帝的称号，聊以自我安慰，自娱自乐罢了，哪敢将此事报告天子呢！"赵佗深深叩头谢罪，表示愿意长久地做汉朝的臣子，奉行向汉朝缴纳贡赋的职责。于是赵佗向全国发布命令，说："我听说两个英雄不能共存，两个贤人也不能共存。汉朝皇帝是贤明的天子，从今以后，我去掉帝制，不再乘坐皇帝才能乘坐的黄屋左纛。"陆贾回京报告此事，汉文帝非常高兴。一直到汉景帝，赵佗仍向汉朝称臣，春秋两季派人朝见天子。但是在南越国内，赵佗仍然窃用皇帝的名号，只是他派使者朝见天子时，接受天子的命令如同诸侯一样。到汉武帝建元四年（前137年），赵佗去世。

佗孙胡为南越王。此时闽越王郢兴兵击南越边邑，胡使人上书曰："两越俱为藩臣，毋得擅兴兵相攻击。今闽越兴兵侵臣，臣不敢兴兵，唯天子诏之。"于是天子多①南越义，守职约，为兴师，遣两将军往讨闽越。兵未逾岭，闽越王弟馀善杀郢以降，于是罢兵。

【注释】

① 多：赞扬。

【译文】

赵佗的孙子赵胡当了南越王。这时闽越王郢发动战争，攻打南越边境，赵胡派人向汉武帝上书说："南越和闽越都是汉朝的属国，不能擅自发兵攻击。如今闽越发兵侵犯臣，臣不敢发兵反击，希望天子处理此事。"武帝赞扬南越忠义，遵守职责和盟约，为他们出兵，派遣王恢和韩安国两位将军前去征讨闽越。汉军还没越过阳山岭，闽越王的弟弟馀善就杀死了闽越郢，投降了汉朝，汉朝军队于是罢兵返回。

天子使庄助往谕意南越王，胡顿首曰："天子乃为臣兴兵讨闽越，死无以报德！"遣太子婴齐入宿卫。谓助曰："国新被寇，使者行矣。胡方日夜装入见天子。"助去后，其大臣谏胡曰："汉兴兵诛郢，亦行以惊动南越。且先王昔言，事天子期无失礼，要之不可以说好语入见。入见则不得复归，亡国之势也。"于是胡称病，竟不入见。后十余岁，胡实病甚，太子婴齐请归。胡薨①，谥为文王。

【注释】

① 薨：诸侯或后世有封爵的大官死亡称薨。

【译文】

　　汉武帝派庄助去向南越王说明情况和传达天子旨意,赵胡深深叩头说:"天子是为臣发兵讨伐闽越的,就是臣死了也无法报答天子的恩德!"于是就派太子婴齐到朝廷去充当宿卫。他又对庄助说:"国家刚刚遭受寇难,请您先走。我日夜准备行装,去朝见天子。"庄助离开后,赵胡的大臣们劝他说:"汉朝发兵诛杀闽越王郢,其目的也是以行动警告南越。先王曾经说过,侍奉汉朝皇帝,只要不失礼数即可,千万不能因为他们说了好话就去朝见天子。去了就回不来了,国家也会因此灭亡。"于是赵胡假说生病,最终没去朝见汉天子。过了十多年,赵胡真的病重,太子婴齐请求回国。赵胡死后,谥号文王。

　　婴齐代立,即藏其先武帝玺。婴齐其入宿卫在长安时,取①邯郸樛氏女,生子兴。及即位,上书请立樛氏女为后,兴为嗣。汉数使使者风谕②婴齐,婴齐尚乐擅杀生自恣,惧入见要用汉法,比内诸侯,固称病,遂不入见。遣子次公入宿卫。婴齐薨,谥为明王。

【注释】

① 取:通"娶",娶妻。
② 风谕:亦作"风喻",意为以委婉的言辞劝告开导。

【译文】

　　婴齐即位后,就藏起祖先过去自称武帝时期的印玺。婴齐到长安做宿卫时,娶了邯郸樛家的女儿,生了儿子赵兴。等到他即位为王,便向汉武帝上书,请求立妻子樛氏为王后,赵兴为太子。汉朝屡次派使者委婉劝说婴齐去朝拜天子,婴齐喜欢随意杀人,惧怕如果进京朝拜天子,就需像其他诸侯一样,执行汉朝法令,因此托病一直不去朝见,只派遣儿子次公入京当宿卫。婴齐死后,谥号明王。

　　太子兴代立,其母为太后。太后自未为婴齐姬时,尝与霸陵人安国少季通。及婴齐薨后，元鼎四年，汉使安国少季往谕王、王太后以入朝，比内诸侯；令辩士谏大夫终军等宣其辞，勇士魏臣等辅其缺，卫尉路博德将兵屯桂阳，待使者。王年少，太后中国人也，尝与安国少季通，其使，复私焉。国人颇知之，多不附太后。太后恐乱起，亦欲倚汉威，数劝王及群臣求内属。即因使者上书，请比内诸侯，三岁一朝，除边关。于是天子许之，赐其丞相吕嘉银印，及内史、中尉、太傅印，余得自置。除其故黥劓刑，用汉法，比内诸侯。使者皆留填抚之。王、王太后饬治行装重赍，为入朝具。

【译文】

太子赵兴即位南越王后，他的母亲当了太后。太后在没嫁给婴齐时，曾经同霸陵人安国少季私通。等到婴齐死后，元鼎四年（前113年），汉朝派安国少季前去规劝南越王和王太后，让他们进京朝拜天子，和其他诸侯一样。命令辩士谏大夫终军，用言语劝说，命令勇士魏臣等查缺补漏，卫尉路博德率兵驻守在桂阳，听候使者的消息。南越王年轻，太后是中原人，曾和安国少季私通，此次安国少季来当使者，又和她私通。南越国的人们多半知道这事，所以大多不依附王太后。太后担心有人趁机作乱，也想倚仗汉朝的威势，巩固自己在南越的地位，因此她多次劝说南越王和群臣请求归顺汉朝。于是就通过使者上书武帝，请求比照内地诸侯，三年入京朝见一次，撤除边境的关塞。武帝答应了这些要求，赐给南越丞相吕嘉银印，也赐给内史、中尉、太傅官印，其余的官职由南越自己安置。废除了他们从前的黥刑和劓刑，施行汉朝的法律，比照内地的诸侯行事。使者都留下来镇抚南越。南越王及王太后整理行装和贵重财物，为进京朝见天子做准备。

其相吕嘉年长矣，相三王，宗族官仕为长吏者七十余人，男尽尚王女，女尽嫁王子兄弟宗室，及苍梧秦王有连。其居国中甚重，越人信之，多为耳目者，得众心愈于王。王之上书，数谏止王，王弗听。有畔心，数称病不见汉使者。使者皆注意嘉，势未能诛。王、王太后亦恐嘉等先事发，乃置酒，介汉使者权，谋诛嘉等。使者皆东乡，太后南乡，王北乡，相嘉、大臣皆西乡，侍坐饮。嘉弟为将，将卒居宫外。酒行，太后谓嘉曰："南越内属，国之利也，而相君苦不便者，何也？"以激怒使者。使者狐疑相杖，遂莫敢发。嘉见耳目非是，即起而出。太后怒，欲铍①嘉以矛，王止太后。嘉遂出，分其弟兵就舍，称病，不肯见王及使者。乃阴与大臣作乱。王素无意诛嘉，嘉知之，以故数月不发。太后有淫行，国人不附，欲独诛嘉等，力又不能。

【注释】

① 铍（cōng）：古代一种短矛，也可作动词，意为用矛刺杀。《说文解字》："铍，矛也。从金，从声。"

【译文】

　　南越丞相吕嘉年龄很大，辅佐过三位君王，他的宗族内当大官的就有七十多人，男的都娶了王室女子，女的都嫁给王子兄弟和宗室贵族，而且他们还同苍梧郡的秦王有姻亲关系。他在南越国内非常有地位，南越人都很信任他，很多人都成了他的亲信，他比南越王更得民心。南越王要上书汉武帝时，他屡次劝阻，南越王不听。于是他产生了背叛南越王的念头，屡次托病不去会见汉朝使者。使者都注意到了吕嘉，但没有办法诛杀他。南越王和太后也怕吕嘉先造反，就安排酒宴，想借助汉朝使者的权势，谋划杀死吕嘉等人。宴席上，使者都面朝东，太后面朝南，南越王面朝北，丞相吕嘉和大臣都面朝西，陪坐饮酒。吕嘉的弟弟当将军，率兵守候在宫外。饮酒期间，太后对吕嘉说："南越归属汉朝，有利国家，而丞相嫌这样做不好，为什么呢？"太后想以此激怒汉朝使者。使者犹豫不决，双方僵持不下，最后还是没敢动手。吕嘉看到周围人不是自己的亲信，立马起身走了出去。太后发怒，想派人用矛击刺吕嘉，南越王阻止了太后。吕嘉出去后，分派弟弟的军队到自己的住处周围，从此愈加托病不肯去会见南越王和使者，暗中同大臣们谋划叛乱。南越王一向无意杀害吕嘉，吕嘉知道这一点,因此几个月没有采取行动。太后行为不正,南越人都不归附她,她想独自杀害吕嘉等人,又没有能力办成这件事。

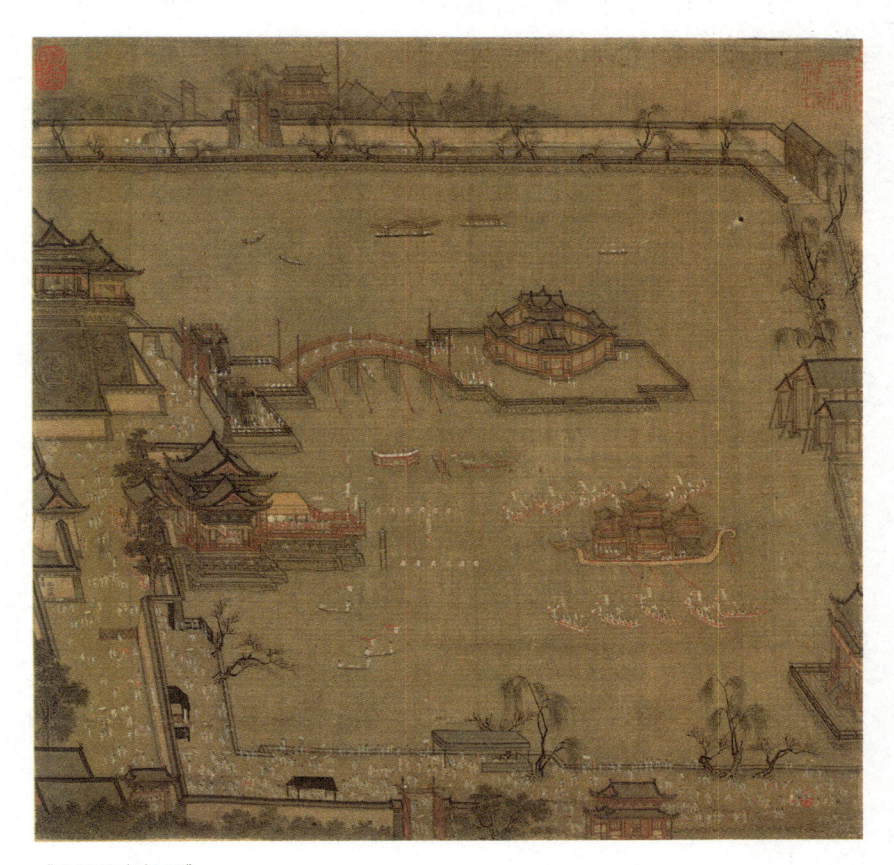

《金明池争标图》
(北宋)张择端(传)　收藏于天津博物馆

金明池修建于宋太宗时,是当时的军事训练基地。据史书记载,水军早在战国时就已出现,吴越争霸时更是动用大规模的水军部队。到了汉代,水军进一步发展,汉高祖刘邦在组建军队时就提出"平地用车骑,山阻用材官,水泉用楼船"的构想,到汉武帝时,更是有"内增七校,外有楼船,皆岁时讲肄,修武备"。

天子闻嘉不听王，王、王太后弱孤不能制，使者怯无决。又以为王、王太后已附汉，独吕嘉为乱，不足以兴兵，欲使庄参以二千人往使。参曰："以好往，数人足矣；以武往，二千人无足以为也。"辞不可，天子罢参也。郏壮士故济北相韩千秋奋曰："以区区之越，又有王、太后应，独相吕嘉为害，愿得勇士二百人，必斩嘉以报。"于是天子遣千秋与王太后弟樛乐将二千人往。入越境，吕嘉等乃遂反，下令国中曰："王年少。太后，中国人也，又与使者乱，专欲内属，尽持先王宝器入献天子以自媚，多从人，行至长安，虏卖以为僮仆。取自脱一时之利，无顾赵氏社稷、为万世虑计之意。"乃与其弟将卒攻杀王、太后及汉使者。遣人告苍梧秦王及其诸郡县，立明王长男越妻子术阳侯建德为王。而韩千秋兵入，破数小邑。其后越直开道给食，未至番禺四十里，越以兵击千秋等，遂灭之。使人函封汉使者节置塞上，好为谩辞①谢罪，发兵守要害处。于是天子曰："韩千秋虽无成功，亦军锋之冠。"封其子延年为成安侯。樛乐，其姊为王太后，首愿属汉，封其子广德为龙亢侯。乃下赦曰："天子微，诸侯力政，讥臣不讨贼。今吕嘉、建德等反，自立晏如②，令罪人及江淮以南楼船十万师往讨之。"

【注释】

① 谩辞：欺诈的言辞。
② 晏如：安宁、安定的样子。《史记·司马相如列传》："及臻厥成，天下晏如也。"三国·嵇康《幽愤诗》："与世无营，神气晏如。"

【译文】

汉武帝听说吕嘉不服从南越王，南越王和太后势力孤弱，无法制服吕嘉，使者又胆怯且毫无决断力。又考虑到南越王和太后已经归附汉朝，只有吕嘉作乱，不值得发兵，于是想派庄参带领两千人出使南越。庄参说："若是为友好谈判而去，去几个人就够了；如果是去动武，两千人不足以成事。"庄参推辞不肯去，武帝罢免了庄参的官。郏县有一个勇士，曾当过济北国国相的韩千秋自告奋勇说道："小小的南越，又有南越王和太后做内应，只有丞相吕嘉从中作梗，只要给我二百个勇士前往南越，一定能杀死吕嘉，回来向天子报告。"于是武帝派遣韩千秋和南越王太后的弟弟樛乐，率兵两千人前往南越。他们进入南越境内，吕嘉等也终于造反，向南越国的人下令说："国王年轻，太后是中原人，又同汉朝使者私通，一心想归属汉朝，把先王的珍宝重器全部拿去献给汉天子，以献媚讨好；她还要带走大量随从，走到长安便把他们卖作僮仆。她只想得到一时的好处，不顾赵氏的江山社稷，没有为后代做长远的谋划和考虑。"于是吕嘉就同他弟弟率兵攻击并杀害了南越王、太后和汉朝的使者。他又派人告知苍梧的秦王和周围各郡县官员，立明王的长子与南越籍的妻子所生的儿子术阳侯赵建德为王。这时韩千秋的军队进入南越境内，攻破几个小城邑。奇怪的是，从此以后，南越人径直让开道路，供给他们粮食，韩千秋的军队一直走到离番禺四十里的地方，南越派兵攻击韩千秋的军队，还把他们全部消灭了。吕嘉让人把汉朝使者的符节装在木匣子里，封好放到边塞之上，假意说了些骗人的好话谢罪，同时派兵守住要害之地。汉武帝得知此情况后说："韩千秋虽然没有成功，但也是军中少有的先锋。"于是封韩千秋的儿子韩延年为成安侯。樛乐的姐姐是南越王太后，最先愿意归属汉朝，因此封樛乐的儿子樛广德为龙亢侯。而且发布赦令说："当周天子衰微，各国诸侯凭武力专权，孔子就写了《春秋》讽刺那些不能讨伐叛贼的臣子。如今吕嘉、赵建德等造反，安然地自立为王。我命令一些罪犯配合江淮以南的十万水军前去讨伐他们。"

【原文】

会暮，楼船①攻败越人，纵火烧城。越素闻伏波②名，日暮，不知其兵多少。伏波乃为营，遣使者招降者，赐印，复纵令相招。楼船力攻烧敌，反驱而入伏波营中。犁旦③，城中皆降伏波。吕嘉、建德已夜与其属数百人亡入海，以船西去。伏波又因问所得降者贵人，以知吕嘉所之，遣人追之。以其故校尉司马苏弘得建德，封为海常侯；越郎都稽得嘉，封为临蔡侯。

【注释】

① 楼船：即楼船将军，古代将军名号，属水军将领，此处指杨仆。《史记·南越列传》："元鼎五年秋……主爵都尉杨仆为楼船将军，出豫章，下横浦。"元鼎六年（前111年），杨仆平定了南越国，被封为将梁侯。一年后，平定了东越国。元封二年（前109年），与左将军荀彘一同征讨朝鲜，一年后因配合不力、贻误战机，被荀彘扣押。灭朝鲜后，汉武帝知晓二将争功之事，于是诛杀荀彘，杨仆当诛，赎为庶人，后病死。

② 伏波：即伏波将军，古代将军封号，意为降伏波涛。此处指西汉名将路博德。路博德曾跟随霍去病北征匈奴，立下战功，受封为邳离侯。元鼎六年，征讨南越，一年后又攻下海南岛。太初元年（前104年），因明知儿子谋反却不上报朝廷，被贬官，驻军居延屯田，不久后去世。

③ 犁旦：黎明。犁，通"黎"。

【译文】

　　正赶上天黑了，楼船将军杨仆击败南越人后，放火烧了番禺城。南越人平时就听到过伏波将军的威名，如今天黑，不知道他有多少士兵。伏波将军就安营扎寨，派使者劝越人投降，前来投降的，赐给他们印信，又让他们回去招降其余人。楼船将军奋力攻击，放火烧城，正好把想来投降的南越人都赶到伏波将军的军营里去了。黎明时分，全城的人都投降了伏波将军。吕嘉和赵建德连夜同几百个下属逃入大海，乘船西去。伏波将军又乘机询问已投降的南越贵人，得知吕嘉的去向，派人前去追捕。原校尉司马苏弘追获了赵建德，被封为海常侯；南越人郎官都稽抓到了吕嘉，被封为临蔡侯。

　　苍梧王赵光者，越王同姓，闻汉兵至，及越揭阳令定自定属汉；越桂林监居翁谕瓯骆属汉。皆得为侯。戈船、下厉将军兵及驰义侯所发夜郎兵未下，南越已平矣。遂为九郡。伏波将军益封。楼船将军兵以陷坚为将梁侯。

【译文】

　　苍梧王赵光,同南越王同姓,听说汉朝军队来了,就同南越的揭阳县令定一同归属汉朝;南越桂林郡监居翁,说服西瓯、骆越归降汉朝。这些人都因此封侯。戈船将军和下厉将军的军队,以及驰义侯调动的夜郎军队还未到达,南越就已平定。于是,汉朝在南越设置了九个郡。伏波将军增加了封邑,楼船将军因为带领军队攻坚有功,被封为将梁侯。

　　自尉佗初王后,五世九十三岁而国亡焉。

【译文】

　　自从赵佗开始称王起,到最后亡国,南越传国五世,共九十三年。

《湖州十八景图》之一
(明)宋旭　收藏于美国克利夫兰艺术博物馆

《蜀山栈道图》(五代·后梁)关仝 收藏于台北故宫博物院

大宛列传[1]

　　大宛之迹，见自张骞。张骞，汉中人。建元中为郎。是时天子问匈奴降者，皆言匈奴破月氏王，以其头为饮器，月氏遁逃而常怨仇匈奴，无与共击之。汉方欲事灭胡，闻此言，因欲通使。道必更匈奴中，乃募能使者。骞以郎应募，使月氏，与堂邑氏胡奴甘父俱出陇西。经匈奴，匈奴得之，传诣单于。单于留之，曰："月氏在吾北，汉何以得往使？吾欲使越，汉肯听我乎？"留骞十余岁，与妻，有子，然骞持汉节不失。

【译文】

　　大宛这地方是张骞最先发现的。张骞是汉中人，汉武帝建元年间任郎官。当时，汉武帝问投降的匈奴人，他们都说匈奴攻破了月氏王，并用他的头骨当饮器。月氏百姓都逃跑了，因而常常怨恨匈奴，只是没有人和他们一起攻打匈奴。这时汉朝正想灭掉匈奴，汉武帝听到这些说法，就想派使者前去联络月氏人。但是，从汉朝去月氏必须经过匈奴，于是就招募能够出使的人。张骞以郎官身份应募，出使月氏，和堂邑侯家一个名叫甘父的匈奴奴隶一同从陇西出境，经过匈奴领地时，他们被匈奴人俘虏，移送给了单于。单于扣留了他们，说："月氏在我们北边，汉朝怎能派使者前去呢？我们要想派使者去南越，汉朝能允许我们吗？"于是扣留张骞十余年，还给他娶妻，生了孩子，但是张骞一直保留着汉朝使者的符节，没有丢失。

〔1〕　此篇有删减。

《张骞出使西域图》（局部）
敦煌莫高窟壁画

居匈奴中，益宽，骞因与其属亡，乡月氏西走数十日，至大宛。大宛闻汉之饶财，欲通不得，见骞，喜，问曰："若欲何之？"骞曰："为汉使月氏，而为匈奴所闭道。今亡，唯王使人导送我。诚得至，反汉，汉之赂遗王财物不可胜言。"大宛以为然，遣骞，为发导绎，抵康居，康居传致大月氏。大月氏王已为胡所杀，立其太子为王。既臣大夏而居，地肥饶，少寇，志安乐，又自以远汉，殊无报胡之心。骞从月氏至大夏，竟不能得月氏要领。

【译文】

张骞他们留居匈奴期间，匈奴对他们的看管逐渐宽松，张骞因此得以和他的随从逃往月氏。他们向西跑了几十天，到达大宛。大宛王早就听说汉朝财富众多，想与汉朝互通，一直没有机会，见到张骞后非常高兴，问他说："你想到哪儿去？"张骞说："我作为汉朝使者出使月氏，却被匈奴拦住去路。如今终于逃出，希望大王派人引导护送我们去月氏。若真能到达，等我们返回汉朝，汉朝赠送给大王的财物肯定不可胜数。"大宛王觉得张骞说得很有道理，就派人给张骞做向导和翻译，他们一路到达康居。康居人又把他们转送到大月氏。当时，大月氏的国王已经被匈奴杀死，他的太子被立为国王。国王已经征服了大夏并在此地居住，此地土地肥沃，少有敌人，百姓安居乐业，他们认为自己离汉朝很远，根本就没有向匈奴报仇的意思。张骞从月氏到了大夏，终究没有得到月氏对联汉击匈奴一事的明确态度。

留岁余，还，并南山，欲从羌中归，复为匈奴所得。留岁余，单于死，左谷蠡王攻其太子自立，国内乱，骞与胡妻及堂邑父俱亡归汉。汉拜骞为太中大夫，堂邑父为奉使君。

【译文】

张骞在月氏住了一年多，然后返回，他沿着南山行进，想从羌人居住的地方回汉朝，却又被匈奴人俘获。他在匈奴被拘禁了一年多，老单于死后，左谷蠡王攻击太子，自立为单于，匈奴国内大乱，张骞乘机与胡人妻子和堂邑父一起逃回了汉朝。汉朝封张骞为太中大夫，封堂邑父为奉使君。

骞为人强力[1]，宽大信人，蛮夷爱之。堂邑父故胡人，善射，穷急射禽兽给食。初，骞行时百余人，去十三岁，唯二人得还。

【注释】

[1] 强力：强大有力。《管子·牧民》："城郭沟渠，不足以固守；兵甲强力，不足以应敌；博地多财，不足以有众。"

【译文】

张骞为人坚强有毅力，心胸宽大，诚实可信，蛮夷之人都很喜欢他。堂邑父从前是匈奴人，善于射箭，当他们在路上没有吃的时就射杀飞禽走兽充饥。当初，张骞出发时带有一百多名随从，离开汉朝十三年，只有他和堂邑父两个人回到了汉朝。

骞身所至者大宛、大月氏、大夏、康居，而传闻其旁大国五六，具为天子言之。曰：大宛在匈奴西南，在汉正西，去汉可万里。其俗土著，耕田，田稻麦。有蒲陶酒。多善马，马汗血，其先天马子也。有城郭屋室。其属邑大小七十余城，众可数十万。其兵弓矛骑射。其北则康居，西则大月氏，西南则大夏，东北则乌孙，东则扜罙、于窴。于窴之西，则水皆西流，注西海；其东水东流，注盐泽。盐泽潜行地下，其南则河源出焉。多玉石，河注中国。而楼兰、姑师邑有城郭，临盐泽。盐泽去长安可五千里。匈奴右方居盐泽以东，至陇西长城，南接羌，鬲①汉道焉。

【注释】

① 鬲：通"隔"，阻隔。《管子·明法解》："人臣之力，能鬲君臣之闲而使美恶之情不扬闻。"

【译文】

张骞亲自去过大宛、大月氏、大夏、康居，听说这些国家的旁边还有五六个大国，他都一一向汉武帝汇报。他说：大宛在匈奴的西南方，在汉朝的正西方，离汉朝大约一万里。当地的风俗是定居一处，耕种稻子和麦子，出产葡萄酒。当地有很多好马，马流出的汗水是血色的，据说这些马的祖先是天马。那里建有城郭房屋，归属于大宛的城邑大大小小有七十多座，百姓大约有几十万人。大宛人使用的兵器是弓和矛，人们擅长骑马射箭。大宛的北边是康居，西边是大月氏，西南是大夏，东北是乌孙，东边是扜罙、于窴。于窴的西边，河水都向西流，注入西海。于窴东边的河水都向东流，注入盐泽。盐泽的水在地下暗中流淌。它的南边就是黄河的源头。那里盛产玉石，黄河水流入中原。楼兰和姑师都建有城郭，临近盐泽。盐泽离长安大约五千里。匈奴的右边就在盐泽的东面，直到陇西长城，南边与羌人相接，阻隔了通往汉朝的道路。

《田垄牧牛图》
（南宋）佚名　收藏于美国明尼阿波利斯艺术馆

乌孙在大宛东北可二千里，行国，随畜，与匈奴同俗。控弦者数万，敢战。故服匈奴，及盛，取其羁属，不肯往朝会焉。

康居在大宛西北可二千里，行国，与月氏大同俗。控弦者八九万人。与大宛邻国。国小，南羁事月氏，东羁事匈奴。

奄蔡在康居西北可二千里，行国，与康居大同俗。控弦者十余万。临大泽，无崖，盖乃北海云。

【译文】

乌孙在大宛东北约两千里的地方，属于游牧国家，人们随着牲畜迁移，和匈奴人的风俗相同。能拉弓打仗的有几万人，他们勇猛善战。以前受匈奴管辖，强盛之后，就成了匈奴羁縻的属国，不肯去朝拜匈奴。

康居在大宛西北约两千里的地方，也是游牧国家，与月氏的风俗大致相同。能拉弓打仗的有八九万人，和大宛是邻国。这个国家面积小，南边被迫臣服于月氏，东边被迫臣服于匈奴。

奄蔡在康居西北约两千里的地方，是游牧国家，与康居的风俗大体相同。能拉弓打仗的有十多万人。它临近大的水泽，无边无岸，据说就是北海。

大月氏在大宛西可二三千里，居妫水北。其南则大夏，西则安息，北则康居。行国也，随畜移徙，与匈奴同俗。控弦者可一二十万。故时强，轻匈奴，及冒顿立，攻破月氏，至匈奴老上单于，杀月氏王，以其头为饮器。始月氏居敦煌、祁连间，及为匈奴所败，乃远去，过宛，西击大夏而臣之，遂都妫水北为王庭。其余小众不能去者，保南山羌，号小月氏。

【译文】

大月氏位于大宛西边两三千里的地方，处于妫水之北。它的南边是大夏，西边是安息，北边是康居。它是游牧国家，百姓随着牲畜逐水草而迁移，同匈奴的风俗一样。能拉弓打仗的有一二十万人。从前强大时，轻视匈奴，冒顿做了单于后，打败了月氏；到了匈奴老上单于时，杀死了月氏王，用月氏王的头骨做饮酒器皿。原先，月氏人居住在敦煌、祁连山之间，等到被匈奴打败后，就远离了这里，经过大宛，向西去攻打大夏，令其臣服于自己，建都在妫水之北，作为王庭。剩下的一小部分没能离开的，就跑到南山羌人居住的地方，称为小月氏。

安息在大月氏西可数千里。其俗土著，耕田，田稻麦，蒲陶酒。城邑如大宛。其属小大数百城，地方数千里，最为大国。临妫水，有市，民商贾用车及船,行旁国或数千里。以银为钱,钱如其王面,王死辄更钱,效王面焉。画革旁行以为书记。其西则条枝,北有奄蔡、黎轩。

【译文】

安息在大月氏西边大约几千里的地方。它们的习俗是定居一处,耕种田地,主要种稻子和麦子,出产葡萄酒。它的城邑和大宛相同,下属城邑大小数百座,土地方圆数千里,是那一带最大的国家。安息临近妫水,有集市,居民做生意都用车和船运输货物,有时运到附近的国家或者千里之外的地方。他们用银子作钱币,钱币上铸着国王的头像,国王死去就更换钱币,这是因为要铸另一种带有新国王头像的钱。他们在皮革上书写横向文字。它的西边是条枝,北边是奄蔡、黎轩。

条枝在安息西数千里,临西海。暑湿。耕田,田稻。有大鸟,卵如瓮[1]。人众甚多,往往有小君长,而安息役属之,以为外国。国善眩[2]。安息长老传闻条枝有弱水、西王母,而未尝见。

【注释】

① 瓮(wèng):一种口小腹大,用来盛东西的陶器。
② 眩:通"幻",幻术、戏法。

【译文】

条枝位于安息西边数千里的地方,临近西海。天气炎热潮湿。人们耕田种植水稻。那里有一种大鸟,它产的蛋和瓮一样大。人口众多,每个聚居的地方都有小君长,安息役使统辖着他们,把他们当作附属国。条枝国的人擅长变戏法。安息的老人传说条枝国有弱水和西王母,却不曾见过。

大夏在大宛西南二千余里妫水南。其俗土著,有城屋,与大宛同

《花溪浴马图》（局部）
（元）赵孟頫 收藏于纽约大都会艺术博物馆

231

俗。无大君长，往往城邑置小长。其兵弱，畏战。善贾市。及大月氏西徙，攻败之，皆臣畜大夏。大夏民多，可百余万。其都曰蓝市城，有市贩贾诸物。其东南有身毒国。

【译文】

　　大夏在大宛西南二千余里的妫水南面。当地风俗是定居生活，有城邑和房屋，与大宛的风俗相同。没有大君长，往往在城里设小君长。士兵软弱，害怕打仗。百姓善于经商。待到大月氏西迁时，打败了大夏，统治了整个大夏。大夏百姓众多，有一百多万。它的都城叫蓝市城。有贸易市场，商人在这里贩卖各种物品。大夏的东南方是身毒国。

《骑士猎归图》
（南宋）佚名　收藏于故官博物院

骞曰："臣在大夏时，见邛竹杖^①、蜀布。问曰：'安得此？'大夏国人曰：'吾贾人往市之身毒。身毒在大夏东南可数千里。其俗土著，大与大夏同，而卑湿暑热云。其人民乘象以战。其国临大水焉。'以骞度之，大夏去汉万二千里，居汉西南。今身毒国又居大夏东南数千里，有蜀物，此其去蜀不远矣。今使大夏，从羌中，险，羌人恶之；少北，则为匈奴所得；从蜀宜径，又无寇。"天子既闻大宛及大夏、安息之属皆大国，多奇物，土著，颇与中国同业，而兵弱，贵汉财物；其北有大月氏、康居之属，兵强，可以赂遗设利朝也。且诚得而以义属之，则广地万里，重九译，致殊俗，威德遍于四海。天子欣然，以骞言为然，乃令骞因蜀犍为发间使，四道并出：出駹，出冉，出徙，出邛、僰，皆各行一二千里。其北方闭氐、筰，南方闭嶲、昆明。昆明之属无君长，善寇盗，辄杀略汉使，终莫得通。然闻其西可千余里有乘象国，名曰滇越，而蜀贾奸出物者或至焉，于是汉以求大夏道始通滇国。初，汉欲通西南夷，费多，道不通，罢之。及张骞言可以通大夏，乃复事西南夷。

【注释】

① 邛（qióng）竹杖：即筇竹杖，因产于蜀地的古邛都国而得名。

【译文】

张骞说："我在大夏时，看见过邛竹杖、蜀布，便问他们：'这些东西是哪里来的？'大夏国的人说：'是我们的商人从身毒国买来的。身毒国在大夏东南大约几千里的地方。那里的人们是定居生活，与大夏大致相同，但地势低湿，天气炎热。那里的人们骑着大象打仗。他们的国家挨着一条大河。'我估计，大夏离汉朝一万二千里，位于汉朝的西南。身毒国距离大夏东南方有几千里，有蜀地出产的物产，说明身毒国离蜀地不远。如今我们出使大夏，要是从羌人居住的地区经过，肯定非常凶险，羌人也会厌恶我们从那里通过；稍微向北走，就会被匈奴俘获；从蜀地出发应是直道，又没有敌人。"汉武帝已经听说大宛和

《马戏图》(局部)
(元)赵雍(传)　收藏于美国纽约大都会艺术博物馆

据学者沈济时《丝绸之路》一书考证,西域杂技东渐,始见于张骞通使西域。据《后汉书》记载:东汉永宁元年(120年),掸国国王向汉安帝"献乐及幻人,能变化吐火,自支解,易牛马头。又善跳丸,数乃至千""安帝与群臣共观,大奇之"。此后,西域杂技艺人来中国的记载,多见于史书。西域杂技与中国本土杂技的结合,也为中国杂技的发展完善做出了卓越的贡献。

大夏、安息等都是大国,出产很多奇特之物,百姓定居一处,与汉朝人生活习俗颇为相似,而且军事力量薄弱,喜欢汉朝的财物。北边有大月氏、康居等国家,他们兵力强盛,但可以赠送他们财物,诱使他们来朝拜汉朝。况且如果真能以道义使他们归属汉朝,那么汉朝就可以扩大万里国土,经过辗转翻译,招来不同风俗的百姓,使汉朝的声威和德行传遍四海。汉武帝听了很高兴,认为张骞说得很对,于是命令张骞从蜀郡、犍为郡秘密派遣使者,分四路同时出发:一路从駹出发,一路从冉起程,一路从徙出动,一路从邛、僰启行,都各自走了一两千里。结果北边一路的使者中途被氐人和筰人阻拦,南边一路的使者被嶲人和昆明人阻拦。昆明那一带的少数民族没有君长,多抢劫偷盗者,经常杀死和抢掠汉朝使者,这条路汉朝使者始终未能通行。然而听说昆明西边一千多里的地方有乘象国,名叫滇越,蜀地的商人偷运物品出境时有人曾到过那里售卖,于是汉朝因为要寻求通往大夏的道路而开始同滇越互通。最初,汉朝想与西南夷沟通,但花费了很多人力财力,道路也没开通,就放弃了。待到张骞说可以由西南夷通往大夏,才重新着手开辟西南夷。

骞以校尉从大将军击匈奴，知水草处，军得以不乏，乃封骞为博望侯。是岁元朔六年也。其明年，骞为卫尉，与李将军俱出右北平击匈奴。匈奴围李将军，军失亡多；而骞后期当斩，赎为庶人。是岁汉遣骠骑破匈奴西域数万人，至祁连山。其明年，浑邪王率其民降汉，而金城、河西西并南山至盐泽空无匈奴。匈奴时有候者到，而希矣。其后二年，汉击走单于于幕北。

【译文】

张骞以校尉的身份跟随大将军卫青去攻打匈奴，因为他知道有水草的地方，所以军队能够不陷入困乏，皇上封张骞为博望侯。这是汉武帝元朔六年（前123年）的事。第二年，张骞当了卫尉，同李广将军一同从右北平出发去攻打匈奴。匈奴大军包围了李将军，他的军队伤亡很多，而张骞因为误了约定的时间，被判为死刑，后花钱赎罪，成为平民百姓。这一年，汉朝派遣骠骑将军霍去病在西边大败匈奴几万人，来到祁连山下。第二年，匈奴浑邪王率领他的百姓投降了汉朝，从此金城、河西西边及南山到盐泽一带，再也没有匈奴人了。匈奴有时会派侦察兵来这里，但这种事情也很少发生。这之后过了两年，汉朝就把匈奴单于赶到了漠北。

骞因分遣副使使大宛、康居、大月氏、大夏、安息、身毒、于阗、扜罙及诸旁国。乌孙发导译送骞还，骞与乌孙遣使数十人，马数十匹报谢，因令窥汉，知其广大。

【译文】

张骞于是分别派遣副使出使大宛、康居、大月氏、大夏、安息、身毒、于阗、扜罙，以及诸多周边国家。乌孙国派出向导和翻译送张骞回汉朝，张骞带着乌孙所派的使者几十人，好马几十匹，一起回到了长安答谢汉天子，顺便让使者们窥探汉朝的虚实，了解汉朝的广博和强大。

骞还到，拜为大行，列于九卿。岁余，卒。

【译文】

张骞回到汉朝，被封为大行，官位排到九卿之列。又过了一年多，张骞去世。

乌孙使既见汉人众富厚，归报其国，其国乃益重汉。其后岁余，骞所遣使通大夏之属者皆颇与其人俱来，于是西北国始通于汉矣。然张骞凿空，其后使往者皆称博望侯，以为质于外国，外国由此信之。

【译文】

乌孙的使者看到汉朝百姓众多，国力雄厚，回去报告给国王，乌孙国便更加重视汉朝了。过了一年多，张骞派去与大夏等国沟通的使者，大多也带着所去国家的使臣一起回到汉朝。于是，西北各国才开始与汉朝交往。由于这种交往是张骞开辟的，所以后来出使西域各国的使者都称"博望侯"，以此取得外国的信任，外国也的确因此而信任汉朝使者。

自博望侯骞死后，匈奴闻汉通乌孙，怒，欲击之。及汉使乌孙，若出其南，抵大宛、大月氏相属，乌孙乃恐，使使献马，愿得尚汉女翁主，为昆弟。天子问群臣议计，皆曰"必先纳聘，然后乃遣女"。初，天子发书《易》，云"神马当从西北来"。得乌孙马好，名曰"天马"。及得大宛汗血马，益壮，更名乌孙马曰"西极"，名大宛马曰"天马"云。而汉始筑令居以西，初置酒泉郡以通西北国。因益发使抵安息、奄蔡、黎轩、条枝、身毒国。而天子好宛马，使者相望于道。诸使外国一辈大者数百，少者百余人，人所赍操大放博望侯时。其后益习而衰少焉。汉率一岁中使多者十余，少者五六辈，远者八九岁，近者数岁而反。

【译文】

自从博望侯张骞死后，匈奴听说汉朝和乌孙有了往来，非常生气，想攻打乌孙。汉朝在出使乌孙的同时，还一批批地派使者向南边一直抵达大宛、大月氏，乌孙因此感到恐惧，派遣使者向汉朝献马，希望能娶汉朝诸侯的女儿做妻子，同汉朝结为兄弟。武帝询问群臣意见，群臣都说"一定要先让他们送来聘礼，然后才能把女子嫁过去"。在此以前，武帝在《易经》上看到过"神马当从西北来"这句话。得到他乌孙的良马后，就将其命名为"天马"。后来又得到了大宛的汗血马，它比乌孙马更加强壮，就改乌孙马为"西极"，命名大宛马为"天马"。这时汉朝开始修筑令居以西的长城，设立酒泉郡，用来沟通西北各国。从此加派使者抵达安息、奄蔡、黎轩、条枝、身毒国。而武帝尤其喜欢大宛的马，因此出使大宛的使者接连不断。那些出使外国的使者中多的一批有数百人，少的有百余人，每人携带的东西和张骞带回来的差不多。此后，出使之事更加频繁，使团人数就减少了。汉朝一年大致要派出的使者，多的时候有十余批，少的时候也有五六批。远的地方，使者得八九年后才能回来，近的也要好几年才能回来。

238

《摹韩干胡人呈马图》（局部）
（元）佚名—原作，此为清摹本　收藏于美国弗利尔美术馆

行橐駞
綢乃異
初鼓䑕
人寒貂
乘馬貢
褻駞駃
強朕驢
布禾獐
首題五
字假藉
瘦金贋
鼎如
辛亥於
正中將
㴠趨

《番骑图》
（辽）胡瓌（传） 收藏于故宫博物院

西域早期指东起玉门关西至葱岭的广大地区，后泛指包括今新疆与葱岭以西的广大地区。《汉书·西域传》中记载："西域以孝武时始通，本三十六国，其后稍分至五十余，皆在匈奴之西，乌孙之南。南北有大山，中央有河，东西六千余里，南北千余里。东则接汉，厄以玉门、阳关，西则限以葱岭。其南山，东出金城，与汉南山属焉。"

番马曾经弄石
径奔石渠续茂
番骑积

《蚕市》
选自《岁华纪胜图册》 （明）吴彬 收藏于台北故宫博物院

除了使者们出使时携带的漆器、瓷器等，汉朝军队在外驻扎屯田时使用的穿井术，也就是大家所说的"坎儿井"，后来也在当地得到逐渐推广。此外，当时大宛以西到安息国的广大地区都不产丝绸，也不懂得如何铸造铁器，这些技术都是经由汉使等传入的。中国蚕丝和冶铁技术的西进，对人类文明的发展做出了巨大的贡献。

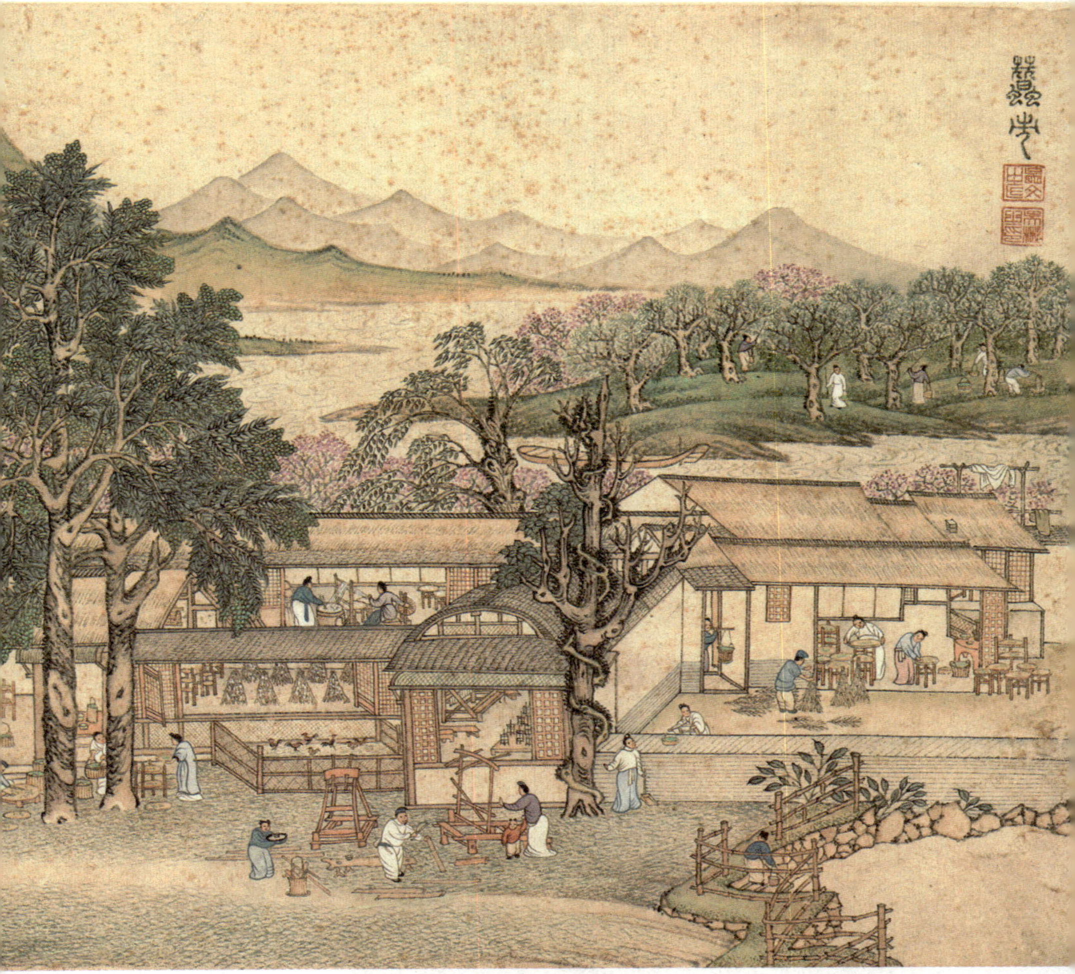

货殖列传[1]

《老子》曰:"至治之极,邻国相望,鸡狗之声相闻,民各甘其食,美其服,安其俗,乐其业,至老死不相往来。"必用此为务,挽近世涂民耳目,则几无行矣。

【译文】

《老子》里说:"国家到了极盛时,虽然邻近的国家互相望得见,鸡鸣狗吠之声互相听得到,而各国人民却都认为自家的饮食最美味,自己穿的服装最漂亮,安于本地的习俗,喜爱自己从事的行业,以至于相互之间到年老死亡也不往来。"到了近世,若还一定要以此为目标,那就等于堵塞人民的耳朵和眼睛,是行不通的。

《老子骑牛图》 (明)唐寅 收藏于英国大英博物馆

老子,道家学派代表人物,主张"无为而治"的思想核心是"道"。《道德经》"道"是无为的,但"道"有规律,万事万物都要遵守道。老子认为"我无为,而民自化,我好静,而民自正,我无事,而民自富,我无欲,而民自朴",而且强调"无为无不为"。无为而治并不是什么都不做,是不过多地干预,让民自治。

〔1〕 此篇有删减。

太史公曰：夫神农以前，吾不知已。至若《诗》《书》所述虞夏以来，耳目欲极声色之好，口欲穷刍豢①之味，身安逸乐，而心夸矜②埶能之荣。使俗之渐民久矣，虽户说以眇论③，终不能化。故善者因之，其次利道之，其次教诲之，其次整齐之，最下者与之争。

《神农氏》
选自《帝王道统万年图》册　（明）仇英　收藏于台北故宫博物院

神农氏，中国上古时期的部落首领。相传他亲尝百草，用草药治病；发明刀耕火种，教百姓种植粮食。《易经·系辞下》记载："包牺氏没，神农氏作，斫木为耜，揉木为耒，耒耨之利，以教天下。"

【注释】

① 刍豢（chú huàn）：指牛羊猪狗等牲畜。《孟子·告子上》："故理义之悦我心，犹刍豢之悦我口。"宋朱熹注曰："草食曰刍，牛羊是也；谷食曰豢，犬豕是也。"
② 夸矜：夸耀。
③ 眇论：精妙的言论。

【译文】

太史公说：神农氏以前的情况，我不了解。至于像《诗经》《尚书》中记载的关于虞舜、夏禹以来的情况，人们的耳朵、眼睛都想听到最好听的声音，看到最好看的颜色，嘴巴总想尝遍最好吃的美味，身体安于舒适快乐的环境，心中追求权势、荣耀。统治者让这种风气浸染百姓已经很久了，即使挨家挨户宣讲老子这种精妙的言论，也不能感化他们。所以，治理国家最好的办法是顺其自然，其次是随势引导，之后是加以教诲，再次是规范他们，最下等的做法是与民争利。

夫山西饶材、竹、榖①、纑②、旄、玉石；山东多鱼、盐、漆、丝、声色；江南出楠、梓、姜、桂、金、锡、连③、丹沙、犀、玳瑁、珠玑、齿革；龙门、碣石北多马、牛、羊、旃裘、筋角；铜、铁则千里往往山出棋置：此其大较也。皆中国人民所喜好，谣俗被服饮食奉生送死之具也。故待农而食之，虞④而出之，工而成之，商而通之。此宁有政教发征期会哉？人各任其能，竭其力，以得所欲。故物贱之征贵，贵之征贱，各劝其业，乐其事，若水之趋下，日夜无休时，不召而自来，不求而民出之。岂非道之所符，而自然之验邪？

【注释】

① 榖（gǔ）：即构树。树皮可以用来造纸。
② 纑：指苎麻一类的植物，也可以指麻线。

③ 连：通"链"，铅矿。
④ 虞：古代掌管山林川泽的官员。

【译文】

太行山以西盛产木材、竹子、构木、纑布、牦牛和玉石；太行山以东盛产鱼、盐、漆、丝、音乐和美女；江南出产楠木、梓木、姜、桂、金、锡、铅、朱砂、犀角、玳瑁、珍珠、象牙、兽皮；龙门、碣石山以北地区盛产马、牛、羊、毡裘、兽筋兽角；铜和铁则犹如棋子一样零散地分布在千里远的山里。这是各地的大致情况。这些东西都深受中原百姓喜爱，都是普通百姓的穿着、饮食、养生、送葬之物。所以，这些东西要等农民去耕种，要等管理山林的人去开采，要等工匠去制造使其成型，要等商人贸易使之流通。这些难道还需要官府发布政令，让他们按时去做吗？人们都各凭才能，各尽其力，以此得到自己想要的东西。所以，货物价格低廉时就将其运到别处高价卖出，货物价格昂贵时就到外地寻求低价购进。人们各自努力经营自己的事业，乐于自己从事的工作，就像水从高处往低处流，日夜不休，不用召唤就自动前来，不用强求人们就将其制作出来。这难道不正符合规律，顺应了自然的法则吗？

《江帆山市图》
（宋）佚名　收藏于台北故宫博物院

《周书》曰："农不出则乏其食，工不出则乏其事，商不出则三宝绝，虞不出则财匮少。"财匮少而山泽不辟矣。此四者，民所衣食之原也。原大则饶，原小则鲜。上则富国，下则富家。贫富之道，莫之夺予，而巧者有余，拙者不足。故太公望封于营丘，地潟卤①，人民寡，于是太公劝其女功，极技巧，通鱼盐，则人物归之，繦②至而辐凑③。故齐冠带衣履天下，海岱之间敛袂而往朝焉。其后齐中衰，管子修之，设轻重九府，则桓公以霸，九合诸侯，一匡天下；而管氏亦有三归④，位在陪臣⑤，富于列国之君。是以齐富强至于威、宣也。

【注释】

① 潟卤（xì lǔ）：土地盐碱成分多，不适宜耕种。
② 繦（qiǎng）：成串的铜钱，也可以指穿钱的绳子。
③ 辐凑：通"辐辏"，车辐会聚于毂，形容人或物聚集密集。
④ 三归：一说是地名，指管仲的封地。《晏子春秋·内杂下二八》："昔吾先君桓公，有管仲恤劳齐国，身老，赏之以三归，泽及子孙。"一说为台名。汉·刘向《说苑·善说》："管仲故筑三归之台，以自伤于民。"
⑤ 陪臣：古代天子以诸侯为臣，诸侯以大夫为臣，大夫又有家臣。因此大夫对于天子，大夫之家臣对于诸侯，都是隔了一层的臣，即所谓"重臣"，也都称为"陪臣"。

【译文】

《周书》里说："农民不种田，粮食就会缺乏；工匠不生产，器具就会短缺；商人不做买卖，吃的、用的和钱财这三种宝物就会断绝；负责山林水泽的官员不开发山泽，物资就会短缺。"物资一旦匮乏，许多事情就无法进行了。农、工、商、虞这四个方面，是百姓衣食住行的来源。来源大则生活富裕，来源小则生活贫困；这四者上可以让国家富强，下可以使家庭富足。贫富的规律，没有谁能剥夺或给予，但机敏的人总会富裕，而笨拙的人往往贫穷不足。所以，姜太公被封在营丘时，那里盐碱地多，人烟稀少，于是姜太公劝说妇女纺织刺

《捕鱼图》
（明）陆治　收藏于台北故宫博物院

绣，极力提倡工艺技巧，又让人贩卖鱼类、海盐到别的地区，结果别国的人和财物纷纷归于齐国，就像串联铜钱的绳子，也像辐条会聚于车毂。所以，齐国能制造冠带衣履供应天下，东海、泰山之间的许多小国都恭恭敬敬地去朝拜齐国。后来，齐国中途衰落，管仲执政，设立了九个管理财政的官府，使齐桓公得以称霸，经过多次与诸侯会盟，最终统一天下；而管仲本人也获得了巨大的经济利益，官位虽只是陪臣，却比其他国家的君主还要富有。从此，齐国富强，一直延续到齐威王、齐宣王之时。

故曰："仓廪实而知礼节，衣食足而知荣辱。"礼生于有而废于无。故君子富，好行其德；小人富，以适其力。渊深而鱼生之，山深而兽往之，人富而仁义附焉。富者得势益彰，失势则客无所之，以而不乐。夷狄益甚。谚曰："千金之子，不死于市。"此非空言也。故曰："天下熙熙，皆为利来；天下壤壤①，皆为利往。"夫千乘之王，万家之侯，百室之君，尚犹患贫，而况匹夫编户之民乎！

【注释】

① 壤壤：往来纷乱的样子。壤，通"攘"，纷乱。

【译文】

所以说："仓库充实，百姓就会懂得礼节；衣食丰足，百姓就能知道荣辱。"礼仪产生于富裕，而废止于贫穷。因此，君子在富有的时候，就喜欢行善积德；而百姓一旦富有，就会节制自己的行为。江河水深，鱼生其中；山高谷深，野兽才会前往栖居；人一旦富有就会有仁义之名。富有的人得势后会越发显赫，失势以后，他的宾客也无处容身，因而心情郁闷。中原地区尚且如此，夷狄那里的情况更加严重。谚语说："富贵人家的孩子，犯了罪不会在街头被处死。"这不是空话。所以说："天下之人，熙熙攘攘，来来去去，都是为了追逐利益。"那些拥有千辆兵车的天子，封地万家的诸侯，封邑百室的大夫，尚且担心身陷贫穷，何况一般的普通老百姓呢！

汉兴，海内为一，开关梁，弛山泽之禁，是以富商大贾周流天下，交易之物莫不通，得其所欲，而徙豪杰诸侯强族于京师。

【译文】

汉朝建国后，天下统一，朝廷开放关卡，解除开采山泽的禁令，因此富商大贾得以遍行天下，交易的货物也得到充分流通，供求双方都能得到满足，所以，朝廷又将豪杰、诸侯和世家大族迁徙到京城。

关中自汧、雍以东至河、华，膏壤沃野千里，自虞夏之贡以为上田，而公刘适邠，大王、王季在岐，文王作丰，武王治镐，故其民犹有先王之遗风，好稼穑，殖五谷，地重，重为邪。及秦文、德、缪居雍，隙陇蜀之货物而多贾。献公徙栎邑，栎邑北却戎翟，东通三晋，亦多大贾。孝、昭治咸阳，因以汉都，长安诸陵，四方辐凑并至而会，地小人众，故其民益玩巧而事末也。南则巴蜀。巴蜀亦沃野，地饶巵、姜、丹沙、石、铜、铁、竹、木之器。南御滇僰，僰僮。西近邛笮，笮马、旄牛。然四塞，栈道千里，无所不通，唯褒斜绾毂其口，以所多易所鲜。天水、陇西、北地、上郡与关中同俗，然西有羌中之利，北有戎翟之畜，畜牧为天下饶。然地亦穷险，唯京师要其道。故关中之地，于天下三分之一，而人众不过什三；然量其富，什居其六。

【译文】

关中地区从汧县、雍县以东一直到黄河、华山之间，土地肥沃，方圆千里。自从有虞舜、夏禹实行贡赋时起，就把这里作为上等田地，后来周朝的祖先公刘从戎狄之地迁居到邠县，周太王、王季迁居岐山，文王建都于丰，武王时又迁到镐，因而这些地方的人民仍有先王的遗风，喜好农事，种植五谷，重视土地，不轻易做坏事。直到秦文公、德公、缪公定都雍，这里是地处关中、蜀之间的货物集散之地，商人很多。秦献公迁居栎邑，栎邑北御戎狄，往东与三晋

《纺车图》
（北宋）王居正（传）　收藏于故宫博物院

253

《童子牧牛图》
（清）佚名　收藏于美国纽约大都会艺术博物馆

连通，也有许多大商人。秦孝公和秦昭襄王治理咸阳，汉朝在此基础上建立都城；长安附近的诸陵，各地人、物集会于此，地方虽小而人口众多，所以当地百姓更加喜欢玩弄奇巧的手段，从事工商业。关中地区以南则有巴郡、蜀郡。巴蜀地区土地也很肥沃，盛产卮、生姜、朱砂、石材、铜、铁以及竹、木之类的器具。巴蜀南边与滇、僰相接，僰地多出僮仆。巴蜀西边邻近邛、笮，笮地出产笮马和牦牛。虽然巴蜀地区四周闭塞，但有千里栈道，四通八达，只有褒斜通道控制出口，巴蜀人用多余的物品来交换缺少的东西。天水、陇西、北地和上郡与关中风俗相同，而西面可以和羌人交易，北面有戎翟的牲畜，畜牧业居天下之首。可是这里土地贫瘠险要，只有京城长安和它道路相连。所以，关中地区面积虽占天下三分之一，可人口也不过天下的十分之三，然而计算此地财富，却占天下十分之六。

昔唐人都河东，殷人都河内，周人都河南。夫三河在天下之中，若鼎足，王者所更居也，建国各数百千岁，土地小狭，民人众，都国诸侯所聚会，故其俗纤俭习事。杨、平阳陈西贾秦、翟，北贾种、代。种、代，石北也，地边胡，数被寇。人民矜懻忮①，好气②，任侠为奸，不事农商。然迫近北夷，师旅亟往，中国委输时有奇羡③。其民羯羠④不均，自全晋之时固已患其僄悍，而武灵王益厉之，其谣俗犹有赵之风也。故杨、平阳陈掾⑤其间，得所欲。温、轵西贾上党，北贾赵、中山。中山地薄人众，犹有沙丘纣淫地余民，民俗懁急，仰机利而食。丈夫相聚游戏，悲歌忼慨，起则相随椎剽⑥，休则掘冢作巧奸冶，多美物，为倡优。女子则鼓鸣瑟，跕⑦屣，游媚贵富，入后宫，遍诸侯。

【注释】

① 懻忮（jì zhì）：指性格刚直。
② 好气：好逞血气之勇。
③ 奇羡：盈余，指积存的财物。

④ 羯羠（jié yí）：民性慓悍，也指种族血统混杂。
⑤ 掾（yuàn）：佐助，后成为副官、佐吏或官署属员的通称。
⑥ 椎剽：杀人越货。
⑦ 跕（tiē）：拖着鞋子走路。

【译文】

唐尧曾定都河东地区，殷人定都河内地区，东周定都河南。河东、河内与河南居于天下的中心，好像鼎的三足，是历代帝王更迭建都的地方，建国的历史都有数百年乃至上千年，这里土地狭小，人口众多，是各国诸侯集会的地方，人们勤俭节约，熟悉经商之道。杨与平阳两邑人民，向西可以去到秦和戎狄经商，向北可以去种、代地区经商。种、代在石邑以北，边境靠近匈奴，曾屡次遭受掠夺。因此这里的百姓讲究侠义，任性好斗，不愿从事农商业活动。但是因为邻近北方夷狄，军队经常往来，中原运输来的物资，时有剩余，而使这里的百姓受益。当地民风慓悍，在春秋时代晋国时就已经让人有所担忧，而到赵武灵王时更加助长了这种风气，当地习俗仍带有赵国遗风。所以杨和平阳两地的百姓在其间谋利，能得到他们所想要的东西。温、轵的百姓向西可到上党地区经商，向北可到赵、中山地区经商。中山土地贫瘠，人口众多，还留有当年殷纣王在沙丘台吃喝玩乐的风气，百姓性情急躁，以投机取巧谋生。男子常相聚游戏玩耍，慷慨悲歌，出门就聚在一起杀人越货，待在家里时就挖坟盗墓或制作假货；很多美貌的男子，去当歌舞艺人。女人们常弹琴鼓瑟，拖着鞋子，足尖轻轻着地而行，献媚讨好富贵人家，这里的美女遍布诸侯王室的后宫。

然邯郸亦漳、河之间一都会也。北通燕、涿，南有郑、卫。郑、卫俗与赵相类，然近梁、鲁，微重而矜节。濮上之邑徙野王，野王好气任侠，卫之风也。

【译文】

邯郸是漳水、黄河之间的一个都市。它北面连通燕、涿，南面有郑、卫两国。郑、卫两国的风俗与赵国相似，但因为接近梁、鲁两国，百姓稍显庄重而又注重气节。卫君曾从濮上迁徙到野王，野王地区的人也崇尚气节，爱好行侠仗义，这些都是卫的遗风。

夫燕亦勃、碣之间一都会也。南通齐、赵，东北边胡。上谷至辽东，地踔①远，人民希，数被寇，大与赵、代俗相类，而民雕捍少虑，有鱼盐枣栗之饶。北邻乌桓、夫馀，东绾秽貉、朝鲜、真番之利。

【注释】

① 踔：逾越，跨越。汉·蔡邕《歌》："踔宇宙而遗俗兮，眇翩翩而独征。"

【译文】

燕国故都是渤海、碣石之间的一个都市。它南面通齐、赵两国，东北与匈奴接壤。从上谷到辽东一带，地广人稀，屡次遭到匈奴人的侵扰，民俗大致与赵、代两国相似，而百姓生性凶悍，办事不爱思考，当地盛产鱼、盐、枣、栗。这里北面邻近乌桓、夫馀，东面控制着秽貉、朝鲜、真番的利益。

洛阳东贾齐、鲁，南贾梁、楚。故泰山之阳①则鲁，其阴则齐。

【注释】

① 阳：山的南面，水的北面称为"阳"。《穀梁传·僖公二十八年》："山南为阳，水北为阳。"

【译文】

洛阳向东可前往齐、鲁两国经商，向南可以到梁、楚两国经商。泰山的南部是鲁国，泰山的北部是齐国。

齐带山海，膏壤千里，宜桑麻，人民多文彩布帛鱼盐。临菑亦海岱之间一都会也。其俗宽缓阔达，而足智，好议论，地重，难动摇，怯于众斗，勇于持刺，故多劫人者，大国之风也。其中具五民。

【译文】

齐地依泰山傍东海，方圆千里，土地肥沃，适宜种植桑麻，百姓富有彩色丝绸、布帛和鱼盐。临淄也是东海与泰山之间的一个都市。当地百姓宽厚豁达，足智多谋，爱好谈论，乡土观念很重，不轻易外出谋生，害怕打群架，却敢持刀伤人，所以经常有抢夺他人财物的，这是大国的风尚。临淄城里士、农、工、商、贾，五民俱全。

而邹、鲁滨洙、泗，犹有周公遗风，俗好儒，备于礼，故其民龊龊①。颇有桑麻之业，无林泽之饶。地小人众，俭啬，畏罪远邪。及其衰，好贾趋利，甚于周人。

【注释】

① 龊龊：拘谨小心的样子。

【译文】

而邹、鲁两国濒临洙水、泗水，至今还保留着周公的遗风，喜好儒术，礼仪齐全，所以当地百姓小心拘谨。很多人经营桑麻产业，缺乏山林水泽的资源。土地面积狭小，人口众多，人们节俭吝啬，害怕犯罪，远避邪恶。等到后世衰败的时候，人们热衷于经商追逐利益，比周地百姓还厉害。

夫自鸿沟以东，芒、砀以北，属钜野，此梁、宋也。陶、睢阳亦一都会也。昔尧作游成阳，舜渔于雷泽，汤止于亳。其俗犹有先王遗风，重厚多君子，好稼穑，虽无山川之饶，能恶衣食，致其蓄藏。

【译文】

从鸿沟以东,芒山、砀山以北,一直到钜野泽,这是过去梁、宋两国的地方。陶邑、睢阳也是都会。以前,唐尧在成阳建都游止,虞舜在雷泽打鱼,商汤定都亳地。这里的民俗还留存着先王遗风,庄重宽厚,君子很多,喜好农事,虽然没有富饶的山河物产,但是通过省吃俭用来积蓄财富。

越、楚则有三俗。夫自淮北沛、陈、汝南、南郡,此西楚也。其俗剽轻,易发怒,地薄,寡于积聚。江陵故郢都,西通巫、巴,东有云梦之饶。陈在楚夏之交,通鱼盐之货,其民多贾。徐、僮、取虑,则清刻,矜已诺。

【译文】

越、楚两国有西楚、东楚和南楚三个不同地区的风俗。从淮北沛郡到陈郡、汝南郡、南郡,是西楚地区。这里的民风剽悍轻率,人们很容易发怒,土地贫瘠,蓄积很少。江陵原为楚国国都,西通巫县、巴郡,东有云梦泽,物产富饶。陈郡在楚国、北方华夏诸国交接的地方,流通鱼盐货物,民众中经商的人很多。徐县、僮县、取虑县一带的居民清廉自律,信守诺言。

彭城以东,东海、吴、广陵,此东楚也。其俗类徐、僮。朐、缯以北,俗则齐。浙江南则越。夫吴自阖庐、春申、王濞三人招致天下之喜游子弟,东有海盐之饶,章山之铜,三江、五湖之利,亦江东一都会也。

【译文】

彭城以东,包括东海郡、吴郡、广陵郡一带属于东楚。这里风俗与徐县、僮县相似。朐县、缯县以北,风俗与齐国相似。浙江以南风俗与越国相似。吴

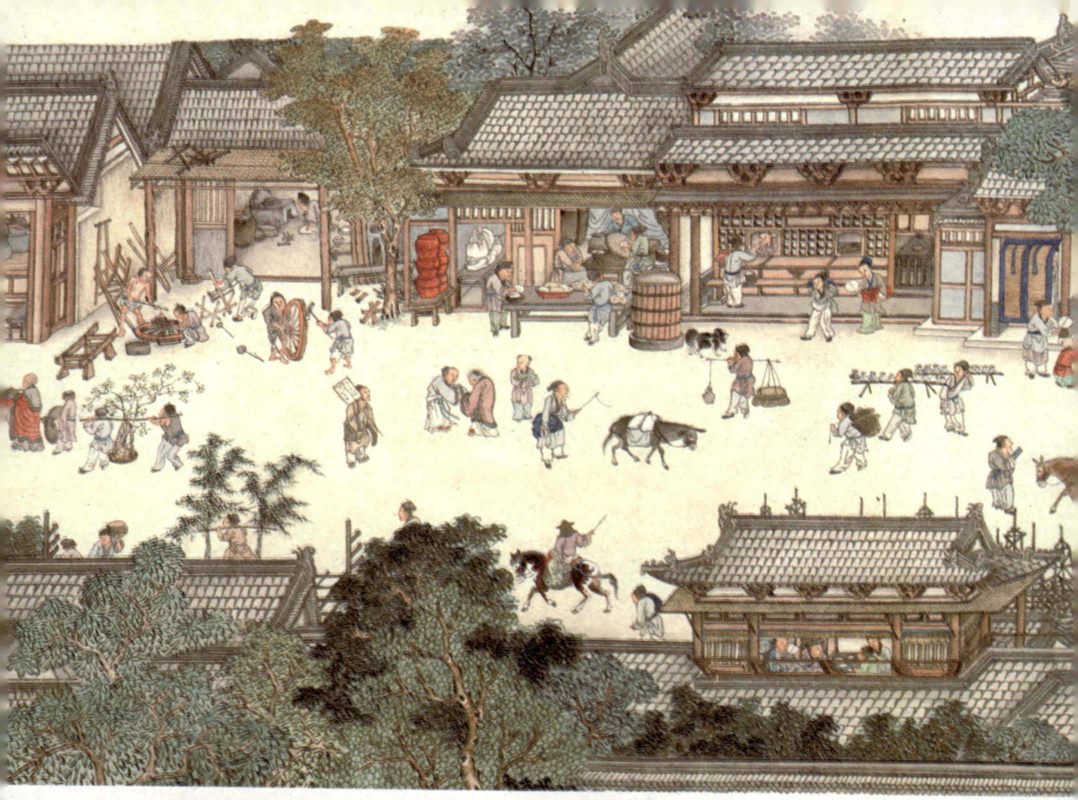
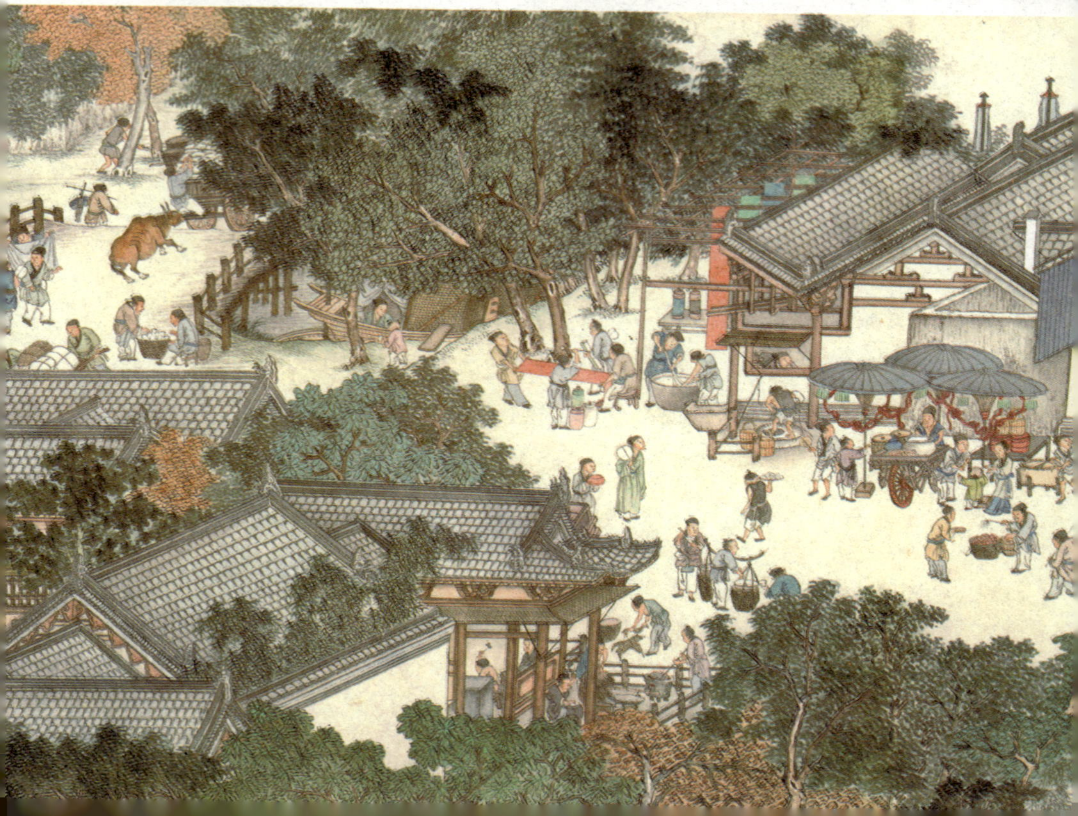

《仿宋院本金陵图》(局部) (清)谢遂 收藏于台北故宫博物院

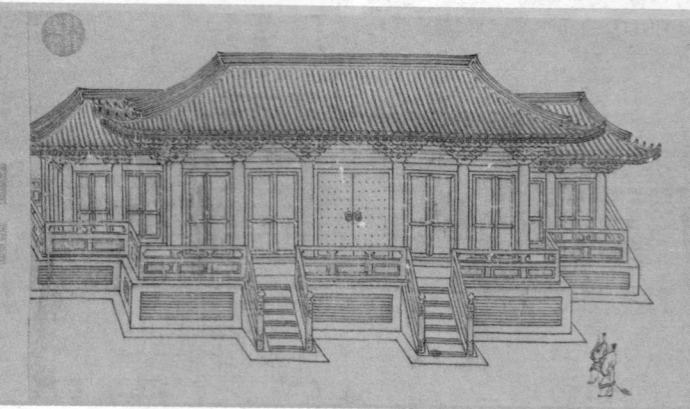

《鲁颂三篇》（局部）
（南宋）马和之　收藏于辽宁省博物馆

毛詩魯頌

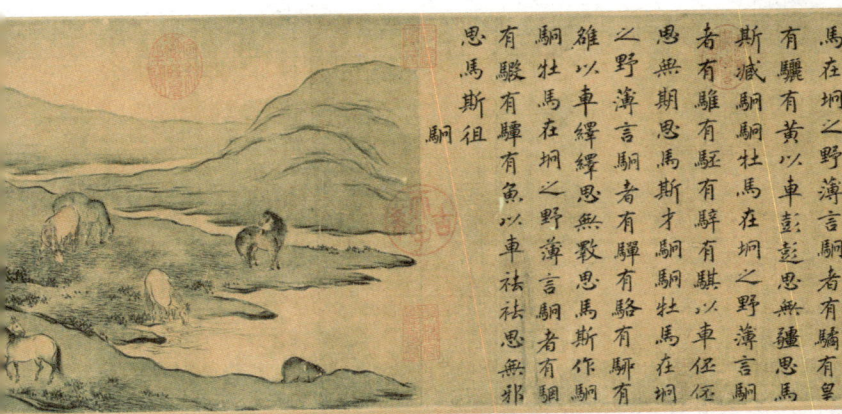

駉頌僖公也僖公能遵伯禽之法
儉以足用寬以愛民務農重穀牧
于坰野魯人尊之於是季孫行父
請命于周而史克作是頌駉駉牡
馬在坰之野薄言駉者有驈有皇
有驪有黃以車彭彭思無疆思馬
斯臧駉駉牡馬在坰之野薄言駉
者有騅有駓有騂有騏以車伾伾
思無期思馬斯才駉駉牡馬在坰
之野薄言駉者有驒有駱有駵有
雒以車繹繹思無斁思馬斯作駉
駉牡馬在坰之野薄言駉者有駰
有騢有驔有魚以車祛祛思無邪
思馬斯徂
駉

閟宮頌僖公能復周公之宇也閟
宮有侐實實枚枚赫赫姜嫄其德
不回上帝是依無災無害彌月不
遲是生后稷降之百福黍稷重穋
稙穉菽麥奄有下國俾民稼穡有
稷有黍有稻有秬奄有下土纘禹
之緒后稷之孫實維大王居岐之
陽實始翦商至于文武纘大王之
緒致天之屆于牧之野無貳無虞
上帝臨女敦商之旅克咸厥功王
曰叔父建爾元子俾侯于魯大啟
爾宇為周室輔乃命魯公俾侯于
東錫之山川土田附庸周公之孫
莊公之子龍旂承祀六轡耳耳春
秋匪解享祀不忒皇皇后帝皇祖
后稷享以騂犧是饗是宜降福既
多周公皇祖亦其福女秋而載嘗
夏而楅衡白牡騂剛犧尊將將毛
炰胾羹籩豆大房萬舞洋洋孝孫
有慶俾爾熾而昌俾爾壽而臧保
彼東方魯邦是常不虧不崩不震
不騰三壽作朋如岡如陵公車千
乘朱英綠縢二矛重弓公徒三萬
貝冑朱綅烝徒增增戎狄是膺荊
舒是懲則莫我敢承俾爾昌而熾

县自从吴王阖闾、楚春申君,以及汉初吴王刘濞招来天下喜好游历的子弟以来,东有丰富的海盐和鄣县山里的铜矿,加上三江五湖的资源,因此也成了江东地区的一个重要都市。

衡山、九江、江南豫章、长沙,是南楚也,其俗大类西楚。郢之后徙寿春,亦一都会也。而合肥受南北潮[1],皮革、鲍、木输会也。与闽中、干越杂俗,故南楚好辞,巧说少信。江南卑湿,丈夫早夭。多竹木。豫章出黄金,长沙出连、锡,然堇堇[2]物之所有,取之不足以更费。九疑、苍梧以南至儋耳者,与江南大同俗,而杨越多焉。番禺[3]亦其一都会也,珠玑、犀、玳瑁、果、布之凑。

颍川、南阳,夏人之居也。夏人政尚忠朴,犹有先王之遗风。颍川敦愿。秦末世,迁不轨之民于南阳。南阳西通武关、郧关,东南受汉、江、淮。宛亦一都会也。俗杂,好事业,多贾。其任侠,交通颍川,故至今谓之"夏人"。

【注释】

① 南北潮:指的是合肥有长江、淮河两个入海水道。
② 堇:假借为"仅",少。
③ 番禺(pān yú):地名,在今广州市南郊。

【译文】

衡山郡、九江郡以及江南的豫章、长沙二郡属于南楚地区。这里风俗与西楚大体相似。楚国失郢都后,迁都寿春,寿春也是一个都市。而合肥有淮河、长江两个入海河道,是皮革、干鱼、木材等物产输送汇聚的地方。因与闽中、干越风俗混杂,所以南楚的百姓善于辞令,喜欢花言巧语且缺乏信用。江南地势低下,气候潮湿,男子大多短命早死,盛产竹木。豫章郡出产黄金,长沙郡出产铅、锡，但矿产总量很少，开采所得抵不上开采的花费。九疑山、苍梧郡以南，一直到儋耳地区，与江南风俗大体相同，更像杨越风俗。番禺也是其中的一个都市，是珍珠、犀角、玳瑁、水果、布匹之类供品的集散地。

颍川郡、南阳郡原来是夏朝人居住的地方。夏朝人崇尚忠厚朴实，因而直到现在仍然还有先王遗留的风尚。颍川人敦厚老实。秦朝末年时，曾经把不法之民迁到南阳。南阳西通武关、郧关，东南靠近汉水、长江、淮水。宛城也是一个都市。当地民俗混杂，人们好活动，大多以经商为业。这里的百姓喜欢行侠仗义，与颍川人声气相通，所以到现在还被称为"夏人"。

夫天下物所鲜所多，人民谣俗，山东食海盐，山西食盐卤，领南、沙北固往往出盐，大体如此矣。

总之，楚越之地，地广人希，饭稻羹鱼，或火耕而水耨①，果隋蠃蛤，不待贾而足，地埶饶食，无饥馑之患，以故呰窳②偷生，无积聚而多贫。是故江淮以南，无冻饿之人，亦无千金之家。沂、泗水以北，宜五谷桑麻六畜，地小人众，数被水旱之害，民好畜藏，故秦、夏、梁、鲁好农而重民。三河、宛、陈亦然，加以商贾。齐、赵设智巧，仰机利。燕、代田畜而事蚕。

【注释】

① 水耨：灌水除草，古代的一种耕作方法。
② 呰窳（zǐ yǔ）：苟且懒惰。

【译文】

天下物产有多有少，民间习俗也各有不同，例如崤山以东地区吃海盐，崤山以西地区吃池盐，岭南和大漠以北原本就出产盐，情况大概就是这样。

总之，楚、越两地，地广人稀，以稻米和鱼羹为食，刀耕火种，灌水除草，瓜果鱼蛤，无须购买，能自给自足。因地形有利，食物充足，没有饥馑的忧患，因此人们懒惰度日，没有积蓄，大多数人都很贫穷。所以，江淮以南既没有挨饿受冻的人，也没有家财万贯的人。沂水、泗水以北地区，适合种植五谷桑麻，饲养六畜，因地少人多，还多次遭受水旱灾害，因此当地百姓喜欢积蓄财物，所以秦地、夏地、梁国、鲁国的统治者乐于农事而重视劳力。三河地区、宛城、陈郡等地也是这样，同时经商贸易。齐、赵两地的百姓智慧灵巧，喜欢投机获利。燕、代地区多耕田、畜牧，以及养蚕织布。

夫纤啬①筋力②，治生之正道也，而富者必用奇胜。田农，掘业，而秦扬以盖一州。掘冢，奸事也，而田叔以起。博戏，恶业也，而桓发用富。行贾，丈夫贱行也，而雍乐成以饶。贩脂，辱处也，而雍伯千金。卖浆，小业也，而张氏千万。洒削③，薄技也，而郅氏鼎食④。胃脯⑤，简微耳，浊氏连骑。马医，浅方，张里击钟。此皆诚壹之所致。

【注释】

① 纤啬：计较、悭吝。《管子·五辅》："纤啬省用，以备饥馑。"唐尹知章注："纤，细也。啬，吝也。既细又吝，故财用省也。"
② 筋力：勤劳节俭。《礼记·曲礼上》："贫者不以货财为礼，老者不以筋力为礼。"
③ 洒削：洒水磨刀。
④ 鼎食：吃饭时排列很多鼎，形容富贵人家生活豪奢。《墨子·七患》："故凶饥存乎国，人君彻鼎食五分之五。"
⑤ 胃脯：将羊肚煮熟，调和五味，晒干食用。唐司马贞《史记索隐》引晋灼曰："太官常以十月作沸汤将羊胃，以末椒姜粉之讫，暴使燥，则谓之脯。"

【译文】

精打细算、勤劳节俭是发家致富的正路，但想要致富必须出奇制胜。种田务农是最笨拙的经营方式，而秦扬却凭此成为一州的首富。盗墓是犯法的事，而田叔却以此起家。赌博是恶劣的行径,而桓发却以此致富。行走叫卖是男子汉看不起的职业,而雍州乐成却通过它发了财。贩卖油脂是令人感到屈辱的职业,而雍伯却以此积蓄千金。卖浆水是小本生意,而张氏以此积钱千万。磨刀本是小手艺,而郅氏却以此过上豪奢的生活。卖羊肚儿,看起来简单微小,而浊氏却因此车马成群。给马治病是小手艺,而张里家因此击钟而食,富比王侯。这些人都是由于专心致志而致富的。

由是观之,富无经业,则货无常主,能者辐凑,不肖者瓦解。千金之家比一都之君,巨万者乃与王者同乐。岂所谓"素封①"者邪?非也?

【注释】

① 素封:没有官爵封邑而富比封君的人。明沈德符《万历野获编·户部·海上市舶司》:"今广东市舶,公家尚收其羡以助饷。若闽中海禁日严,而滨海势豪全以通番致素封。"

【译文】

由此看来,致富不分固定的行业,而财货也没有固定的主人,有能力的人能聚集财货,没有本领的人则会倾家荡产。家有千金的人家可以比得上一个都城的封君,家财千万的就能够享受和皇帝一样的快乐。这不就是所谓的"素封"者吗?难道不是吗?

《货郎图》

(北宋)苏汉臣(传)　收藏于台北故宫博物院

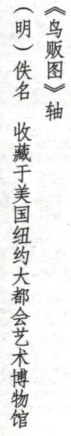

《鸟贩图》轴
（明）佚名　收藏于美国纽约大都会艺术博物馆

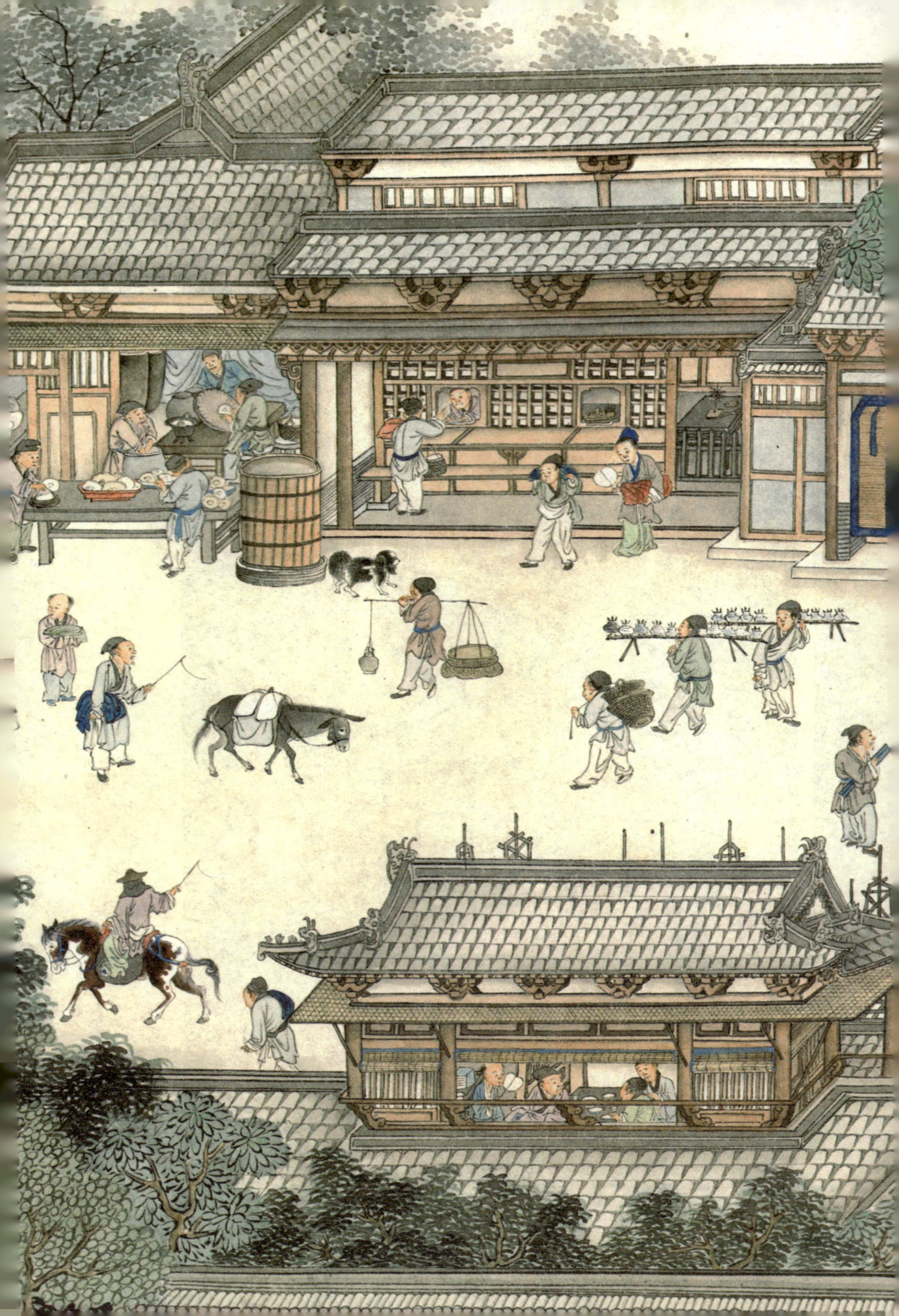

太史公自序

太史公自序[1]

太史公①既掌天官，不治民。有子曰迁。

迁生龙门，耕牧河山之阳。年十岁则诵古文。二十而南游江、淮，上会稽，探禹穴，窥九疑，浮于沅、湘；北涉汶、泗，讲业齐、鲁之都，观孔子之遗风，乡射邹、峄；厄困鄱、薛、彭城，过梁、楚以归。于是迁仕为郎中，奉使西征巴、蜀以南，南略邛、笮、昆明，还报命。

是岁天子始建汉家之封，而太史公留滞周南，不得与从事，故发愤且卒。而子迁适使反，见父于河洛之间。太史公执迁手而泣曰："余先周室之太史②也。自上世尝显功名于虞夏，典天官事。后世中衰，绝于予乎？汝复为太史，则续吾祖矣。今天子接千岁之统，封泰山，而余不得从行，是命也夫，命也夫！余死，汝必为太史；为太史，无忘吾所欲论著矣。且夫孝始于事亲，中于事君，终于立身。扬名于后世，以显父母，此孝之大者。夫天下称诵周公，言其能论歌文武之德，宣周邵之风，达太王王季之思虑，爰及公刘，以尊后稷也。幽厉之后，王道缺，礼乐衰，孔子修旧起废，论《诗》《书》，作《春秋》，则学者至今则之。自获麟③以来四百有余岁，而诸侯相兼，史记放绝。今汉兴，海内一统，明主贤君忠臣死义之士，余为太史而弗论载，废天下之史文，余甚惧焉，汝其念哉！"迁俯首流涕曰："小子不敏，请悉论先人所次旧闻，

---

〔1〕 此篇有删减。

司马迁像
选自《历代帝王圣贤名臣大儒遗像》册 （清）佚名 收藏于法国国家图书馆

弗敢阙。"

卒三岁而迁为太史令，绌④史记石室金匮⑤之书。五年而当太初元年，十一月甲子朔旦冬至，天历始改，建于明堂⑥，诸神受纪。

于是论次其文。七年而太史公遭李陵之祸⑦，幽于缧绁⑧。乃喟然而叹曰："是余之罪也夫！是余之罪也夫！身毁不用矣。"退而深惟⑨曰："夫《诗》《书》隐约者，欲遂其志之思也。昔西伯拘羑里，演《周易》；孔子厄陈蔡，作《春秋》；屈原放逐，著《离骚》；左丘失明，厥有

《国语》；孙子膑⑩脚，而论兵法；不韦迁蜀，世传《吕览》；韩非囚秦，《说难》《孤愤》；《诗》三百篇，大抵贤圣发愤之所为作也。此人皆意有所郁结，不得通其道也，故述往事，思来者。"于是卒述陶唐以来，至于麟止，自黄帝始。

【注释】

① 太史公：此处指司马迁的父亲司马谈，西汉史学家。
② 太史：也称太史令，官职名，主要负责记录史事、编写史书，兼管国家典籍、祭祀礼仪、天文历法等。秦始置太史令，西汉沿袭，负责编纂史书和观测记录天文历法。
③ 获麟：指春秋时期鲁哀公十四年（前481年）猎获麒麟一事。相传孔子作《春秋》至此而辍笔。
④ 紬（chōu）：缀集。
⑤ 石室金匮（guì）：古代国家收藏重要文献的地方。唐司马贞《史记索隐》："石室、金匮，皆国家藏书之处。"
⑥ 明堂：古代帝王所建的最隆重的建筑物，用来朝会诸侯、发布政令、秋季大享祭天，并配祀祖宗。
⑦ 李陵之祸：李陵事迹见前文《李将军列传》，李陵苦等汉朝援兵不到，最终投降匈奴。消息传到朝廷，皇帝震怒，群情激愤之际司马迁为李陵说情，因此被判处腐刑。《前汉纪·孝武皇帝纪卷第十四》载："上以迁欲沮贰师。为陵游说。后捕得匈奴生口。言陵教单于为兵法。上怒。乃族陵家。而下迁腐刑。"
⑧ 缧绁（léi xiè）：捆绑犯人的黑绳索，亦指监狱。《论语》："虽在缧绁之中，非其罪也。"
⑨ 深惟：深入考虑。《战国策·韩策一》："此安危之要，国家之大事也。臣请深惟而苦思之。"
⑩ 膑（bìn）：古代一种剔掉膝盖骨的酷刑。

【译文】

　　太史公做太史令时职掌天文，不管民事。他有个儿子叫司马迁。

　　司马迁生于龙门，曾在龙门山南耕地放牧。十岁时开始学习古文。二十岁开始向南游历江、淮地区，登会稽山，探察禹穴，观览九疑山，乘船过沅水、湘水。北渡汶水、泗水，在齐、鲁两地的旧都临淄、曲阜学习儒学，考察孔子的遗风，在邹县、峄山参加过乡射；曾在鄱县、薛县、彭城吃过一些苦头，再经过梁、楚之地回到家乡。回来后司马迁出仕为郎中，奉命向西出使巴蜀以南，往南经过邛都、笮都、昆明国，之后回来向朝廷复命。

　　这一年，武帝开始举行汉朝的封禅大典，而太史公随行时因病滞留洛阳，无法前去参加，所以心中感到万分遗憾以致病情加重，生命垂危。其子司马迁当时正好出使归来，父子二人在洛阳相见。太史公握着司马迁的手哭着说："我们的先祖是周朝的太史。远在上古虞夏时就声名显赫，职掌天文。后世逐渐衰落，难道会在我们这代人手中断绝吗？如果你继续做太史令，就能接续我们祖先的事业了。现在皇上接续千年一统的大业，在泰山举行封禅大典，而我却不能随行，这是命啊，是命啊！我死之后，你一定会成为太史令；做了太史令，不要忘记我想写的著作。孝道始于奉养双亲，继而侍奉君主，最终在于建功立业。扬名后世，使父母显耀，这是最大的孝道。天下赞颂周公，说他能够著述歌颂文王、武王的功德，宣扬周公、召公的风教，阐发了太王、王季的思想，一直追述到公刘的功业，并尊崇始祖后稷。自周幽王、周厉王以后，王道缺失，礼乐衰颓，孔子整理旧时典籍，振兴被废弃的礼乐，论述《诗经》《尚书》，撰写《春秋》，学者至今将它们视为准则。自鲁哀公获麟、孔子写作搁笔至今四百多年的时间里，诸侯相互兼并，史书丢失殆尽。如今汉朝兴盛，天下统一，君主贤明，臣子忠义，我作为太史令却未加评论记载，使天下的史书荒废，对此我甚感惶恐，你可要把这件事放在心上！"司马迁低头流泪说："儿子虽然不聪敏，但我会详细论述先人所整理的历史旧闻，不敢缺漏。"

　　司马谈去世三年后，司马迁任太史令，负责收集整理史书及国家收藏的重要文献。五年后，汉太初元年（前104年），这一年十一月初一是甲子日，凌晨冬至，朝廷改用新历法，皇上在明堂举行仪式，各地诸侯都纷纷推行。

　　于是司马迁开始对史料进行编排评论，写成文章。到了第七年，太史公遭逢李陵之祸，被囚禁狱中。于是喟然叹道："这是我的罪过啊！这是我的罪过啊！我的身体已经残毁，没有用了。"冷静下来又深思道："《诗经》《尚书》含蓄隐晦，言辞简约，是作者想要表达他们真实的想法。从前周文王被拘禁在羑里，推衍了《周易》；孔子困厄于陈、蔡二地，写出了《春秋》；屈原被放逐后，著有《离骚》；左丘双目失明，写了《国语》；孙膑的腿受了膑刑，写了《兵法》；吕不韦被贬蜀郡，世上才有《吕览》得以流传；韩非被囚禁在秦国，写了《说难》《孤愤》；《诗经》三百篇，大都是圣人贤士为抒发愤懑而作。这些人都是心中有所郁结，理想主张无法实现，因而追述往事，寄希望于未来的知音。"于是终于下定决心记述上起唐尧，下至武帝获麟为止的历史，从黄帝开始。